메이저리거 컨디션관리 노하우

정확히 배우고 매일매일 반복해서 좋아지게 하라

김병곤, 강성우, 김동우 저

(주)바이오사이언스출판

메이저리거 컨디션관리 노하우

정확히 배우고 매일매일 반복해서 좋아지게 하라

초판 인쇄: **2021년 4월 23일**
초판 발행: **2021년 4월 30일**

저　자: 김병곤, 강성우, 김동우
발행인: 문 정 구
발행처: (주)바이오사이언스출판
본　사: **10860** 경기도 파주시 탄현면 국화향길 **10-56, 1**동
서울 사무소: **06569** 서울특별시 서초구 도구로 **115, 1**층(방배동)
전　화: (02)581-4057~8
팩　스: (02)581-4059
이메일: inquiry@bioscIencepub.com
홈페이지: http://www.biobooks.co.kr
ISBN: 978-89-6824-121-5 93690

등록번호: 제22-3079호
값 **23,000**원

메이저리거가 되기까지

저자는 한국 프로야구에서 11년간 선수 트레이너로 활동을 했다. 초기 1~3년은 정말 아무것도 모르는 상태에서 야구팀 일을 시작했으며, 일을 하나하나 배우고 익히고, 크고 작은 사고를 치면서 성장한 듯하다. 당시 LG 수석트레이너인 권태윤 수석의 지도 아래 전략적으로 2군, 재활군, 1군을 두루 경험하면서 팀에 적응을 하고 자리를 잡았다. 이렇게 체계적을 경험하고 성장할 수 있게 도와주심을 이 기회에 감사의 인사를 드립니다. LG Twins에서 일을 하면서 풀리지 않았던 한 가지가 있었는데, 그것은 메이저리그(MLB) 선수와 한국프로야구(KBO) 선수들의 몸이 다르다는 것이었다. 그 당시 KBO에 온 외인선수를 통해 간접적으로 경험하는 방법밖에 없었다. 11년간의 팀 생활을 마무리하고 스포사(SPOSA)를 오픈하고 지금은 퀄핏(QOLFIT)에 근무를 하면서 2020시즌 류현진 선수 덕분에 메이저리그 Tronto Blue Jays 정식 직원인 Performance Coach로 근무할 수 있는 기회가 생겼다. 개인 트레이너가 아닌 정식직원은 팀의 모든 데이터에 접속권한을 가지고 있었기 때문에 메이저리그에서 선수들의 부상관리, 체력관리, 컨디션 관리, 영양관리, 멘탈관리 시즌 운영에 관련된 시스템을 배울 수 있는 좋은 기회였다.

메이저리그 스프링 캠프에 참여하면서 많은 것에 놀랐지만 기본적으로 규모가 엄청나게 크고 시스템이 정말 톱니바퀴처럼 돌아가는 것이었다. 다른 조직은 나와 밀접하지 않아 AT(Athletic Trainer)와 S&C(Strength Coach) 파트가 있는 부분에 대해서만 소개를 한다. 놀라운 첫 번째는 조직이 방대하게 크지만 세밀하게 관리가 되고 있다는 것이었다. High Performance Team은 AT, S&C, Mental Coach, Nutrition의 네 가지 직군이 모여 있는 곳이다. 저자는 AT, S&C의 역할을 동시에 수행하게 되어 두 팀 간의 가교 역할을 하게 되었다. High Performamce의 팀원들은 매일 아침 일과가 시작되기 전에 회의를 통해서 선수 상태를 공유하고 재활 및 트레이닝 일정을 조율했다. 선수들의 부상, 컨디션, 체력상태, 회복상태 등 세밀하면서도 체계적인 관리가 인상적이었다. 두 번째는 트레이닝 강도였다. MLB 선수들을 TV에서 보면 몸들이 괴물처럼 좋아보이는데, 몸이 좋은 이유는 트레이닝 장에서 훈련하는 모습을 보면 알 수 있었다. 선수들은 마치 내일이 없는 선수들처럼 강도 높게 트레이닝을 했다. 이런 훈련의 결과가 좋은 피지컬을 만든 것이라는 확신이 들었다. 노력의 결과라는 것을 뒷받침할 수 있는 증거는 스프링 캠프에서 20대 초반의 루키 선수들은 아직 몸이 만들어지지 않아 베테랑 선수들과는 다르게 피지컬이 완성되지 않았는데, 일반적으로 연차가 증가할수록 피지컬이 좋아지는 모습이 후천적인 발달이라는 것을 짐작할 수 있었고 메이저리그 트레이너들도 설명을 해주었다.

MLB 투수가 95(152km)마일을 기본적으로 던지고 빠르면

100(160km)마일을 넘기는 선수가 있고, 모든 타자가 타순과 관계없이 언제든 홈런을 칠 수 있게 된 것은 "**메이저리거들이 타고난 몸이 좋아서가 아니라 철저하게 시스템적으로 만들어진 결과물**"이라는 확신이 들었다. 부상을 예방하면서 움직임이 좋고 파워를 발휘하는 몸은 태어나는 것이 아닌 만들어지는 것이다. 이 책으로 야구를 잘하는 선수는 만들 수 없지만, 체력이 부족해서 자신의 기량을 펼치지 못하는 선수들에게 도움을 주기 위함이다. 트레이닝 전문가(선수 트레이너, 피지컬 코치, 트레이닝 코치, Strength & Conditioning Coach, Performance Coach)들은 선수의 기술 향상은 코치에게 맞기고, 선수들의 부상 예방과 체력향상에 집중해야 MLB를 따라갈 수 있을 것이다. 또한 선수들은 기술 이전에 체력을 만들어야 한다는 것을 항상 생각하면서 운동해야 좋은 기술을 가질 수 있고, 절정의 기량을 오랫동안 유지할 수 있다.

2021년 3월

Toronto Blue Jays Performance Coach 김병곤

저자 소개

김병곤 박사

현) 키움 히어로즈 단장특별보좌
현) 사단법인 대한건강운동관리사협회 회장
현) 수원대학교 스포츠과학부 겸임교수
현) 스마트트레이너시스템 대표
현) 퀄핏건강운동센터 Director
현) 한국중고등학교골프연맹 이사
현) MK, 파이낸셜 뉴스, 중앙일보 더 오래 칼럼
전) Toronto Blue Jays Rehab & Strength Coach(2020)
전) 국가대표 야구 대표팀 트레이너(2014~2018)
전) LG Twins Baseball Club 수석 트레이너
전) SPOSA 트레이닝 센터 대표

강성우 박사

현) 퀄핏건강운동센터 Director
현) 사) 대한건강운동관리사협회, 부회장
현) 한국체육대학교 사회체육대학원, 외래교수
현) Certified Strength and Conditioning Coach(CSCS)
현) 대한선수트레이너협회, 정회원(R-KATA-ATC)
전) XION 퍼포먼스 센터, 디렉터
전) Bowerman Sports Science Clinic, U of Oregon, 연구원
전) 차의과대학교 스포츠의학 대학원, 겸임교수

김동우 박사

현) 퀄핏건강운동센터 대표
현) 한양대학교 체육학과 겸임교수
현) 스마트트레이너시스템 Director
현) 파주챌린저스 독립야구단 수석트레이너
현) 국가대표 여자야구대표팀 수석트레이너
전) SPOSA 트레이닝센터 센터장
전) 홍콩유소년축구대표팀 U-15 체력코치

차례

2부 야구선수의 재활과 트레이닝 사례

3부 | ITP, IBP, 운동재활 프로그램

부록 | 운동재활 프로그램 프로토콜

1부

메이저리거를 위한 트레이닝

1장

메이저리거의 체력

세계에서 가장 야구를 잘하는 리그는 MLB라는 것에 모두 동의할 것이다. 야구를 시작하는 유소년 선수부터 청소년 선수, 대학 선수 그리고 한국의 프로야구선수까지 모두 가장 높은 곳을 보고 준비를 해야 좋은 결과가 있을 것이라고 생각한다. 과연 MLB 선수들의 몸은 어떻게 만들어지고 관리될까? 지금부터 메이저리그 선수들의 체력과 컨디션 관리, 부상 예방에 관련된 노하우를 분석해 보겠다. 단 한 번의 트레이닝으로 메이저리거가 되는 것은 불가능하다. 하지만 선수 생활을 하는 동안 꾸준히 준비하고 실천한다면 좋은 결과가 있을 것이다. 좋은 야구 기술을 습득하기 전에 야구를 할 수 있는 체력 요소가 준비되어야 좋은 기술을 만들어 낼 수 있다.

1. 야구선수에 적합한 체력

야구는 반복적인 한 방향 회전과 역동적인 측면 움직임, 빠른 발을 기반으로 하는 파워 스포츠다. 예민한 신경 근육 조절 능력, 고관절 유연성, 코어 근력 강도에 중점을 둔 모든 운동에서 이러한 기능 향상을 강조해야 한다. 견고한 내구성과 힘을 극대화하는 어깨 힘, 또한 어깨와 엉덩이에 큰 파워를 주는 야구는 반복적인 움직임으로 부상을 최소화하기 위한 코어 핵심 근력 강도를 강조해야 한다. 경기에서 승리하기 위해서는 베이스러닝을 위한 가속과 속도 증가 트레이닝, 30~55m의 단거리 달리기 능력 향상, 코어 안정성과 코어 근력 강화, 파워 향상을 위한 통합 운동, 야구 기능 향상을 위한 근력 프로그램과 통합적인 근력 및 파워 향상을 위한 트레이닝이 필요하다.

2. 신체조성 및 체격

2016년 A급 메이저리그 선수의 평균 신장은 187.19cm이며, 체중은 86.48kg이며, 체지방률은 11%로 베테랑 선수보다 젊은 선수들이 조금 더 마른 편이다. 투구가 평균 신장이 가장 컸으며, 유격수가 가장 작은 것으로 나왔다. 평균 체중은 1루수, 포수, 투수 순으로 무거웠으며 2루수가 가장 몸무게가 적게 나간다. 그중 2루수의 평균 체중은 77.30kg으로 체중이 가장 가볍게 나간다. 메이저리그 선수들은 좋은 컨디션을 유지하기 위해서 12%의 체지방을 넘기지 말고 8~10%의 체지방을 유지하려고 항상 노력한다. 포지션별 체지방은 투수와 포수가 12%, 야수들은 8~12%의 체지방을 유지해야 좋은 컨디션으로 경기에 임할 수 있다.

3. 포지션별 기술과 체력 우선순위

메이저리거나 한국 프로야구선수들 중 특급 선수들도 자신의 기술과 체력이 모두 완벽한 선수는 찾아보기 어렵다. 자신의 포지션에 맞게 기술과 체력을 준비하는 것이 필요하며, 좋은 준비를 하기 위해서는 우선순위를 인지하고 단추를 끼우듯 하나하나 차근차근 준비를 해야 성장을 할 수 있다. 급하다고 바늘허리에 꿰어서 사용할 수 없는 것이다.

〈표 1-1〉 야구선수 포지션별 우선순위는 팀을 운영하는 감독, 코치, 프런트(체육부장)가 선수를 선발할 때 참고하여 전력을 준비하는 자료로 사용하면 도움이 된다. 대부분의 스카우터는 우선 재능을 보고 두 번째로 기술을 본다. 또한 강한 팔, 부드러운 손, 빠른 배트 스

표 1-1 야구선수 포지션별 우선순위

포지션	1순위	2순위	3순위	4순위	5순위
포수	포구	던지기	타격	파워	러닝
1루수	타격	파워	수비	던지기	러닝
2루수	타격	수비	달리기	파워	던지기
유격수	수비	던지기	달리기	배팅	파워
3루수	배팅	파워	수비	던지기	달리기
좌익수	배팅	파워	달리기	수비	던지기
중견수	달리기	수비	타격	던지기	파워
우익수	배팅	파워	수비	던지기	달리기

윙, 부드러운 움직임, 빠른 발, 좋은 밸런스, 근력, 스피드, 파워를 살핀다.

메이저리거의 달릴 시 속도는 일반적으로 60야드(54.8m)가 지표다. 60야드(54.8m)를 적어도 7초 이내에는 달려야 한다. 60야드(54.8m)를 6.5~6.8초에 달리면 좋은 스피드이고, 6.3~6.5초에 달리면 매우 우수한 스피드다. 배트에 공이 컨택 된 시점부터 베이스를 밟을 때까지 걸린 시간을 체크한 것이다. 타석에서의 스피드는 왼손잡이 타자는 1루까지 평균 4.2초 이하이며, 오른손잡이 타자는 1루까지 평균 4.3초이다. 1루까지의 달리기 시간은 왼손잡이가 4.1초, 오른손 잡이가 4.2초면 좋은 스피드이며, 왼손잡이가 4.0초, 오른손 잡이가 4.1초면 매우 빠른 스피드다. 1루에서 3루까지의 소요시간은 6.8~6.9초가 좋은 스피드이고, 6.7초는 매우 좋은 스피드다. 홈에서 3루까지는 평균 11.4~11.7초가 평균 스피드이고, 10.8~11.2초는 매우 좋은 스피드다. 2019년 메이저리거 선수의 30야드(27.43m: 홈에서 1루까지의 거리) 달리기 속도는 평균 4.04초이며, 애틀란타의 McCann, Brian이 4.67초로 가장 느리며, 캔자스시티의 Mondesi, Adalberto 선수가 3.7초로 가장 빠르게 달린다. 달리기 속도를 증가시키기 위해서 노력해야 하는 것은 선수를 시작하는 시점부터 은퇴하는 시점까지 절대 잊어서는 안 되는 항목이다.

2장

메이저리거 트레이닝

야구선수를 위한 최고의 운동 방법을 찾는 데 있어 전문 선수 훈련 경험이 있는 전문가에게 조언을 구하는 것이 좋다. 단순하게 웨이트 트레이닝만을 해서는 야구에 필요한 파워를 향상시킬 수 없다. 야구선수의 경기력 향상을 위한 트레이닝을 할 때는 몸 전체를 트레이닝 해야 하며, 파워를 향상시켜야 하며, 어깨를 강화하고 보호해야 하며, 흉추의 가동성을 향상시켜야 하며, 발목, 몸통 및 어깨 가동성 향상은 필수다. 야구는 힘, 속도, 이동성 및 폭발적인 능력을 필요로 하는 스포츠이며, 야구선수를 위한 운동은 이러한 부분이 포함되어야 한다. 강력한 훈련, 체육관 트레이닝이 필요하며 어깨나, 팔꿈치 등 관절이 아픈 상태에서는 훈련을 하는 것을 주의해야 한다.

1. 팀 준비 운동

팀 준비 운동의 계획은 날씨에 따라서 선수의 컨디션에 따라서 10분에서 30분 정도까지 활용할 수 있다. 날씨가 덥다면 짧게 날씨가 춥다면 길게 준비를 해야 한다. 선수의 컨디션 상태에 따라서 선수들의 피로도가 높다면 핵심 준비 운동만으로 짧게 선수들의 컨디션이 좋다면 조금 더 시간을 사용하는 변화가 필요하다. 각각의 항목을 거리는 15m를 하거나 각각의 항목을 10회~30 정도 준비한다. 움직임이 작은 동작은 10회를 하고 움직임이 큰 동작은 10회 정도를 한다. 다이나믹 스트레칭 동안 상체는 곧게 세운 상태에서 진행한다. 상체를 곧게 세워야 코어가 활성화되어 안정적으로 사용된다.

〈그림 1-1〉 발목 조깅은 발목(종아리, 발가락)의 활성화를 향상시키기 위해서 신체의 가장 먼 발목을 깨우는 운동이다. 지면에 닿는 시간은 짧게 복숭아뼈를 중심으로 원을 그리듯 조깅을 한다. 뒤꿈치는 바닥에 닿지 않게 해서 한다.

발목 조깅(Ankle Jogging)

그림 1-1

정강이 조깅(Shin Jogging)

그림 1-2

〈그림 1-2〉 정강이 조깅은 발목(종아리, 발가락)의 활성화와 고관절의 움직임을 향상시켜 가동성을 확보하는 운동이다. 정강이 중간을 기준으로 원을 그리듯 달리기를 한다. 지면의 닿는 시간을 짧게 하고 탄력적으로 움직여야 한다.

〈그림 1-3〉 스킵핑은 지면을 차는 다리의 발목, 무릎, 고관절의 완전한 신전과 함께 반대 다리의 무릎을 들어 올려 점프를 하는 동작으로 양발을 피스톤처럼 만드는 것이 목적이다. 양쪽 팔도 최대한 크게 스윙을 하여 팔과 다리의 움직임을 크고 강력하게 움직이도록 한다.

〈그림 1-4〉 리비스 스킵은 스킵핑 동작에서 무릎이 90도 정도 올라왔을 때 강하고 빠르게 정지를 시키는 동작으로 지면 반력으로 얻어낸 에너지를 코어에 집중되도록 하는 트레이닝이다. 가능하고 빠르고 강하게 무릎, 고관절이 90도 상태에서 정지를 시키고 지면을 차는 발은 최대한 강하게 지면을 차도록 한다. 양 팔도 다리와 같이 강력하게 움직여야 에너지를 더 많이 만들어낼 수 있다.

스킵핑(Skipping)　　스킵핑

그림 1-3

리버스 스킵(Reverse Skip)　　리버스 스킵

그림 1-4

〈그림 1-5〉 무릎들기 운동은 달리기 자세를 만드는 운동으로 팔 스윙을 최대한 크고, 빠르고, 강하게 해야 한다. 팔과 다리는 같은 리듬으로 움직이므로 빠른 달리기는 빠르고 강한 팔 스윙과 관련이 많다. 지면을 차는 디딤 발은 완전하게 펴고 반대쪽 무릎은 최소한 벨트라인까지 올려야 한다.

무릎 들기(High Knee)

그림 1-5

〈그림 1-6〉 사이드 워킹은 선수들의 방향 전환 시 정지하는 동작에서 많이 사용되는 근육을 트레이닝하는 운동이다. 빠르고 안정적인 정지를 위해서는 체중을 가능하면 낮추어야 한다. 가장 좋은 자세는 ABP 자세보다 조금 낮게 동작을 유지하는 것이다. 따라서 사이드 워크 시 이동하는 동작에서 체중이 지면 쪽으로 내려가는 느낌이 되

사이드 워킹(Side Walk)

그림 1-6

사이드 스킵(Side Skip)

그림 1-7

면 좋다. 반대로 점프하는 동작으로 해서는 안 된다.

〈그림 1-7〉 사이드 스킵은 야구 수비 동작, 베이스러닝의 방향 전환동작에서 강력한 방향 전환에서 리드미컬한 동작을 요구할 때 많이 사용되는 동작이다. 빠르고 강한 방향 전환을 위해서는 한쪽 발에 자신의 체중을 완전하게 올려 놓아야 효율적으로 움직일 수 있다.

카리오카

그림 1-8

스킵 단거리 달리기(Skip Sprint)

그림 1-9

〈그림 1-8〉 카리오카 동작은 빠른 동작의 풋워크 및 회전 트레이닝으로 상체는 고정된 상태에서 하체만의 회전을 만들어 내는 것이 중요하다. 발로 지면을 강하게 딛고 그 힘으로 회전을 만들어 낸다. 코어 및 고관절의 꼬임이 만들어지면 된다.

〈그림 1-9〉 스킵 단거리 달리기는 크로스오버 동작과 단거리 스프린트를 합성하여 트레이닝하는 것이다. 일반적으로 야구선수가 1루에서 2루에 도루할 때 많이 사용하는 동작이다. 이 동작에서 스킵 및 크로스오버 동작에서 선수의 체중이 위쪽으로 올라가면 파워를 잃어버리게 된다. 체중이 위쪽으로 올라가지 않게 지도해야 한다.

〈그림 1-10〉 단거리 달리기는 10~30M는 상체의 기울기가 앞쪽으로 기울어진 상태여야 하기 때문에 상체가 달릴 때 직각으로 일어나지 않게 지도해야 한다. 또한 출발할 때 한쪽 다리에 자신의 체중이 완전하게 올라온 후 지면을 밀어내야 한다. 그래야 달리기 파워가 증가하게 된다.

단거리 달리기(Sprint) 10~30M

그림 1-10

2. 피칭 밸런스 트레이닝

투수의 피칭 동작을 구분하게 되면 (1) 와인드업은 다리를 들어 올리는 것으로 트레이닝 형태로 보면 스텝업을 하는 운동이 된다. (2) 스트라이드는 다리를 측면으로 이동하는 동작으로 트레이닝 형태로 보면 사이드 런지 운동이 된다. (3) 볼 릴리스는 상체를 앞쪽으로 이동하면서 공을 던지는 동작으로 무릎 편 전방 런지 운동이 된다. (4) 마지막으로는 볼을 던지면 한발로 균형을 잡는 동작으로 싱글 레그 루마니안 데드리프트 동작이 된다. 좋은 투수들은 위의 네 가지 동작이 유기적으로 잘 이루어진다. 만약 던지는 동작을 분석했을 경우 부분적으로 문제가 있다면 좋은 몸을 가지고 있지 못할 것이다. 아래의 동작을 평가요소로 사용하고 또한 강화시킬 수 있는 트레이닝 또한 가장 기본이 되는 동작이 아래의 운동들이다.

투수가 다리 들기를 멈추고 밸런스 포인트에 도달하는 것은 정적 밸런스다. 모멘텀은 강력하고 효율적인 움직임을 위한 핵심 요소이다. 따라서 동적 균형에 초점을 맞추거나 이동하는 동안 균형을 유지해야 한다. 다음은 투수의 피칭 동작을 응용한 동적 균형 및 안정성 작업을 위한 유용한 운동방법이다.

1) 스텝업(Step Up)

스텝업 동작은 투수의 와인드업 동작을 트레이닝하는 것으로 디딤발이 완전하게 펴져야 하며 디딤발의 발가락으로 지면을 강하게 눌러야 균형이 잘 잡힌다. 들어 올리는 쪽 다리의 골반은 위쪽으로 올라가지 않게 해야 한다.

스텝업 준비 자세(전방확인)-런지에서 스텝업동작

스텝업 종료자세(전방확인)

그림 1-11 스텝업 정면

스텝업 준비 자세(측면확인)–런지에서 스텝업동작

스텝업 종료자세(측면확인)

그림 1–12 스텝업 측면

2) 사이드 런지(Side Lunge)

사이드 런지 동작은 투수의 스트라이드 동작을 트레이닝하는 것으로 펴지는 무릎은 완전하게 펴지게 해야 하며, 구부리는 무릎은 90도를 구부려야 한다. 몸통은 완전하게 수직이 되도록 해야 하며, 체중은 전체적으로 뒤쪽 엉덩이 쪽을 향해 있어야 한다.

사이드 런지 준비 자세(전방확인)

사이드 런지 종료자세(전방확인)

그림 1–13 사이드 런지 정면

사이드 런지 준비 자세(측면확인)

사이드 런지 종료자세(측면확인)

그림 1-14 사이드 런지 측면

3) 포워드 런지(Forward Lunge)

포워드 런지 동작은 투수의 코킹 동작을 트레이닝하는 것으로 뒤에 위치된 무릎은 완전하게 펴져 있어야 하고 앞무릎은 90도를 구부리게 해야 한다. 체중은 80~90% 앞쪽 다리에 있어야 한다. 처음의 자세로 되돌아올 때도 뒤 무릎은 구부리지 않아야 한다.

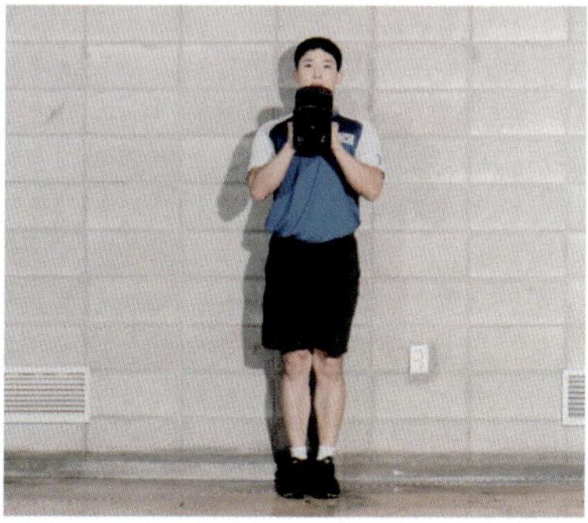

포워드 런지 준비 자세(전방확인)

포워드 런지 종료자세(전방확인)

그림 1-15 포워드 런지 정면

포워드 런지 준비 자세(측면확인)　　포워드 런지 종료자세(측면확인)

그림 1-16 포워드 런진 측면

4) 싱글레그 루마니안 데드리프트(Single Leg Romanian Dead Lift)

싱글레그 루마니안 데드리프트 동작은 투수의 팔로우 동작을 트레이닝하는 것으로 한발 균형을 잡으면서 상체의 안정성을 만드는 동작이다. 뒤에 펴지는 다리의 무릎은 완전하게 펴져 있어야 하며, 발가락

싱글레그 루마니안 데드리프트 준비 자세(전방확인)　　싱글레그 루마니안 데드리프트 종료자세(전방확인)

그림 1-17 싱글레그 루마니안 데드리프트 정면

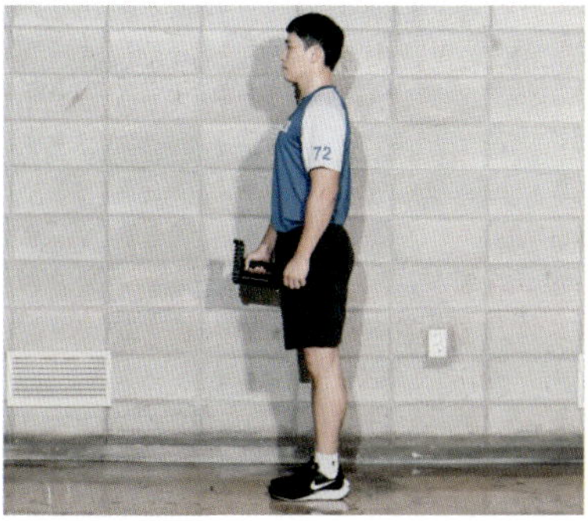

싱글레그 루마니안 데드리프트 준비 자세(측면확인)

싱글레그 루마니안 데드리프트 종료자세(측면확인)

그림 1-18 싱글레그 루마니안 데드리프트 측면

은 안쪽으로 회전되어 있어야 된다. 발가락이 바깥쪽으로 회전되면 회전력을 잃어버린다.

3. 배팅 파워 트레이닝

타자의 배팅 동작을 분석하면 스탠스 국면, 스트라이드 국면, 드라이브 국면, 배트 가속 국면, 팔로우 국면으로 나누어진다. 배팅의 정확성과 파워를 향상시키기 위해서는 몸통(엉덩이, 코어 근력)을 잘 사용해야 된다. 작은 근육은 힘을 발휘하는 데 있어서는 적합하지 않다. 파워를 발휘하는 것은 몸통의 근육을 사용해야 하며, 정교함은 손을 잘 사용해야 된다. 손을 잘 사용하기 위해서는 다른 스포츠와 마찬가지로 손의 힘을 빼는 것이 필요하다. 따라서 몸통과 코어의 근력을 향상시키기 위해서는 트레이닝 중 손에 들고 있는 도구를 잘 사용하는 것이 필요하다. 배팅 파워를 향상시키기 위해서는 손에 잡은 도구는 회전을 시키는 동작으로 마무리하는 것이 아니라, 직선 운동으로 마무리해야 한다.

1) 한쪽 다리로 버티기: 스텐스 국면 + 스트라이드 국면

디딤발의 발 안쪽에 힘을 주어 스케이트를 밀어내듯 밀면서 천천히 움직인다. 골반의 중립과 상체의 중립을 유지하여 움직여야 한다. 힘은 무릎 안쪽을 통과해 내전근 쪽으로 힘이 들어와 코어까지 연결되면 된다.

탄력 밴드 걸고 측면으로 한 다리 버티기 준비자세

탄력 밴드 걸고 측면으로 한 다리 버티기 종료자세

그림 1-19 한쪽 다리로 버티기

2) 대각선으로 밀어내기: 배트 가속 국면

탄력 밴드, 케이블을 아래 방향으로 밀어낼 때 앞쪽 발에 회전축이 만들어져야 하며, 뒷발에는 체중이 거의 없는 상태가 되게 한다. 코어에 힘이 들어오지 않는다면 동작이 잘못되어 있는 것이다. 호흡은 가능

대각선 아래 방향으로 밀어내기 준비자세

대각선 밀어내기 아래 방향으로 밀어내기 종료자세

그림 1-20 대각선으로 밀어내기

하면 최대한 뻗으면서 움직인다.

3) 메디신 볼 밀어 던지기: 팔로우 국면

메디신 볼이 팔에서 떠날 때 손바닥으로 밀어주어야 한다. 손가락을 사용하게 되면 몸통의 힘을 사용하지 못하게 된다. 또한 볼을 밀어낼

메디신 볼 팔로우 준비자세

메디신 볼 팔로우 종료자세

그림 1-21 메디신 볼 밀어 던지기

때 반 작용으로 상체가 약간 뒤쪽으로 밀려나는 것은 정상적인 움직임이다.

4. 베이스러닝 스피드 트레이닝

야구에서의 베이스러닝은 출발력과 달리기 능력을 기본으로 한다. 그래서 베이스러닝을 잘 하기 위해서는 출발력을 향상시키고 달리는 동작을 잘 만들어 놓는 것이 필요하다. 출발력과 달리기 능력이 어느 정도 만들어지면 베이스러닝에 필요한 야구 센스를 배우는 것이 좋다. 달리는 스피드와 베이스러닝 센스 중 하나만 선택하라는 것은 반쪽짜리 선수가 되겠다는 뜻이다. 특히 어린 선수일수록 이 두 가지 중 우선순위는 달리기 능력이 우선이면, 야구 센스가 차선적으로 만들어지는 것이 좋다.

1) 크로스오버 운동

달리고자 하는 방향 앞쪽에 있는 다리에 체중을 완전하게 옮겨지면 그 다리로 지면을 강력하게 밀면서 발목, 무릎, 고관절을 편다. 지면을 강하게 눌러야 하기 때문에 체중이 위쪽으로 올라가지 않아야 한다.

크로스오버 준비자세

크로스오버 중간자세

크로스오버 종료자세

그림 1-22 크로스오버

2) 벽에서 한쪽 무릎 들기 운동

한 손으로 벽에 기대고 한쪽 무릎은 구부리고 준비한다. 벽 쪽에 있는 다리를 들어 올릴 때 지면에 닿고 있는 무릎과 고관절을 펴면서 올린다. 강하게 올리되 90도 정도에서 빠르고 강하게 멈춘다.

벽에서 한쪽 무릎 들기 준비자세

벽에서 한쪽 무릎 들기 종료자세

그림 1-23 벽에서 한쪽 무릎 들기 운동

3) 벽에서 발목, 무릎, 고관절 동시 펴기 운동

양 무릎을 구부린 상태에서 한 쪽 다리로 지면을 차면서 반대쪽 무릎을 들어 올린다. 지면에 닿고 있는 무릎은 완전히 펴야 하며, 들어 올리는 다리는 90도 정도에서 빠르고 강하게 멈추어준다. 이때 선수의

벽에서 발목, 무릎, 고관절 동시 펴기 운동 준비자세

벽에서 발목, 무릎, 고관절 동시 펴기 운동 종료자세

그림 1-24 벽에서 발목, 무릎, 고관절 동시 펴기 운동

체중을 벽을 향하고 있어야 한다. 상체가 구부정해지거나 머리 위쪽으로 힘이 올라가면 잘못된 동작이다.

4) 벽에서 무릎 들어 달리기 운동

한쪽 무릎을 들고 한 발로 지면을 차면서 벽을 밀고 있는 상태에서 공중에서 다리를 교차시켜 준다. 이때 체중이 위쪽으로 올라가지 않아야 하며, 지속적으로 벽을 밀고 있는 힘이 유지되어야 한다. 지지하는 발목, 무릎, 고관절은 완전히 펴져야 하며, 들고 있는 다리의 무릎은 90도를 유지해야 한다.

벽에서 무릎 들어 달리기 준비자세　　벽에서 무릎 들어 달리기 종료자세

그림 1-25 벽에서 무릎 들어 달리기 운동

5. 수비를 위한 빠른 스텝 향상 트레이닝

많은 부드러운 수비수들은 손이 부드러운 것처럼 보이지만 실제로는 손이 자유롭게 움직일 수 있는 발의 움직임이 좋다. 일단 발의 움직임

이 좋지 않으면 수비의 위험성이 높아진다. 발의 움직임이 나빠지면 손이 무뎌지고 몸이 뻣뻣해지는 경향이 있다. 따라서 발을 잘 움직이게 하는 것이 수비를 잘 할 수 있는 큰 열쇠다.

1) 수비 기본자세에서 양발 앞뒤로 움직이기

점프 시 일정한 위치를 지속적으로 발이 지면을 닿게 하는 것이 중요하며, 같은 리듬과 속도를 유지하여 손을 밟지 않도록 주의하여 점진적으로 빠르게 스텝 속도를 향상시킨다. 운동은 반복 횟수를 20~30개를 정해서 얼마나 정확하고 빠르게 움직이는지 확인한다. 다른 선수와 비교해 보는 것도 좋은 방법이다.

ABP 자세에서 양발 앞뒤점프 준비자세　ABP 자세에서 양발 앞뒤점프 종료자세

그림 1-26 ABP 자세에서 양발 앞뒤점프

2) 수비 기본자세에서 양발 옆으로 움직이기

좌우로 점프 스텝 중 몸의 체중이 일정한 곳에 머무르게 하여 하체만 움직이게 해야 한다. 체중이 좌우로 크게 움직이게 되면 균형이 깨지고 속도를 빠르게 할 수 없다. 운동은 반복 횟수를 20~30개를 정해

ABP 자세에서 양발 좌우점프 준비자세 / ABP 자세에서 양발 좌우점프 종료자세

그림 1-27 ABP 자세에서 양발 좌우점프

서 얼마나 정확하고 빠르게 움직이는지 확인한다. 다른 선수와 비교해 보는 것도 좋은 방법이다.

3) 수비 기본자세에서 교차로 앞뒤 움직이기

발을 교차 점프를 할 때 자신의 체중이 위아래로 움직이지 않게 해야

ABP 자세에서 양발 교차 점프 준비자세 / ABP 자세에서 양발 교차 점프 종료자세

그림 1-28 ABP 자세에서 양발 교차 점프

빠르고 정확한 동작을 만들어 낼 수 있다. 가능하면 코어를 잡아두고 하체만을 이용하여 스텝을 한다고 생각하면 좋은 동작이 나온다. 운동은 반복 횟수를 20~30개를 정해서 얼마나 정확하고 빠르게 움직이는지 확인한다. 다른 선수와 비교해 보는 것도 좋은 방법이다.

4) 수비 기본자세에서 시각 반응으로 움직이기

이 동작은 멈춰진 동작 또는 잔 스텝을 하는 동작에서 코치의 수신호(전, 후, 좌, 우)에 따라서 발을 따라서 가능하면 최대한 빠르게 따라서 움직이는 운동이다. 시각적 피드백에 의해 운동하는 것이기 때문에 틀리더라도 빠르게 따라 움직이는 것이 중요하다.

ABP 자세에서 신호에 의해 발 움직이기 준비자세

ABP 자세에서 신호에 의해 발 움직이기 종료자세

그림 1-29 ABP 자세에서 시각 정보 민첩성

3장

메이저리거 루틴 컨디션 관리법

1. 수면

사람의 살아가는 1/3이 수면시간이다. 어떻게 수면을 취하느냐가 깨어 있는 2/3를 좌우하게 된다. 특히 육체적 활동이 많은 선수들에게는 더욱더 중요한 요소가 된다. 수면시간이 충분하고 좋은 수면을 취하게 되면 경기력이 향상되고 그렇지 못하면 경기력이 떨어지는 결과가 생길 수 있다. 충분한 수면을 취할 경우 얻을 수 있는 이득이 아래의 5가지가 있다.

첫째, 반응시간이 빨라진다.

둘째, 부상을 예방하는 데 효과가 있고, 선수의 건강 상태가 좋아진다.

셋째, 더 오랫동안 집중력을 발휘하며 운동할 수 있다.

넷째, 운동 중 정확도가 높아지고, 스피드가 빨라진다.

다섯째, 정신적 스트레스를 감소시킬 수 있다.

수면에 대하여 연구한 Maas 박사는 “미국인의 약 70%가 성인의 $7\frac{1}{2}$~$8\frac{1}{2}$시간 수면 요건을 충족시키지 못하고 있다”는 연구를 했다. 수면 장애는 사춘기부터 26세까지 올라간다. 여기에는 중학교 어린이부터 메이저리그 야구선수에 이르기까지 모든 사람들이 참여한 연구다. 이 그룹의 사람들이 충분히 주의를 기울이고 에너지로 가득 찬 수면의 양은 밤에 $9\frac{1}{4}$시간의 수면이라는 연구 결과를 내놓았다. 수면이 부족할 경우 운동선수는 졸음, 과민성, 불안, 우울증 및 체중 증가를 보여준다. 운동선수가 수면이 박탈되면 인식이 부족하고 야구에서 두 번째로 결정을 내려야 할 때 비판적이고 창의적으로 기억하고 생각할 수 있는 능력을 잃게 된다. 공이 배트에서 날아가거나 당신을 흔드는 세 번째 기본 코치를 보지 않으면 의사 결정 기술이 좋지 않을 수 있다.

2. 영양

야구 트레이닝은 근력, 스피드, 기술별, 스프린트 및 웨이트 트레이닝 운동으로 구성되어 있다. 야구선수의 주요 영양 목표는 에너지 수준과 집중력을 유지하고 충분한 수분 공급을 보장하는 것이다. 선수 개인별로 요구 사항은 자신의 포지션, 체성분 목표 및 다른 트레이닝 프로그램에 따라 다르다. 영양가 높은 식습관은 적합하고 활기차고 강한 야구선수의 요구를 지원하는 데 도움이 된다. 영양은 종종 근육 향상 및 회복을 위한 단백질, 연료를 공급하기에 적절한 시간의 탄수화물을 기본으로 한다. 또한 과일, 야채, 견과류, 씨앗 및 건강한 지방은 중요한 비타민과 미네랄을 제공해야 한다.

팀과 선수별로 다르지만, 선수들은 경기 시작 3~4시간 전에 게임 전 식사를 한다. 이 식사에는 연료를 위한 탄수화물과 수화를 위한 수분이 들어 있어야 한다. 게임 도중 식사를 하는 동안 소량의 단백질이 도움이 된다. 위의 불편함을 피하기 위해 소화를 돕기 위해 섬유질과 지방이 적은 음식을 선택할 수 있다.

게임 전 식사 옵션에는 다음이 포함되면 좋다.

우유 또는 요구르트와 과일을 곁들인 통곡물 시리얼

- 계란이나 구운 콩 토스트
- 간단한 충전 샌드위치
- 닭고기와 야채 리소토
- 국수와 함께 쇠고기 볶음

적합한 사전 게임 스낵은 다음과 같은 종료가 좋다.

- 신선한 과일 또는 과일 샐러드
- 견과류와 요구르트
- 땅콩버터와 함께 일반 또는 과일 토스트
- 과일 스무디(게임 전에 긴장감을 느끼면 훌륭한 옵션)

3. 트레이닝

야구에 적합한 트레이닝을 익히기 위해서는 우선순위에 따라 트레이닝을 배우는 것이 좋다. 첫 번째는 일반적인 운동을 배우는 것으로 스트레칭, 근-신경 조절 운동, 근력 강화 운동, 달리기 등을 익혀야 한다. 두 번째로는 첫 번째에서 익힌 운동을 정확하게 수행하고 운동의 강도를 증가시키는 것이다. 세 번째로는 일반적인 체력 분석을 통해 자신의 체력의 약점을 파악하여 체력의 문제가 없도록 고루고루 발달시키는 것이다. 마지막으로는 야구에 필요한 전문 체력을 기르는 시기로 가동성, 밸런스 민첩성, 파워를 자신의 포지션에 맞게 최적화시키는 것이 필요하다. 공부에도 순서가 있듯이 트레이닝에도 먼저 배워야 할 것, 나중에 배워야 할 것 등의 우선순위가 있다. 이 순서를 따라 야구에 필요한 최적화된 몸을 만들어 보자.

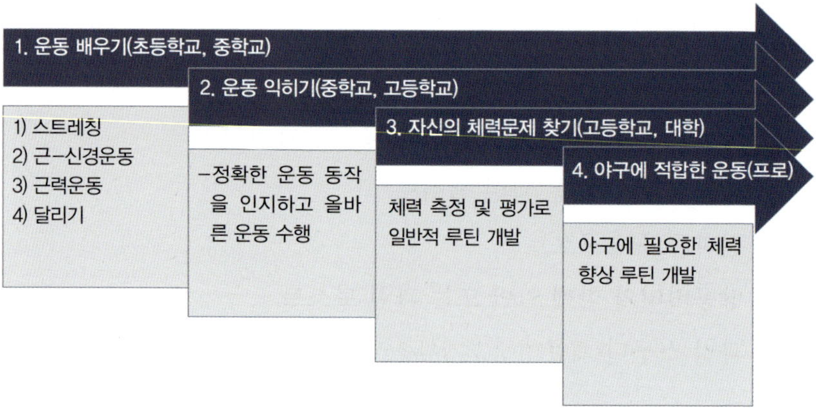

그림 1-30 우선순위에 따른 운동 익히기

4장

메이저리거 부상 예방 루틴

야구선수의 부상을 예방하기 위해서 가장 중요한 것은 “과사용”이다. 과사용에 대한 관리를 하지 않은 채 부상을 예방한다는 것은 불가능하다. 과사용을 하지 않는다는 전재 조건하에 위에 언급한 수면, 영양, 트레이닝의 균형을 잡는 것이 부상 예방 루틴의 시작이다.

1. 가동성과 안정성 운동

1) 경추 가동성

목 스트레칭에서 중요한 부분은 어깨 및 몸통이 움직이지 않게 하는 것이며, 스트레칭 중 목의 스트레칭 방향과 몸은 반대로 움직이는 느낌을 가지는 것이 효율적이다. 끝 지점에서 늘어나는 느낌이 나는 시기부터 스트레칭이 되기 때문에 그 시간부터 시간을 체크한다. 스트

목 신전　　　목 회전

1-31 목 스트레칭

레칭은 10초에서 시작해서 50초까지 늘려간다.

2) 어깨 가동성

어깨 스트레칭에서 중요한 부분은 코어 및 몸통이 움직이지 않게 하는 것이며, 스트레칭 중 어깨의 스트레칭 방향과 코어, 몸통은 반대로

네발기기 자세에서 어깨 굴곡　　　어깨 신전

그림 1-32 어깨 굴곡, 신전 스트레칭

움직이는 느낌을 가지는 것이 효율적이다. 끝 지점에서 늘어나는 느낌이 나는 시기부터 스트레칭이 되기 때문에 그 시간부터 시간을 체크한다. 스트레칭은 10초에서 시작해서 50초까지 늘려간다.

벽에 팔꿈치 대고 어깨 내회전　　벽에 팔꿈치 대고 어깨 수평 내전

그림 1-33 어깨 내회전, 수평내전 스트레칭

3) 견갑골 안정성

견갑골 안정성 운동은 코어와 견갑골을 동시에 활성화시켜 힘을 준 상태로 운동을 해야 한다. 견갑골과 코어는 하나의 움직임이 되도록 해야 안정성이 좋아진다. 따라서 견갑골을 운동하기 전 코어에 안정성을 잡은 상태에서 운동한다.

4) 흉추 가동성

흉추 가동성 운동에서 중요한 부분은 정상적으로 움직이는 범위를 회복하는 것이다. 흉추의 가동 범위는 일반적은 45도를 정상으로 본다.

철봉 매달리기에서 견갑골 당기기 준비 자세

철봉 매달리기에서 견갑골 당기기 종료 자세

그림 1-34 매달려서 견갑골 당기기

철봉 아래에서 수정된 당기기(Row) 준비 자세

철봉 아래에서 수정된 당기기(Row) 종료 자세

그림 1-35 수정된 당기기(Row) 운동

또한 운동 중 척추체가 움직이지 않고 완전한 회전운동만 일어나야 운동의 효과가 좋다. 코치는 정상적인 유연성이 확보되었는지 확인해야 하며, 척추체의 회전만 일어나는지 항상 확인해야 한다.

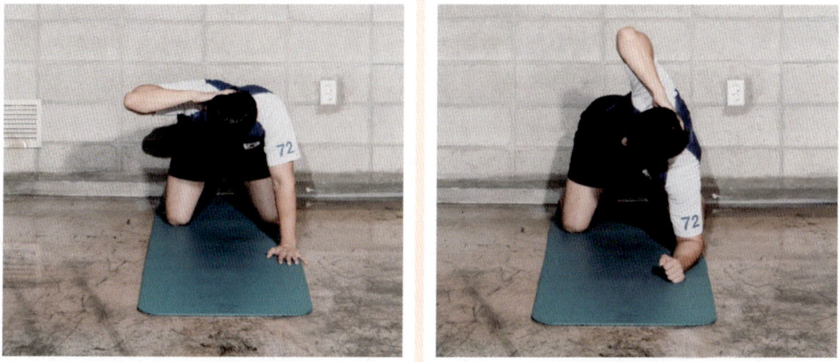

네발기기 자세에서 흉추 회전 준비자세 / 네발기기 자세에서 흉추 회전 종료자세

그림 1-36 네발기기 자세에서 흉추 회전 스트레칭

스모 스쿼트자세에서 흉추 회전 준비자세 / 스모 스쿼트자세에서 흉추 회전 종료자세

그림 1-37 스모 스쿼트자세에서 흉추 회전 스트레칭

5) 요추 안정성

요추 안정성 운동은 등척성 수축(예시: 움직이지 않는 플랭크)을 기반으로 안정성을 확인하는 것이다. 하지만 등척성 수축만을 운동하게 된다면 선수의 안정성은 증가하지 않는다, 처음에는 등척성 운동의 자세가 좋아지면 등장성(예시: 팔과 다리를 움직이는 플랭크) 안정성 운동

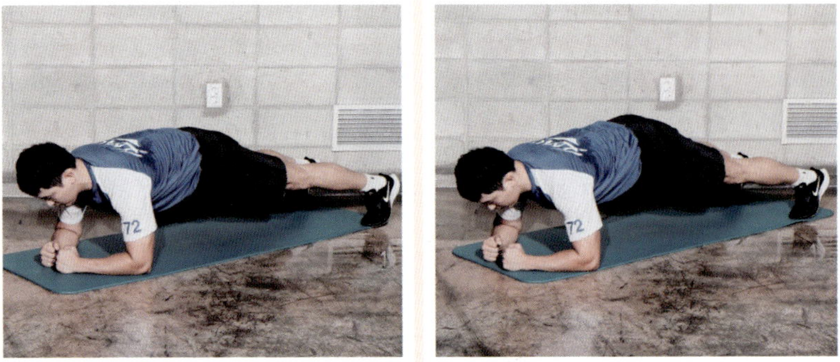

플랭크 어깨 터치 준비자세

플랭크 어깨 터치 종료자세
(왕복 20회까지)

그림 1-38 플랭크 어깨 터치

플랭크 대각선 손, 발 들기 준비자세

플랭크 대각선 손, 발 들기 종료자세
(왕복 20회까지)

그림 1-39 플랭크 손, 발 대각선 들기

미니밴드 ABP 걷기(앞뒤, 좌우, 런지 걷기) 미니밴드 런지 걷기(왕복 20회)

그림 1-40 미니밴드 ABP 걷기 운동

그리고 신장성(예시: 근육이 늘어나면서 버티는 힘) 운동으로 점진적으로 향상시켜야 한다. 움직이지 않는 플랭크를 오랫동안 하는 것은 선수들에게 안정성에 도움이 되지 않는다.

요추 안정성 운동에서 운동 지도 시 주의해야 할 것은 동체의 움직임을 만들지 않고 운동을 수행하는 것이다. 움직이고 있는 팔, 다리만 움직임을 허용하고 다른 곳은 완전하게 고정시켜야 한다.

6) 고관절 가동성 및 고관절 활성화

고관절 활성화는 고관절의 가동성(유연성)을 만든 후 근력을 통해 활성화를 만들어 내는 것이다. 고관절은 부드럽기도 해야 하지만 근력도 상당히 필요한 관절이기 때문이다. 정상적인 관절의 가동범위와 힘이 동시에 필요하다.

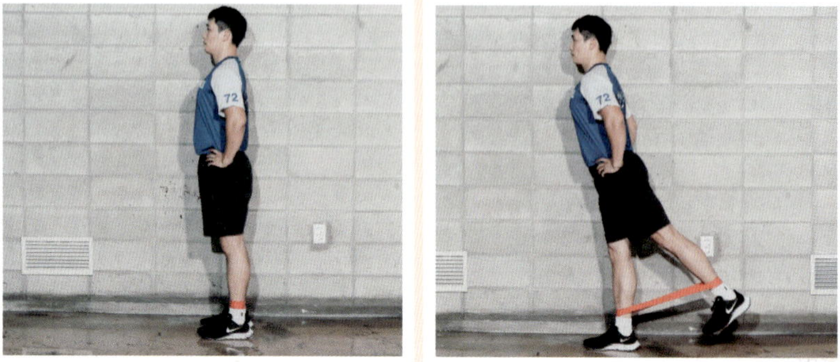

고관절 신전(탄력 밴드) 준비자세 고관절 신전 종료자세(10~15회 운동)

그림 1-41 서서 고관절 신전 운동

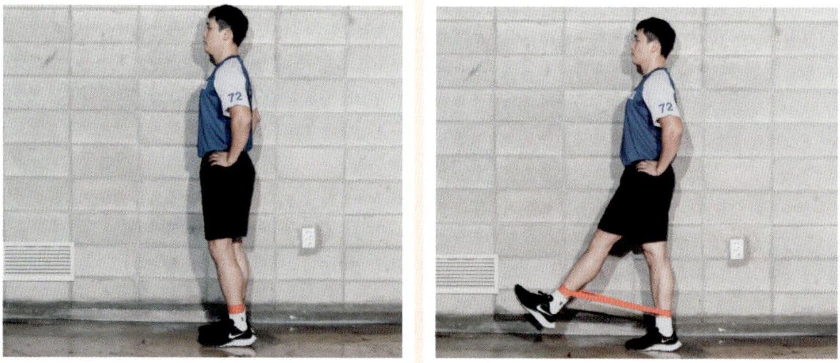

고관절 굴곡(탄력 밴드) 준비자세 고관절 굴곡 종료자세(10~15회 운동)

그림 1-42 서서 고관절 굴곡 운동

7) 발목 가동성 및 발목 활성화

발목의 가동성을 확보하면서 근력을 향상시켜 활성화를 만들어야 한다. 발목은 선수의 체중을 지지하는 관절이기 때문에 활성화가 되어 있지 않으면 지면을 차 내는 힘이 없어진다. 만약 선수가 운동장에서 달리는데 바람 빠진 공처럼 느슨하다면 발목의 활성화를 확인해 보

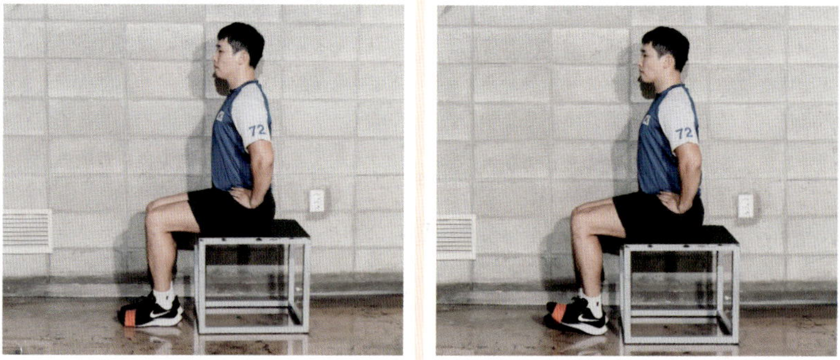

발목 배측 굴곡(밴드) 준비자세

그림 1-43 발목 배측 굴곡 운동

면 발목의 활성화가 좋지 않을 가능성이 높다.

2. 근-신경 조절 운동

근-신경 조절을 들어 보면 이 단어가 바로 이해가 되지 않는다. 야구의 상황으로 설명을 하면 투수가 던지고자 하는 위치로 공을 던질 수 있게 되면 근-신경 조절 능력이 좋은 것이다. 또한 수비수가 공을 잡기 위해서 움직이면서 정상적으로 공을 잡을 수 있는 능력을 말한다. 이러한 능력은 수비수들이 공을 잡으려고 하는 순간에 불규칙 바운드가 벌어졌을 때 더 잘 나타나게 된다. 잘 준비된 선수는 불규칙 바운드에서 몸과 글러브가 잘 따라가서 공을 잡게 되는 것이다.

1) 데드버그

팔과 다리를 움직일 때 팔꿈치와 무릎을 완전히 펴는 것이 중요하며, 발목은 항상 하늘을 바라보게 배측 굴곡(발가락 하늘 보기) 상태를 유지해야 한다. 또한 허리가 지면에서 뜨지 않게 코어에 힘을 주어 안정화 시킨 상태에서 운동하는 것이 필요하다.

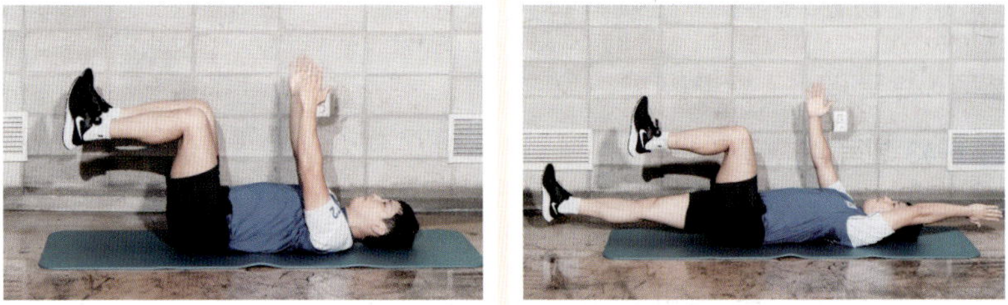

데드버그 준비자세 | 데드버그 종료자세(10회 반복 운동)

그림 1-44 데드버그 운동

2) 스쿼트 앤 터치(Squat and Touch)

스쿼트 앤 터치는 전신의 균형 능력을 향상시키는 운동으로 운동 중

스쿼트 앤 터치 준비자세 | 스쿼트 앤 터치 종료자세(10~15회 운동)

그림 1-45 스쿼트 앤 터치

속도를 일정하게 유지하고 발을 지면에서 떨어지지 않게 해야 한다. 몸을 구부리는 동작에서 고관절의 힌지를 집중해서 만들어 낸다.

3) 헥사곤 점프

점프의 안정성과 민첩성을 트레이닝하는 것이므로 시작위치와 종료위치에 정확하게 착지하는 것이 중요하다. 최대한 빠른 시간 내에 각각의 변에 적힌 숫자위치로 정확하게 점프하여 종료위치로 돌아오는 것을 6번 면까지 진행하고 종료한다.

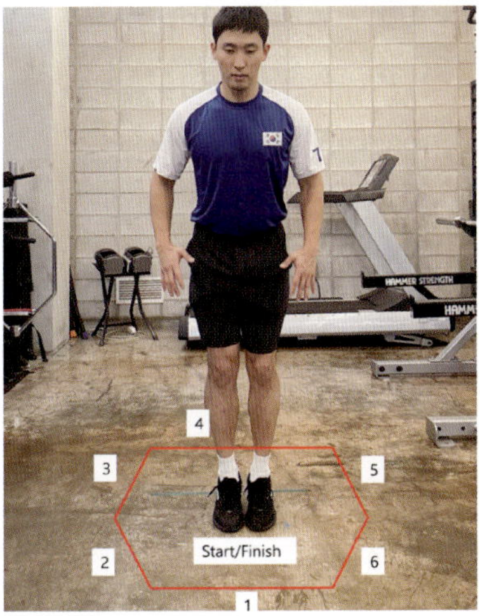

1. 준비자세: 스타트 위치에서 양발을 붙히고 점프자세로 준비한다.
2. 실시: 각 변에 적힌 숫자 순서대로 점프한다. 1번 ↔ 종료위치 2번 ↔ 종료위치 ~ 6번 ↔ 종료위치
3. 종료: 6번 면으로의 점프 후 종료위치로 돌아오는 것이 최종 종료 시점이다.

* 추가 설명: 육각형 모양의 변의 길이는 각각 2feet이다.

피로 회복을 위한 셀프 마사지

그림 1-46 헥사곤 점프

4) 반응 운동(가위바위보)

선수 두 명이 마주 본 상태에서 ABP 자세를 취한 상태에서 가위바위보를 하고 이긴 사람은 오른쪽으로 달리고, 진 선수는 왼쪽으로 달린

다. 일정한 거리를 정해서 먼저 도착한 사람이 승리하는 경기다. 틀린 사람도 트레이닝이기 때문에 목표지점까지 최선을 다해서 빠르게 판단하고 달려야 한다.

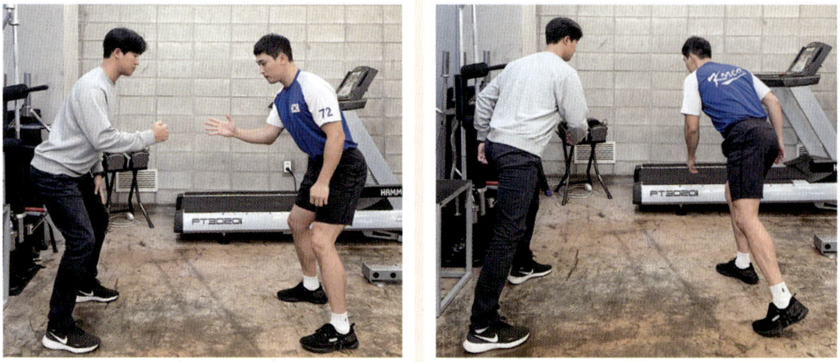

가위바위보 후 달리기 준비 / 가위바위보 후 달리기 종료

그림 1-47 가위바위보 시합 민첩성

4. 견갑골, 어깨, 팔꿈치 안정화 운동

견갑골 안정화 운동은 어깨 운동이 중심이 아니라는 것을 기억하고 운동해야 한다. 어깨 뒤쪽에 근력 운동이 아닌 양측 견갑골을 뒤로 모아주는 것이 가장 중요하다. 따라서 견갑골과 견갑골 사이의 근육에 자극을 주도록 운동해야 한다. 견갑골이 서로 맞닿게 되면 1~2초 정도를 유지하여 안정성을 향상시킨다. 팔꿈치 강화 운동은 움직임의 범위를 최대한 활용하여 운동을 하는 것이 필요하다. 던지거나 배팅 동작으로 한쪽 움직임이 줄어들어 있을 가능성이 높기 때문이다.

1) 견갑골, 어깨 강화 운동

견갑골 A, T, W, Y 운동은 양쪽 고관절의 힙 힌지(데드리프트 동작)를 정확하게 유지한 자세에서 각각 양팔을 바닥방향으로 늘여 놓은 뒤 준비한다.

A 운동은 그림 1-48에서처럼 양팔을 엉덩이 방향으로 새끼 손가락을 뒤로 향하게 하여 팔을 들어 올려준다.

Bent Of A 포지션　　Bent Of W 포지션(10~15회 운동)

그림 1-48 힙 힌지 자세에서 견갑골 A.W 운동

Bent Of T 포지션(10~15회 운동)　　Bent Of Y 포지션(10~15회 운동)

그림 1-49 힙 힌지 자세에서 견갑골 T.Y 운동

W 운동은 그림 1-48에서 양팔의 팔꿈치를 절반가량 굽힌 뒤 양팔을 좌우로 벌려 손등이 하늘을 향하게 하여 들어 올려준다. T 운동은 팔을 좌우로 나란히 하는 동작으로 들어 올린다. Y 운동은 손을 위로 45도 방향으로 엄지손을 위로 향하게 하여 팔을 들어 올려준다.

A,W,T,Y 운동 모두 팔을 들어 올릴 때 코어의 근력이 늘어지지 않게 호흡을 뱉으면서 진행한다.

서서 어깨 외회전 준비자세 / 서서 어깨 외회전 종료자세

그림 1-50 서서 외회전 운동(10~15회)

서서 내회전 준비자세 / 서서 내회전 종료자세

그림 1-51 서서 내회전 운동(10~15회)

2) 팔꿈치 손목 강화 운동

팔꿈치 및 손목 강화 운동은 움직임의 범위를 최대한 유지하여 운동을 해야 손목 및 팔꿈치의 움직임 범위가 줄어들지 않는다.

손목 굴곡 준비자세 / 손목 굴곡 종료자세

그림 1-52 손목 굴곡 운동(10~15회 운동)

손목 신전 준비자세 / 손목 신전 종료자세

그림 1-53 손목 신전 운동(10~15회)

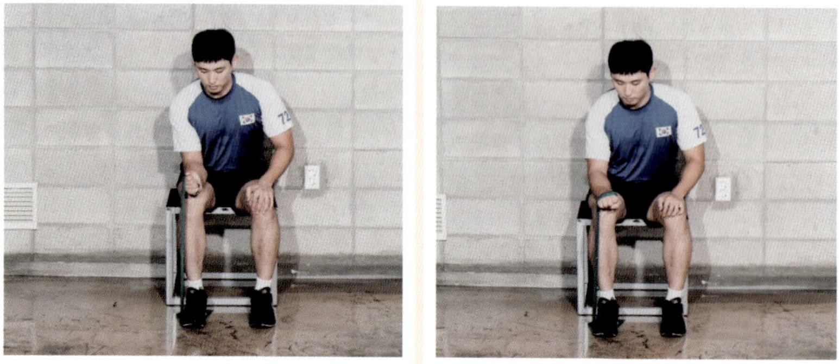

손목 회내 준비자세 　 손목 회내 종료자세

그림 1-54 손목 회내 운동(10~15회)

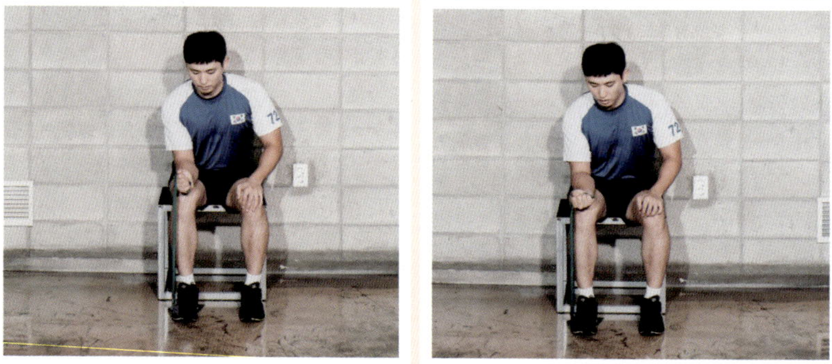

손목 회외 준비자세 　 손목 회외 종료자세

그림 1-55 손목 회외 운동(10~15회)

손목 요골 운동 준비자세 손목 요골 운동 종료자세

그림 1-56 손목 요골 운동(10~15회)

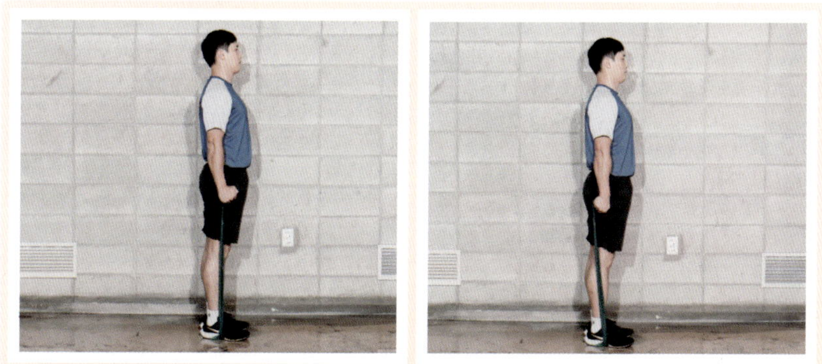

손목 척골운동 준비자세 손목 척골운동 종료자세

그림 1-57 손목 척골운동

5장

시즌별 야구선수 파워 향상 트레이닝 루틴

시즌 계획에 앞서 지도자, 선수, 구단 관계자들이 꼭 인지하고 있어야 할 것은 선수들의 최상의 체력 상태는 일반적으로 1년 중 4~5개월 정도의 기간 동안 유지된다는 것이다. 만약 선수의 컨디션을 1년 내내 최고조로 유지하기 위한 계획을 세운다면, 이는 현실적으로 어려운 일이며, 오히려 과도한 훈련량에 의해 선수의 피로도는 증가되며, 이는 부상의 원인이 된다는 결과는 많은 연구에서 입증되었다. 이러한 과학적 결과들을 통해 우리는 1년 동안 최고조의 컨디션 유지는 어렵다는 것을 알 수 있다. 따라서 선수들이 현재 많은 부상에 노출되어 있다면 연간 훈련 프로그램을 확인하여 수정하는 것이 필요하다. 선수가 피로를 느끼거나 부상이 나타나기 시작한다면, 훈련 프로그램 수정을 위한 시도는 이미 늦은 것이다. 선수의 피로도를 모니터링하고, 컨디션에 맞는 훈련 프로그램 작성은 반드시 전문가의 도움이 필요하다(표 1-3).

• 트레이닝 데이 운동 순서

표 1-2 트레이닝의 순서

1. 준비운동
2. 기술 → 스피드 → 파워를 위한 트레이닝
3. 리프트운동 → 저항운동 → 지구력 운동
4. 동계 훈련에는 서키트 트레이닝을 해라.
5. 길항근 운동을 해라(가슴근육의 길항근은 등근육).
6. 다관절 운동을 먼저하고 단일관절 운동을 해라(벤치프레스 → 삼두 운동).
7. 정리운동

• 트레이닝 세트간 운동간 휴식길이(운동 목적은 올바른 휴식시간에 의해 결정됨)

표 1-3 트레이닝별 휴식시간

- 최대근력, 스피드, 파워를 목적으로 트레이닝할 때: 3~5분 휴식
- 심폐 지구력, 근지구력 목적으로 트레이닝할 때: 30초~60초

포스트시즌부터 프리시즌 전까지 일반적으로 약 12주의 트레이닝 기간이 필요하다. 팀, 선수의 목적에 따라서 각각이 기간은 조율을 해서 사용하면 된다.

1. 포스트 시즌(Post Season) & 회복(Active Rest) 트레이닝 루틴(3주 전후)

포스트시즌은 회복을 위한 활동적 휴식을 하는 기간이며, 시즌 중 부

상이 있는 선수는 치료 및 재활을 통해서 회복을 하는 기간이며, 일반적인 선수들은 체력을 유지하는 기간이다(표 1-4).

- **활동적 휴식의 방법(1~4주): 회복에 중점을 두어야 하기 때문에 운동 강도는 60~70%가 적당**

표 1-4 활동적 휴식

활동	월, 수, 금
준비운동	일반적인 유산소 운동과 동일(약 5~10분)
가동성 운동	정적 스트레칭 및 동적 스트레칭
근지구력 운동	서키트 웨이트 트레이닝 또는 덤벨 서키트 트레이닝
코어 운동	코어 근력 운동, 안정성 운동
심혈관계 운동	크로스 트레이닝 15~20분
정리 운동	정적 스트레칭(가동성 운동에 정적 스트레칭을 반복)

1) 준비운동

준비운동을 위해 실시되는 런닝이나 자전거, 일립티컬 머신의 경우

야외 러닝

야외 러닝 중 가장 신경을 써야 되는 부분은 올바른 동작으로 러닝을 하는 것이다. 잘못된 동작으로 러닝을 할 경우 발목과 무릎 허리의 부상을 만들어 내기 때문이다. 올바른 러닝은 발목을 잘 사용하고 코어을 안정화시킨 상태를 만드는 것이 필요하다.

그림 1-58 야외 러닝

트레이드밀 러닝

트레이드밀은 제자리에서 달리기를 하기 때문에 뛰는 동작에서 뒷꿈치가 과도하게 바닥에 닿는 경우들이 많다. 뒷꿈치가 과도하게 닿게 되면 부상의 원인이 되며 하체의 근력이 향상되지 않기 때문에 주의가 필요하다.

그림-59 트레이드밀 러닝

자전거

실내에서 자전거를 탈 때는 올바른 위치 조절은 발을 완전하게 폈을 때 무릎의 각도가 15도 정도 구부러지게 준비해야 한다. 자전거 페달링을 할 때 허리를 바로 세우고 발목을 단단하게 고정한 상태에서 자전거를 타는 게 올바른 자세다.

그림 1-60 실내 자전거

야구장의 온도, 습도에 따라 다르게 적용해야 한다. 기온이 높은 경기날에는 준비운동이 길어질 경우 기술훈련 전 피로를 유발하게 되며, 기온이 낮은 날에는 충분한 준비운동이 제공되지 않을 경우 부상 위험이 증가되고 경기력이 감소될 수 있다. 일반적으로 경기 전 준비운동은 3~10분 사이가 적당하다.

2) 가동성(유연성) 운동

가동성 운동은 선수의 몸 상태에 따라서 만약 유연성이 떨어지는 뻣뻣한 선수라면 시간을 많이 할애하며, 부드러운 선수라면 간단하게

일립티컬

일립티컬을 탈 때 상체를 고정한 상태에서 발의 뒷꿈치가 떨어져서 발목을 잘 사용할 수 있게 하는 것이 효율적이다.

그림 1-61 일립티컬

어깨 굴곡 가동성 운동(네발기기) 준비 자세

어깨 굴곡 가동성 운동(네발기기) 종료 자세

그림 1-62 네발 기기자세에서 어깨 굴곡 스트레칭

어깨 수평내전 가동성 준비자세　　어깨 수평내전 가동성 종료자세

그림 1-63 서서 어깨 수평 내전 스트레칭

네발기기 팔꿈치 신전 가동성 준비자세　　네발기기 팔꿈치 신전 가동성 종료자세

그림 1-64 네발기기 자세에서 손목 신전 스트레칭

운동하면 된다. 시간은 10~50초를 선택적으로 한다. 몸이 뻣뻣한 선수는 시간을 길게 세트수를 많이 하면 좋다(그림 1-60~64).

WGS 가동성 준비자세 WGS 가동성 종료자세

그림 1-65 World Great Stretch

손으로 걷기 발목 가동성 준비자세 손으로 걷기 발목 가동성 종료자세

그림 1-66 손으로 걷기 스트레칭

3) 코어 운동(운동강도)

코어 운동을 할 때 좋은 자세를 유지하는 것과 함께 호흡은 가능하면 멈추지 않고 가능하면 최대한 뱉어 낸다. 호흡을 뱉어 내야(입으로 호~~~~~) 코어의 근육이 단축되면서 더 강력한 운동이 된다. 코어운동 시 호흡은 필수적인 요소이다(그림 1-65~67).

AB 슬라이드 준비자세 　　AB 슬라이드 종료자세

그림 1-67 AB 슬라이드 코어 운동

플랭크 회전 운동 준비자세 　　플랭크 회전 운동 종료자세

그림 1-68 플랭크 회전 운동

사이드 플랭크 회전 운동 준비자세 　　사이드 플랭크 회전 운동 종료자세

그림 1-69 사이드 플랭크 회전 운동

4) 근지구력 운동(서키트) 1분 운동 1분 휴식 / 최대 움직임 범위 유지

근지구력 운동에서 많은 반복 횟수를 하는 것보다 더욱 중요한 것은 정확한 동작을 반복하도록 하는 것이다. 또한 다른 트레이닝보다 움직임이 빠르기 때문에 움직임의 리듬을 지키는 것이 필요하다. 움직임의 리듬은 신전 동작은 천천히(2의 속도) 단축 동작(1의 속도)은 빠르게 유지하면서 해야 운동의 효과가 좋다. 반복 횟수를 많이 하는 것보다는 정확한 동작을 유지하는 것이 중요하다. 야구는 체력의 향상 이전에 정교한 동작을 유지하는 것이 더 중요한 스포츠다(그림 1-68~77).

워킹 런지 준비자세　워킹 런지 종료자세

그림 1-70 워킹런지

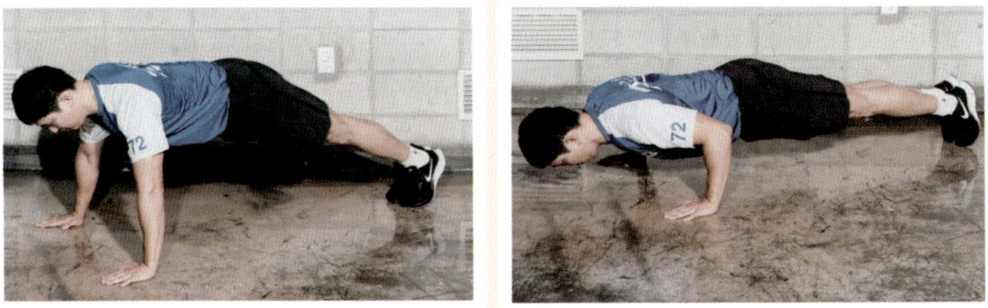

푸쉬업 준비자세　푸쉬업 종료자세

그림 1-71 푸쉬업

사이드 런지 준비자세 사이드 런지 종료자세

그림 1-72 사이드런지

싱글레그 데드리프트 준비자세 싱글레그 데드리프트 종료자세

그림 1-73 싱글레그 데드리프트

턱걸이를 못한다면 점프해서 올라간 상태에서 버티는 동작으로 한다. 떨어지면 다시 점프해서 올라간다. 시간이 다 될 때까지 반복한다(그림 1-73).

가블릿 스쿼트 준비자세

가블릿 스쿼트 종료자세

그림 1-74 가블릿 스쿼트

턱걸이 준비자세

턱걸이 종료자세

그림 1-75 턱걸이

크로스오버런지 준비자세 크로스오버런지 종료자세

그림 1-76 크로스오버런지

덤벨 프레스 준비자세 덤벨 프레스 종료자세

그림 1-77 덤벨 벤치프레스

ABP 점프 준비자세 ABP 점프 종료자세

그림 1-78 ABP 점프

누워서 메디신 볼 던지기 준비자세

누워서 메디신 볼 던지기 종료자세

그림 1-79 누워서 메디신볼 밀기

5) 심혈관계 운동

심혈관계 운동은 심박수 135~150회/분에서 실시하며, 자전거, 조깅은 15~20분, 줄넘기는 10분을 한다. 선수의 체력 상태에 따라서 트레이닝의 시간과 강도를 조절하는 것이 필요하다.

6) 정리 운동

정리운동은 선수의 가동성이 부족한 부분을 정적 스트레칭으로 구성한다.

2. 동계(Off-Season) 트레이닝 루틴(7주 전후)

일반적인 기초체력을 향상시키는 기간으로 특히 신경근과 심폐기능 향상을 위한 트레이닝을 목적으로 한다. 시즌이 끝나고 5주 후부터 시작하고 8~12주까지 진행할 수 있다. 동계 트레이닝 기간은 3~4주의 두 개의 블럭(총 8주)으로 트레이닝이 구성되어 있다. 많은 운동량과 낮은 운동강도의 운동을 한다. 장거리 달리기를 하고 가벼운 무게에서 보통의 무게를 이용하여 많은 반복 횟수(15회)를 한다.

프로 선수라 하더라도 운동 경력이 1년 이하의 선수는 적어도 4주간의 일반적인 체력 훈련을 해야 한다. 운동 경력이 1년 이상인 선수는 적어도 2주간의 체력훈련을 해야 한다. 수비 연습과 타격 연습은 주당 2~3회를 5~10분간 하며, 주 단위로 기술 훈련의 양과 질을 증가시킨다. 이 기간은 체력 향상이 주목적이기 때문에 기술 훈련은 감각을 익히는 정도로만 진행해야 한다. 두 가지 목표(체력 향상, 기술 향상)를 전부 이루는 것은 불가능하다.

1) 준비운동과 가동성(유연성 + 안정성)

준비운동은 조깅 또는 자전거 5분 정도로 몸에 열을 내는 것으로 시작한다. 유연성(가동성) 운동은 오프시즌에 있는 가동성 운동을 진행한다. 만약 자신의 가동성이 지나치게 클 경우 가동성 운동은 하지 않아도 된다. 이런 평가는 전문가를 통해 조언을 받는 것이 좋다.

코어 안정성 운동은 조금 향상된 트레이닝으로 전환한다.

팔꿈치와 어깨는 완전히 편 상태에서 무릎을 펴고 최대한 머리 쪽으로 발을 들어 올린다. 반복하는 횟수는 선수가 할 수 있는 최대한의 반복을 유도한다. 다리를 들어 올릴 때는 빠르게 내릴 때는 천천히 동작을 유지한다.

팔꿈치와 어깨는 완전히 편 상태에서 무릎을 펴고 몸통을 비틀면서 최대한 머리 쪽으로 무릎을 들어 올린다. 반복하는 횟수는 선수가

메달리기에서 정면으로 다리 들기 준비 자세

메달리기에서 정면으로 다리 들기 종료 자세

그림 1-80 매달려서 정면으로 다리 들어 올리기

할 수 있는 최대한의 반복을 유도한다. 다리를 들어 올릴 때는 빠르게 내릴 때는 천천히 동작을 유지한다.

들어 올리는 다리의 발목에 힘을 주어 발목이 풀리지 않게 하고, 골반이 위쪽으로 올라가지 않게 한다. 디딤발은 발가락 5개를 포함하여 발바닥 전체로 지면을 강하게 누르고 운동한다(10~15회 운동).

메달리기에서 측면으로 다리 들기 준비자세　　메달리기에서 측면으로 다리 들기 종료자세

그림 1-81 매달려서 측면으로 다리 들어 올리기

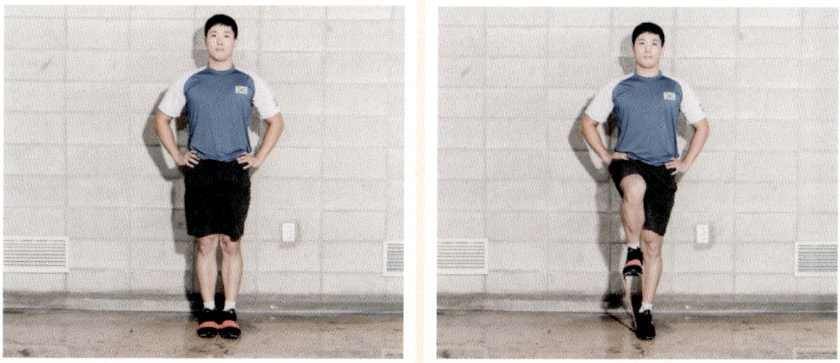

미니밴드 발바닥에 매고 무릎 들기 준비 자세　　미니밴드 발바닥에 매고 무릎 들기 종료 자세

그림 1-82 매니밴드 매고 무릎 들어 올리기

2) 웨이트 트레이닝

웨이트 트레이닝은 세 가지를 기준으로 구분하면 좋다. 만약 내 선수가 체형을 키우고 싶다면(벌크업) 상체 밀기, 상체 당기기, 하체 운동으로 트레이닝을 시킨다. 내 선수가 체형을 키우는 것과 전신의 움직임을 개선하고 싶다면 상체와 하체 웨이트 트레이닝으로 구분하여 트레이닝을 시킨다. 체형을 키우기보다 움직임의 효율성을 좋게 하려면 상, 하체 트레이닝을 하루에 동시에 진행하는 것이 좋다. 이렇게 목적에 따라 세 가지 유형 중 선택을 하는 것이 좋다. 물론 한 번의 오프시즌에 이 세 가지 트레이닝을 모두 진행해도 좋은 방법이다.

8주간 웨이트 트레이닝 반복 횟수는 15회에서 시작하여 1주에 1번의 반복 횟수를 줄여 6회까지 반복을 하게 한다. 트레이닝 경험이 많은 베테랑이라면 1~3번까지 줄이는 것도 가능하며, 반대로 트레이닝 경험이 적은 아마추어 선수나 프로 초년생들은 10회 정도까지만 반복 횟수를 줄이는 것도 좋은 방법이다. 반복 횟수가 줄어들면 운동의 세트수는 증가시키는 방법을 사용해야 한다.

벌크업(체형 키우기): 3분할 운동(주 6일 운동)

- **1일차: 로윙, 렛풀다운, 턱걸이, 이두**

하체와 고관절 힌지(hinge)가 풀리지 않게 하고, 코어에 안정성을 유지한 상태에서 호흡을 뱉으면서 바를 윗배 쪽을 당겨준다(그림 1-83).

수비 기본자세에서 견갑골을 고정시키고 팔꿈치를 펴서 바를 아랫배 쪽으로 내려준다. 이때 견갑골이 위쪽으로 올라가지 않게 주의한다(그림 1-84).

수비기본 자세 로윙(Rowing) 준비자세　　수비기본 자세 로윙(Rowing) 종료자세

그림 1-83 수비기본 자세 로윙

ABP 팔내리기 준비자세　　ABP 팔내리기 종료자세

그림 1-84 ABP 팔 내리기

턱걸이 올라가는 동작에서 가슴이 동그랗게 말리지 않게 가슴을 펴주면서 올라간다(그림 1-85).

들어 올리는 동작과 내리는 동작에서 팔꿈치의 위치가 고정되어야 하며, 팔꿈치가 몸통보다 조금 앞쪽에 위치하도록 한다(그림 1-86).

턱걸이 준비자세　　　턱걸이 종료자세

그림 1-85 턱걸이

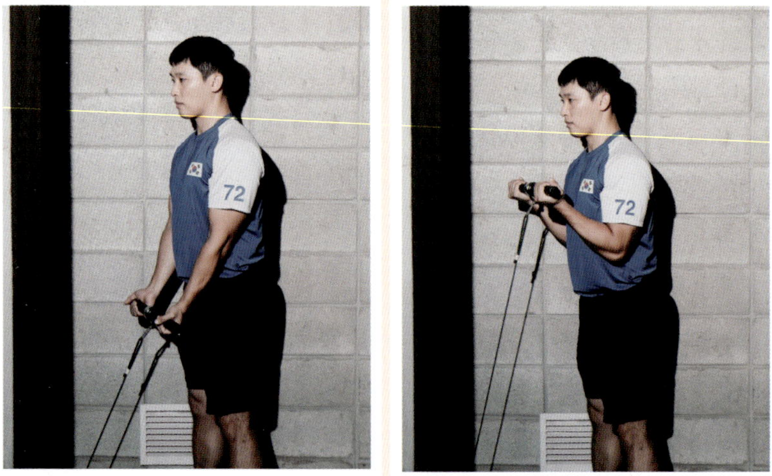

이두박근 준비자세　　　이두박근 종료자세

그림 1-86 암 컬

• **2일차: 벤치프레스, 숄더 프레스, 푸쉬업, 삼두**

신체 5부위 머리, 견갑골, 골반, 양쪽 발바닥 완전하게 지면에 고정한다. 특히 허리 부분이 많이 뜨지 않게 코어를 활성화하여 들어 올린다. 움직임의 범위를 전체 사용해야 하므로 바를 가슴을 터치한 후 들어 올린다(그림 1-87).

벤치 프레스 준비자세 　 벤치 프레스 종료자세

그림 1-87 벤치 프레스

바를 완전하게 가슴으로 내리고 머리 위로 들어 올려야 한다. 바의 무게 중심에 따라서 신체의 중심도 조금씩 앞뒤로 이동하도록 한다(그림 1-88).

숄더 프레스 준비자세 　 숄더 프레스 종료자세

그림 1-88 숄더 프레스

팔굽혀펴기에서 손가락은 가능한 최대한 펴서 지면을 대고, 엉덩이는 어깨보다 낮게 아래쪽으로 내려가지 않게 코어에 힘을 주어 유지한다. 또한 내려갔을 때 가슴이 바닥에 닿도록 한다. 팔굽혀펴기를 10회 이상 할 수 있다면 등에 무게를 올려 운동강도를 증가시켜줘야 한다(그림 1-89).

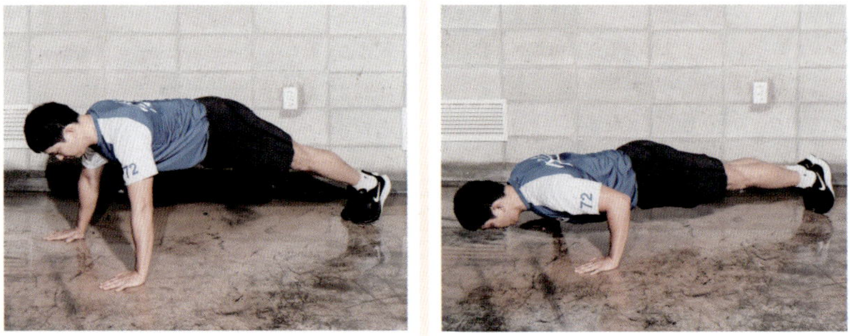

푸쉬업 준비자세 　 푸쉬업 종료자세

그림 1-89 푸쉬업

팔을 내리고 올릴 때 팔꿈치는 고정하고 몸통 보다 약간 앞쪽에 위치하도록 한다(그림 1-90).

- **3일차: 데드리프트, 스쿼트, 런지, 사이드 런지, 싱글 레그 루마니안 데드리프트(SLR Dead Lift)**

데드리프트 동작에서 상체를 앞쪽으로 내릴 때는 상지를 완전하게 고정하고 엉덩이를 벌려주는 느낌으로 내려간다. 일어설 때는 허벅지 앞쪽, 엉덩이, 코어에 동시에 힘을 주어 바를 몸에 바짝 붙여준다(그림 1-91).

삼두박근 준비자세 삼두박근 종료자세

그림 1-90 트라이셉 익스텐션

데드리프트 준비자세 데드리프트 종료자세

그림 1-91 데드리프트

스쿼트 동작에서 바를 잡은 팔꿈치는 전방을 향하게 하여 견갑골을 완전하게 고정시키고, 내려갈 때는 양발의 체중이 일정하게 분포하게 하고 발바닥 중간에 체중이 들어오게 한다(그림 1-92).

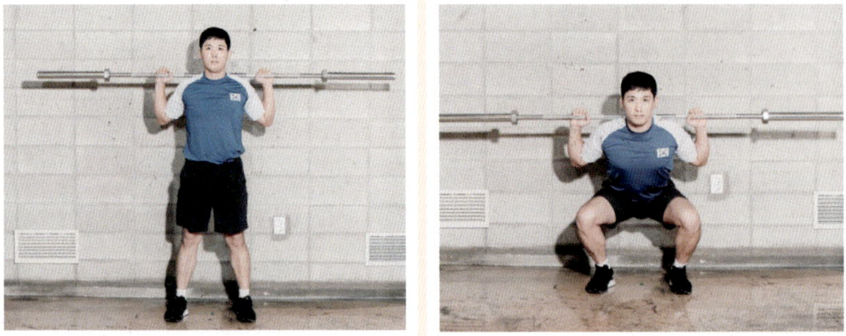

스쿼트 준비자세 스쿼트 종료자세

그림 1-92 백 스쿼트

런지를 전방에서 지도할 때 10개의 발가락과 무릎의 슬개골이 전방을 향하게 하고 측면에서 지도할 때는 양쪽 무릎이 90도를 유지하

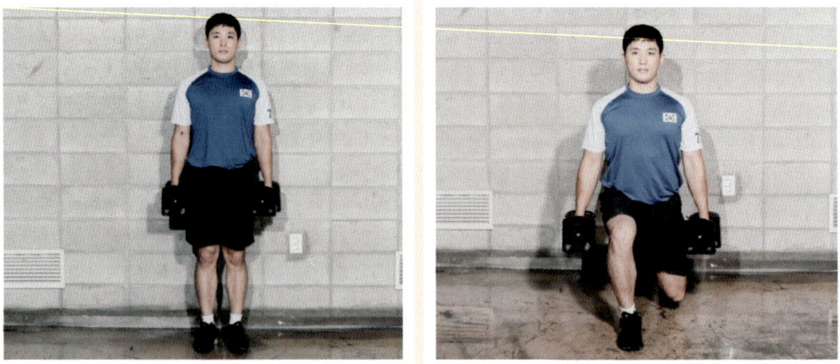

전방 런지 준비자세 전방 런지 종료자세

그림 1-93 전방 런지

사이드 런지 준비자세

사이드 런지 종료자세

그림 1-94 사이드 런지

는지 확인한다(그림 1-93).

사이드 런지 동작에서 구부리는 다리쪽의 발바닥 체중이 발바닥 중간에 들어오게 해야 하며, 펴지는 다리 쪽의 무릎은 완전하게 신전되어야 한다(그림 1-94).

SLR 데드리프트는 고관절의 내회전 동작에 집중하여 들어 올리는 다리가 외회전되지 않게 내회전시켜주어야 한다. 디딤발의 무릎은 처음에는 구부리고 점차 펴도록 한다. 초보자는 양쪽에 덤벨 또는 케틀벨을 들고 상급자일수록 한쪽 손에 웨이트를 들게 한다(그림 1-95).

움직임 향상 + 벌크업(체형 키우기):
2분할 운동(주 6일 운동 / 주 4일 운동 선택적)

- **1일차: 하체 – 풀, 푸쉬, 풀, 푸쉬, 풀, 푸쉬**

  SLR Deadlift, Sqaut, Dead Lift, Forward Lunge(Side Lunge)

싱글 레그 루마니안 데드리프트(SLR Dead Lift) 준비자세

싱글 레그 루마니안 데드리프트(SLR Dead Lift) 종료자세

그림 1-95 싱글레그 루마니안데드리프트

- **2일차: 상체 – 풀, 푸쉬, 풀, 푸쉬, 풀, 푸쉬**

  Bent of Row, Bench Press, Pull Down, Shoulder Press

움직임 향상 트레이닝(상, 하체 동시 트레이닝) 일주일에 3회(월, 수, 금)

- 하체 풀, 상체 풀, 하체 푸쉬, 상체 푸쉬, 하체 풀, 상체 풀, 하체 푸쉬, 상체 푸쉬
- **초심자 프로그램**: 기초 근력이 부족하고 아직 체격이 완성되지 않은 선수에게 추천하는 프로그램

  데드리프트, 로윙, 전방 전지, 벤치 프레스, SLR Dead lift, 풀 다운, 사이드 런지, 숄더 프레스
- **상급자 프로그램**: 기초 근력 및 체력이 만들어진 선수들에게 추천하는 프로그램

케틀벨 스윙은 데드리프트 동작이 완전한 선수들에게 사용될 수 있다. 정확하지 않은 동작으로 스윙을 할 경우 부상의 위험이 크며 운동의 효과가 반감된다. 무릎의 굴곡을 최소화시켜야 한다. 양쪽 엉덩이의 신전력을 통해 케틀벨을 밀어 올려야 한다(그림 1-96).

케틀벨 스윙 준비자세

케틀벨 스윙 종료자세

그림 1-96 케틀벨 스윙

하이 플랭크 자세에서 앞쪽에 탄력 밴드를 걸고 한 손으로 잡아당긴다. 버티고 있는 손, 발, 몸통은 움직임이 없어야 하며 당기는 쪽 손은 얼굴까지 당겨져야 한다(그림 1-97).

하이 프랭크 풀 준비자세

하이 프랭크 풀 종료자세

그림 1-97 하이 플랭크 풀

사이드 런지 후 크로스오버 동작 얼굴과 몸통은 항상 전방을 향하게 하고 다리의 움직임은 가능하면 크게 해야 가동성, 활성화, 안정성이 만들어진다(그림 1-98).

사이드 런지 크로스오버 준비자세

사이드 런지 크로스오버 종료자세

사이드 런지 크로스오버 종료자세

그림 1-98 사이드 런지 크로스오버

플랫 벤치에 몸을 절반(머리, 몸통, 골반의 반만 벤치에 닿는다)만 걸치고 한쪽 손만을 이용해 벤치프레스를 한다. 코어를 활성화시키면 상, 하체의 연결고리가 잘 만들어진다(그림 1-99).

한손 벤치 프레스 준비자세　　한손 벤치 프레스 종료자세

그림 1-99 한손 벤치 프레스

SLR 랜드마인(landmine) 중 발이 뒤쪽으로 올라갈 때는 디딤발의 햄스트링과 엉덩이 근육이 완전한 이완이 필요하고 다시 처음의 자세로 돌아올 때는 엉덩이 근육의 단축을 통해 몸을 고정시킨다(그림 1-100).

SLR Dead Lift(랜드마인) 준비자세　　SLR Dead Lift(랜드마인) 종료자세

그림 1-100 SLR Dead Lift

랜드마인 런지 푸쉬 동작은 런지 동작에서 발의 위치를 바꾸면서

들고 있는 팔을 동시에 가장 빠르게 펴면서 안정된 자세를 유지하는 것이다. 최단 시간에 동작을 정지하려고 해야 운동의 효과가 있다(그림 1-101).

랜드마인 런지 푸쉬 준비자세 랜드마인 런지 푸쉬 종료자세

그림 1-101 랜드마인 런지 푸쉬

랜드마인 스쿼트 푸쉬 동작은 발목, 무릎, 고관절, 몸통 어깨, 팔꿈치까지의 완전한 신전을 만드는 동작으로 빠르고 정확하게 신전시키는 것이 중요하다(그림 1-102).

랜드마인 ABP → 푸쉬 준비자세 랜드마인 ABP → 푸쉬 종료자세

그림 1-102 랜드마인 스쿼트 푸쉬

3) 스피드와 빠른 움직임 향상 트레이닝

스피드와 빠른 움직임을 만들기 위해서 가장 좋은 방법은 단거리 달리기(50M, 30M, 10M Start)를 하는 것이다. 또한 반복적인 다이나믹 준비운동으로 리듬과 속도를 몸에 익히는 것이 필요하다. 달리는 속도는 60% 정도에서 시작하여 시즌전까지 100% 속도를 만들어 낼 수 있도록 향상시킨다. 직선 단거리 달리기 속도가 90% 정도 만들어 지면 회전과 방향 전환을 하는 민첩성 트레이닝으로 전환한다. 단거리 달리기와 마찬가지로 민첩성 트레이닝도 60%에서 시작하여 점차적으로 100%까지 속도를 점진적으로 향상시킨다.

• 빠른 스텝 트레이닝

사다리를 이용한 스텝 트레이닝은 민첩성 운동에 가장 많이 사용되는 기구다. 이 트레이닝을 할 때 집중해야 할 것은 최대한 빠른 속도를 유지하거나 향상시키려고 해야 운동의 효과가 좋다. 빠른 발의 움직임을 요구하는 운동으로 투수보다는 야수에게 도움이 많이 되는 트레이닝이다(그림 1-103).

그림 1-103 사다리 민첩성 트레이닝

3. 시즌 전(Pre-Season) 트레이닝 루틴(시즌 시작 2~3주 전후)

프리시즌 트레이닝은 야구의 특성에 맞게 구성되어야 한다. 최대의 기능적 근력과 스피드 파워를 기르는 것을 목표로 한다. 트레이닝 장소는 실내 훈련장에서 야구장 또는 야외로 전환한다. 기능적 스피드, 그리고 파워를 향상시키는 트레이닝으로 전환하는 것이 효율적이다.

준비운동과 유연성 운동은 오프시즌의 운동을 동일하게 진행하거나 좋아진 유연성 동작은 중단하는 것으로 프로그램을 간소화한다. 웨이트 트레이닝은 상, 하체를 같이 하는 트레이닝(움직임 향상 트레이닝)으로 전환하면서 기술 훈련을 할 수 있는 시간을 확보해야 한다.

심폐지구력을 위해 인터벌 트레이닝을 하고 스피드를 위해 단거리 전력 질주 운동과 가속 운동을 하고 측면 스피드와 민첩성을 위해 방향을 전환하는 셔틀런을 한다.

파워 향상을 위해서 플라이오메트릭(점프 트레이닝)을 한다. 플라이오메트릭은 파워 향상에 도움이 되는 운동이지만 운동의 강도가 높아 운동 동작의 정확도가 무너질 경우 운동의 효율성 떨어지고 부상의 위험이 있으니 주의해야 한다.

1) 민첩성 방향 전환 트레이닝

방향을 전환할 때 체중이 낮아지면서 하체 쪽으로 무게 중심이 이동해야 파워를 유지할 수 있다. 가운데에서 출발하여 앞으로 가서 콘을 터치하고 뒷걸음으로 달려 가장 뒤에 있는 콘을 터치하고 중간까지 앞으로 달려온다. 시간을 체크하여 속도를 향상시키도록 한다(그림 1-104).

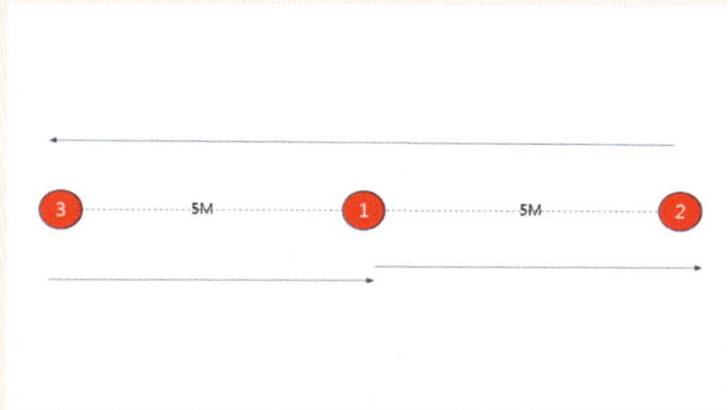

1. 가운데 접시 콘에서 앞으로 달리기시 시작하여 2번 콘을 터치한다.
2. 2번 콘을 터치한 후 3번 콘까지 뒤로 달리기를 한다.
3. 3번 콘에서 1번 콘까지 최대한 빠르게 달린다.

5-5-5 | 트레이닝 방법 설명

그림 1-104 5-5-5 민첩성 트레이닝

정사각형 5M짜리 박스를 만들고 가운데 콘에서 한쪽 모서리에서 앞으로 달리고, 모서리에 도착하면 좌측으로 셔플을 하고 모서리에 도착하면, 뒤로 달리고 모서리에 도착하면 다시 옆으로 달려 처음의 자리로 돌아온다(그림 1-105).

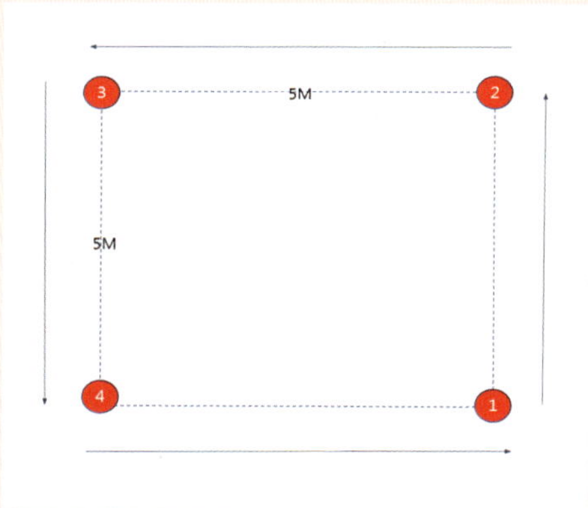

1. 정사각형의 네 곳에 접시콘을 둔다.
2. 오른쪽 끝 아래쪽 콘에서 직선으로 앞으로 달린다.
3. 콘에 도작하면 좌측으로 발이 교차되지 측면으로 달린다.
4. 콘에 도착하면 뒤로 달린다.
5. 콘에 도착하면 우측으로 발이 교차되지 않게 측면으로 달린다.

* 민첩성 트레이닝이므로 최대한 빠르게 달려야 한다.

박스런(5M 정사각형) | 트레이닝 방법 설명

그림 1-105 박스런 민첩성 트레이닝

10M 길이의 직선을 교차하여 십자가를 만들어 놓는다. 트레이닝

은 항상 콘을 왼쪽으로 돌아서 회전하면 그다음은 오른쪽으로 회전해서 모든 모서리를 돌아서 와야 한다(그림 1-106).

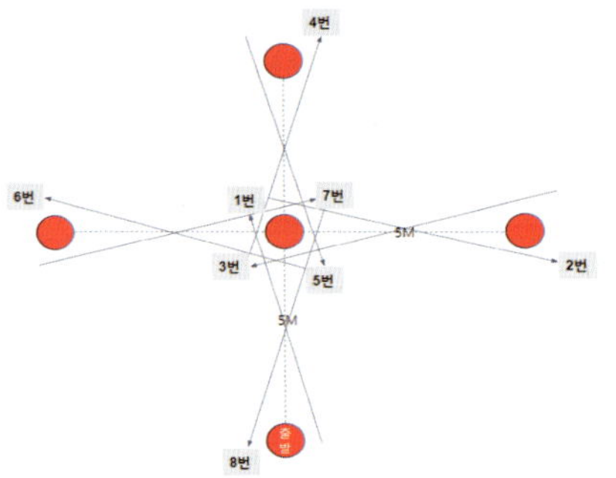

1. 출발지점이 결승지점이 된다.
2. 출발점에서 시작하여 가운데 콘을 오른쪽 방향에 두고 회전하여 2번 방향으로 달린다.
3. 2번 방향에서 왼쪽에 콘을 두고 회전을 하여 다시 가운데 콘으로 달린다.
4. 이런 방식으로 8번까지 달려 완주한다.

* 민첩성 트레이닝이므로 최대한 빠르게 달려야 한다.

십자런 | 트레이닝 방법 설명

그림 1-106 십자런 민첩성 트레이닝

10m 거리에 콘을 하나씩 놓고 2~3회 셔틀런을 하는 트레이닝으로 콘에 가까워지면 잔발을 이용하여 멈추고 다시 출발하도록 연습한다. 직선 정지와 가속 트레이닝이 목적이다(그림 1-107).

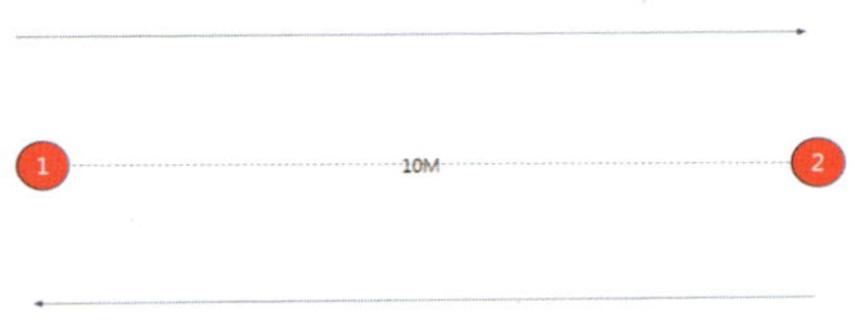

1. 1번 콘 위치에 서서 2번 콘까지 전력으로 달려 콘을 터치한다.
2. 2번 콘을 터치한 후 다시 1번 콘까지 전력으로 달려와 1번 콘을 터치한다.
3. 셔틀런의 반복 횟수는 최소 2회에서 최대 5회 정도가 적당하다.

* 콘을 터치할 때는 최대한 무게 중심을 낮춘다.

10M 셔틀런 | 트레이닝 방법 설명

그림 1-107 10M 셔틀런 민첩성 트레이닝

2) 파워 향상 트레이닝(플라이오메트릭)

파워 향상 트레이닝의 목적은 스피드를 향상시키는 것이다. 트레이닝은 정확한 동작을 만들기 위해서 노력해야 하고 최대 스피드를 증가시키기 위해서 노력해야 한다. 선수의 움직임 속도가 줄어들면 트레이닝 반복을 멈추어야 한다. 특히 점프 시 지면에 닿는 시간을 최소화하고 공중에 또 있는 시간을 늘리기 위해서 노력해야 한다.

박스 점프는 고관절의 굴곡과 신전으로 박스 위로 점프해서 올라가려고 노력해야 한다. 상체의 구부림은 가능하면 없어야 된다. 박스의 높이는 선수의 파워에 따라서 선택한다(그림 1-108).

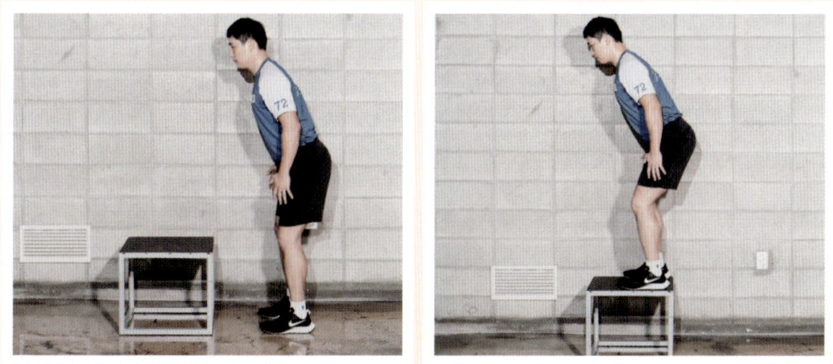

박스 점프 준비자세 / 박스 점프 종료자세

그림 1-108 박스 점프

ABP 점프는 편안하게 선 자세에서 ABP 자세를 만들고 최대한 높이 점프한 후 다시 처음의 ABP 자세로 돌아온다. 이때 발바닥의 중간에 체중이 정확히 들어오는지 확인이 필요하고 엉덩이에 점프 착지의 충격이 오면 좋은 동작이 만들어진 것이다(그림 1-109).

ABP 점프 준비자세

ABP 점프 종료자세

그림 1-109 ABP 수직점프

런지 점프는 런지 자세에서 점프를 최대한 높게 한 후 다시 발을 바꾸어 반대쪽 런지 동작으로 착지를 하는 것이다. 착지는 완전하게 정지 동작이 만들어진 후 다시 점프를 해야 안전하게 트레이닝의 효과를 증가시킬 수 있다(그림 1-110).

런지 점프 준비자세

런지 점프 종료자세

그림 1-110 런지 점프

메디신 볼 앞으로 던지기는 상, 하체의 파워를 향상시키는 동작으로 동을 던지는 동작에서 고관절의 굴곡을 만들면서 던져야 한다. 특히 등이 구부러지면 전신의 파워가 전달되지 않는다(그림 1-111).

메디신 볼 앞으로 던지기 준비자세　　메디신 볼 앞으로 던지기 종료자세

그림 1-111 메디신 볼 앞으로 던지기

메디신 볼 뒤로 던지기 자세는 몸통의 신전을 만드는 트레이닝으로 코어에 힘을 강하게 주어야 허리의 불편함을 예방하고 파워를 향상시킬 수 있다(그림 1-112).

메디신 볼 뒤로 던지기 준비자세　　메디신 볼 뒤로 던지기 종료자세

그림 1-112 메디신 볼 뒤로 던지기

메디신 볼 한 발 착지 피칭 및 스로윙 동작을 위해 좋은 트레이닝이다. 한 발로 중심을 잡고 파워를 만들어 내고 한쪽 발로 정확하게 중심을 잡는 트레이닝이다. 고관절에 모든 체중이 집중되도록 한다(그림 1-113).

메디신 볼 한 발 착지 던지기 준비자세 | 메디신 볼 한 발 착지 던지기 종료자세

그림 1-113 메디신 볼 한 발 착지 던지기

4. 시즌(In-Season) 트레이닝 루틴

시즌에는 투수, 내야수, 외야수, 포수, 주전 선수 또는 백업 선수에 따라서 트레이닝 방법은 조금씩 달라져야 한다. 하지만 준비운동(가동성, 안정성)과 웨이트 트레이닝, 스피드를 위한 스피드 트레이닝 등의 변화는 거의 없다. 주간 트레이닝 횟수 및 타이밍 등이 변화되는 것이다(표 1-5).

표 1-5 시즌 트레이닝 루틴

경기 당일	1일차	2일차	3일차	4일차
유산소 5~10분	정적 스트레칭	정적 스트레칭	정적 스트레칭	정적 스트레칭
정적 스트레칭 (어깨, 팔꿈치, 고관절, 흉추) 20분	정적 코어 트레이닝	동적 코어 트레이닝	정적 코어 트레이닝	동적 코어 트레이닝
동적 스트레칭 10분	동적 스트레칭	견갑골, 어깨, 팔꿈치 보강운동	동적 스트레칭	견갑골, 어깨, 팔꿈치 보강운동
단거리 30m 8개 10분	상, 하체 통합 웨이트 트레이닝 80~90% 강도		상, 하체 통합 웨이트 트레이닝 60~70% 강도	
GAME	유산소 30분	Pole 러닝	Half Pole 러닝	단거리 50m 8개
정적 스트레칭	정적 스트레칭	정적 스트레칭	정적 스트레칭	정적 스트레칭

* 웨이트 트레이닝 강도는 본인이 동계 훈련에서 가장 높은 강도를 100%로 하고 그 무게에서 조절하여 시즌 트레이닝 강도를 결정한다.
* 시즌 웨이트 트레이닝은 동계 프로그램에서 하던 것 중 선택하여 시즌에 이용한다.

1) 투수

선발투수는 일반적으로 1일 투구 4일 회복의 일정으로 등판을 하는 것을 기본으로 한다. 만약 팀 사정 또는 우천으로 인해 등판 일정이 변경될 경우 적절하게 변경하면서 컨디션을 유지하면 된다.

• 중간 마무리 투수

중간, 마무리 투수는 경기 휴식에 웨이트 트레이닝을 한다. 러닝도 경기 휴식일에 중장거리를 하면서 회복하는 트레이닝으로 구성한다 (표 1-6).

표 1-6 중간 마무리 투수 시즌 트레이닝 루틴

운동항목	월	화	수	목	금	토	일 (휴식일)
정적 스트레칭	20분	20분	20분	20분	20분	20분	
동적 스트레칭	10분	10분	10분	10분	10분	10분	
러닝	단거리 30m, 50m	단거리 30m, 10m	중거리 Pole	단거리 30m, 50m	단거리 셔틀런	중거리 유산소	
코어운동	정적 15분	동적 15분	정적 15분	동적 15분	정적 15분	동적 15분	
웨이트 트레이닝	상,하체 통합		상,하체 통합 (옵션)		상,하체 통합		
어깨, 팔꿈치		30분		30분			

* 정적 코어 트레이닝은 플랭크 동작, 브릿지에서 손과 다리를 움직이는 트레이닝을 한다.
* 동적 코어 트레이닝은 메디신 볼을 이용하여 회전, 던지기 동작을 트레이닝한다.

2) 야수

아래 운동 항목들은 동계시즌에 트레이닝을 하면서 본인에게 필요한 항목을 찾아서 시즌 프로그램으로 구성을 하는 것이 좋다. 운동의 강도와 종류를 일정하게 하는 것이 시즌 중 컨디션의 변화를 줄일 수 있다(표 1-7).

표 1-7 야수 시즌 트레이팅 루틴

운동항목	월	화	수	목	금	토	일 (휴식일)
정적 스트레칭	10분	10분	10분	10분	10분	10분	
동적 스트레칭	10분	10분	10분	10분	10분	10분	
러닝	단거리	단거리	단거리	단거리	단거리	중거리	
코어운동	정적 15분	동적 15분	정적 15분	동적 15분	정적 15분	동적 15분	
웨이트 트레이닝	상, 하체 통합		상, 하체 통합 (옵션)		상, 하체 통합		
어깨, 팔꿈치		10분		10분			

* 정적 코어 트레이닝은 플랭크 동작, 브릿지에서 손과 다리를 움직이는 트레이닝을 한다.
* 동적 코어 트레이닝은 메디신 볼을 이용하여 회전, 던지기 동작을 트레이닝한다.

2부

야구선수의 재활과 트레이닝 사례

다음 자료들은 매일경제 신문(MK 스포츠)에 닥터 김의 야구 컨디셔닝 칼럼을 2015년 8월 7일부터 2019년 1월 26일까지 자료를 정리한 것이다. 팀 성적 선수의 부상과 컨디션은 그 당시를 그대로 옮겼으니 현재와는 차이가 있음을 참고하고 읽어주시길 바란다.
운동재활 방법, 부상 예방, 컨디션 관리 및 체력 증가를 원하는 선수는 아래의 사례를 바탕으로 운동재활 및 트레이닝을 하면 경기력이 향상될 것이다.

1장

시즌별 컨디션 관리를 위한 준비

야구는 3월 말에 시작해서 9월에 끝나는 6개월의 대장정의 시즌을 치르는 스포츠다. 2월 초에 스프링 트레이닝을 시작해서 3월 초에 시범경기를 하고 3월 말에는 정식 시즌이 시작된다. 이렇게 긴 시즌 동안 부상 없이 경기력을 향상시키기 위해서는 과학적으로 검증된 트레이닝 주기화 프로그램 기반 하에 설계된 훈련을 적용해야 한다. 6개월가량의 인시즌 중 선수의 최대 기량 및 컨디션을 발휘할 수 있는 기간은 약 3개월 정도이기 때문에 시즌 초반부터 컨디션을 최대로 끌어 올리는 것은 위험한 일이다. 선수의 체력은 스마트폰의 배터

표 2-1 야구선수 시즌 연간 트레이닝 주기화

1월	2월	3월	4월	5월	6월	7월	8월	9월	10월	11월	12월
off- season		pre-season	in-season						post-season		off-season
근력, 근파워		전환기	포지션별 특성에 맞는 트레이닝						활동적 회복		근지구력

리와 같아서 일찍 사용을 하게 되면 체력이 빠르게 감소하게 되어 경기력이 떨어지거나 부상에 노출될 가능성이 높다.

1. 건강한 야구선수 육성, 적기 트레이닝으로부터 (2016.09.25)

NC의 2016년 1차 지명 신인인 투수 박준영(19)이 2016년 9월 21일에 오른쪽 어깨 수술을 받았다. 프로팀에서는 입단하는 신인 선수들이 자주 건강한 상태가 아니라서 괴롭고, 아마추어 팀에서는 선수를 부상 없이 관리할 수 있는 방법이 없어서 고민이 깊어지는 것 같다.

투수가 수술을 하게 되는 가장 중요한 원인을 뽑으라고 하면 아무래도 많은 투구 수가 될 것이다. 아마추어 선수 시절부터 이 부분에 대한 관리가 필요하고, 이에 더해 유소년 선수들의 체력적 향상을 이룰 수 있는 프로그램이 필요하다. 선수를 혹사시키면 안 되겠지만, 만약에 다소 혹사를 했다 하더라도 체력적으로 강한 선수는 그만큼 부상을 이겨내는 능력이 높아질 수 있기 때문에 이 두 가지는 동시에 준비되는 것이 좋을 것이다.

지금까지 혹사에 대한 이야기는 많이 다루었으므로 이번에는 유소년의 연령대별 트레이닝 방법에 대해 이야기하려고 한다. 사람의 몸은 나이에 따라서 배워야 하거나 발달시켜야 하는 항목들이 존재한다. 적기 교육과 같은 개념이라고 생각하면 된다.

8~12세의 선수에게는 유연성, 코디네이션(두 가지 이상의 운동을 동시에 하는 것), 스피드 운동이 필요하고, 13~15세의 선수들에게는

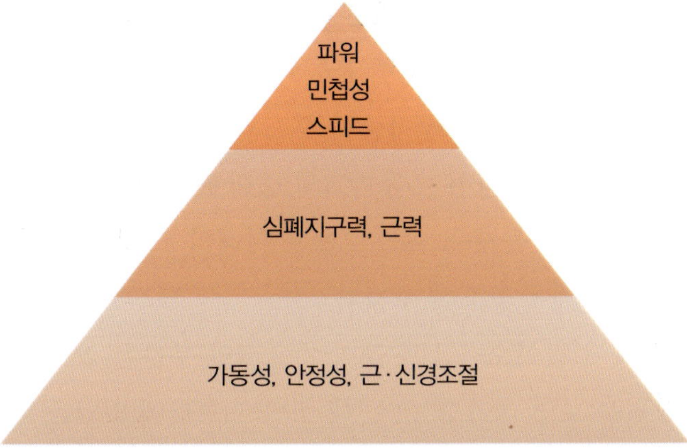

신인선수가 프로팀에 입단하게 되면 선수의 체력을 정확하게 분석하여 부족한 부분을 찾아내서 향상 시켜주는 것이 트레이닝팀에서 해야 할 가장 우선적인 일이다.

그림 2-1 적기 트레이닝 피라미드

유연성, 코디네이션, 스피드 운동에 더해 회복 능력, 근력 트레이닝(체중을 이용한) 훈련이 필요하다. 16~19세의 선수들이라면 스피드, 회복 능력, 파워 등이 필요한 연령대다. 프로에 입단할 선수들은 기초체력이 만들어진 상태에서 운동 체력을 만드는 것이 필요하다. 그중에도 근력과 스피드가 향상되어야 하는 나이다.

이렇듯 선수들의 나이에 따라서 필요한 체력적 요소가 조금씩 다르기 때문에 체계적인 운동 프로그램을 통해서 조금 더 건강하고 경기력이 좋은 선수들을 만들어 내는 것이 미래 한국 야구를 위해 절실히 필요하다고 생각된다.

위에 나열된 것 중에서 코디네이션은 한 번에 두 가지 이상의 운동을 해내는 능력으로 운동 상황 중 예측되지 않은 상황이 발생하였을 때 적절한 대처를 하는 능력이라고도 할 수 있다. 고등학교 이전의 어린 나이에 코디네이션을 습득하지 못하면 성인이 되어서는 도저히 만들어지지 않는 능력이다. 어떤 운동이라도 어렸을 때 배운 것이 성인이 되어서 배운 것보다 동작들이 부드럽고 잘하는 이유가 여기에 있다고 할 수 있다. 따라서 초등학교와 중학교 학생들에게 여러 가지 운동을 경험하게 하는 운동 프로그램은 미래의 프로야구선수를 육성하는 데 있어서 매우 중요한 투자다.

현재 프로에 들어오는 선수들의 기술적인 부분은 잘 모르겠지만, 체력적 능력을 보면 내가 2000년대 초반 프로팀에 있었을 때같이 운동을 하던 선수들에 비해 근력, 유연성, 스피드, 코디네이션 등이 오히려 떨어진 느낌이라 안타깝다. 현장의 많은 트레이너들이 공감하면서 이야기를 하는 부분이다. 아마추어 팀들에 기초 체력을 향상시킬 수 있는 트레이너가 있으면 가장 좋겠지만, 트레이너가 없다면 양질의 프로그램이라도 제공되면 효과가 있을 것이다. 초등학교, 중학교, 고등학교, 대학팀들이 모두 감독, 코치 등 굉장히 적은 인원으로 선수들을 관리하다 보니 선수들의 체력 및 컨디셔닝적인 부분에 있어 전문 지식과 관리 인력이 턱없이 부족해 트레이닝 관리가 잘 되고 있지 않는 것이 현실이다. KBO, KBA에서 표준적인 선수 육성 관리 프로그램을 만들어 주는 것도 하나의 방법이 되지 않을까 생각해 본다.
http://mksports.co.kr/view/2016/671907/

2. 프로구단이 꿈꾸는 미래, 신인 육성 프로그램으로 그린다(2016.07.08)

2016년 6월 27일 KBO 10개 구단이 나란히 2017년 신인 1차 지명 선수들을 선택하면서 미래의 에이스, 주전 야수 후보들을 확보했다. 이들이 과연 얼마만큼 그라운드에서 잠재력을 꽃피울 수 있는가에 각 팀이 꿈꾸는 미래가 달렸다.

현재 체계적이고 꼼꼼한 신인 육성 프로그램을 운영하고 있는 팀은 얼마나 될까. 대부분의 구단들이 퓨처스팀과 재활 군에 대한 관심과 투자를 늘려가고 있지만, 막상 신인 선수들의 성장과 프로 적응을 섬세하게 돕는 루키 선수들만의 전문적인 육성 시스템을 체계적으로 갖추고 있는 팀은 많지 않아 보여 아쉽다. 신인 선수 육성 시스템의 중요성에 대해 메디컬 파트와 트레이너 파트 면에서 더 신중하게 생각해볼 필요가 있다.

10여 년 전 내가 근무했던 프로팀의 신인 관리는 오히려 꽤 체계적인 시스템으로 이루어졌다. 신인 선수가 팀에 합류하면, 주치의와 트레이너가 함께 선수의 체력 및 부상 정도를 평가하고 검사했다. 체력 및 부상 검사가 끝나면 체력이 약한 선수에게는 체력 향상 프로그램을 교육하고, 부상이 있는 선수에게는 부상을 회복하는 부상 예방 프로그램을 처방해 약 3~4개월 정도 진행한 뒤에 코칭스태프에게 신인 선수들을 넘겨주는 시스템이었다.

이렇게 운영한 가장 큰 이유는 기존 프로선수들에 비해 오히려 신인 선수들이 부상에 노출되어 있으며 체력이 약했기 때문이다. 신인 선수(아마추어 선수)가 기존의 프로 선수들(풀 시즌을 소화하는)과 체력적으로 동등해지는 데는 대략 3~4시즌이 걸린다. 특히 기초체력 부분에서 차이가 더 두드러지게 나타나는데 이런 체력적 차이를 좁혀 주기 위해서는 신인 선수들에 특화된 체계적인 육성 프로그램과 관리 프로그램이 매우 필요하다.

신인 선수 관리 프로그램에서 가장 중요한 것은 올바른 자세의 트레이닝을 지도하여 양질의 몸을 만드는 것이다. 아마추어 팀에는 전문적인 트레이너가 없기 때문에 체계적인 교육이 이뤄지지 않아 올바른 자세로 운동하는 선수가 거의 없다. 그래서 웨이트 트레이닝 자세, 코어 트레이닝 방법, 뛰는 자세, 방향을 바꾸며 달리는 자세 등 기본적인 운동 동작부터 바로잡는 교육이 필요하다. 이런 운동 방법에 대한 교육은 신인 선수가 선수 생활을 하는 동안 자신의 몸을 스스로 돌보게 만드는 셀프컨트롤을 위한 재산이 된다. 또한 양질의 규칙적인 운동은 선수가 자신의 컨디션 저하나 미세한 부상을 감지하게 하

건강관련	기술관련
신체 조성(Body Composition)	민첩성(Agility)
심폐지구력(Cardiorespiratory)	균형(Balance)
유연성(Flexibility)	순발력(Power)
근지구력(Muscular Endurance)	속도(Speed)
근력(Muscular Strength)	협응성(Coordination)
	반응력(Reaction Time)

건강관련-기술관련 체력 검사를 통해서 선수의 체력적 약점을 파악하고 향후 체력 향상을 위한 전략을 만들어서 선수관리를 해야 한다.

그림 2-2 건강관련-기술관련 체력

는 좋은 방법이 되기도 한다.

신인 선수 관리 프로그램에서 두 번째로 중요한 것은 신인 선수의 체력적 수준을 나눠 주는 것이다. 선수들 사이에 체력적 차이가 있기 때문에 이 차이를 검사하여 평가하고 수준에 맞는 트레이닝 프로그램을 작성해 주어야 한다. 일반적으로 트레이닝의 순서는 기초체력을 먼저 만들고 난 뒤 운동 체력을 향상시키는 것이다. 기초체력에는 바른 자세, 신체 조성, 근력, 근지구력, 심폐지구력, 유연성 등이 있다. 운동 체력은 민첩성, 평형성, 협응력, 스피드, 파워(순발력), 반응시간으로 구성되어 있다. 만약 신인 선수가 야구에서 필요한 파워(순발력)가 부족하다면 파워 향상을 위한 트레이닝을 직접적으로 하는 것이 아니라 기초 체력의 항목 중 근력, 신체 조성, 유연성 등의 향상을 통해 파워를 향상시키는 것이 올바른 방법이다. 이렇게 신인 선수를 꼼꼼하게 관리하고 키워내기 위해서는 트레이너에게만 신인 육성을 맡기는 것보다 구단이 시스템을 가지고 각 파트의 업무에 구분을 주어 협업할 수 있는 구조를 만들어 주는 것이 필요하다. 각 구단들이 큰 그림을 가지고 장기적인 성장을 위한 시스템을 구축한다면 각 팀의 선수층이 두터워지고, 나아가 리그 수준의 질적 향상, 한국 야구의 성장으로 이어질 수 있을 것이다.

http://mksports.co.kr/view/2016/489541/

3. 선발투수의 컨디션 향상을 위한 루틴 만들기(2016.06.10)

선발투수들이 로테이션을 거르지 않고 (큰 부상 혹은 부진으로 인한 이

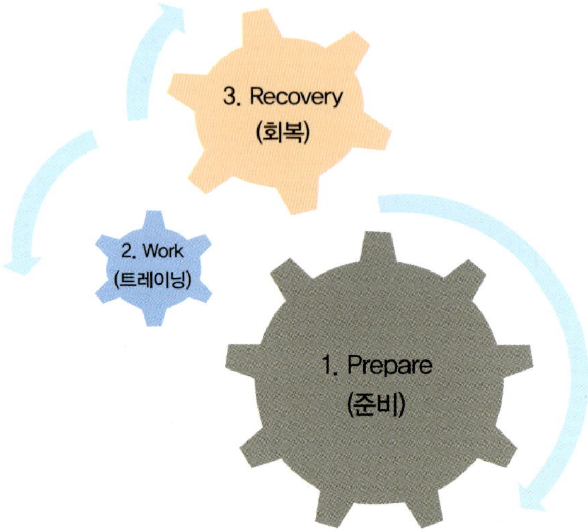

그림 2-3

탈 없이) 시즌을 완주할 경우 대략 30경기 전후 등판하게 된다. 숫자로 볼 때는 많지 않게 느껴지지만, 선발투수에게는 매우 힘든 과정이다. 컨디션을 조절하고 기술적 밸런스와 체력적인 균형 등을 시즌 내내 유지하고 끌어올리는 것이 생각보다 어렵기 때문이다.

신인 선수들은 프로에 입단할 때 기회만 주어진다면 로테이션을 지키는 일은 거뜬히 해낼 수 있다고 생각한다. 그러나 한 시즌을 2군이나 1군에서 뛰어본 프로 선수는 뛰어난 퍼포먼스 못지않게 한 시즌의 '완주'가 엄청나게 힘든 미션이라는 걸 알게 된다. 특히 아마추어 때 체계적인 관리 경험이 적은 신인 선수들은 프로 경쟁에서 빠르게 자리를 차지해도 막상 한 시즌을 끝까지 뛰어내는 데 어려움을 겪곤 한다. 아마추어와 근본적으로 다른 프로 시즌의 차이를 극복하기 위해서는 점진적으로 투구량과 투구이닝을 적응 시키거나 적절한 트레이닝 시스템으로 선수를 훈련시키는 것이 필요하다.

1. 준비	2.트레이닝	3. 회복
: 숙면 : 영양 : 주기화 프로그램. : 심리적 준비 : 올바른 자세, 호흡, 걷기, 움직임	: 정확한 동작과 중량 : 운동 프로그램의 이해 : 운동 동작에 대한 이해 : 속도 및 리듬	: 휴식 : 멘탈

그림 2-4 준비-트레이닝-회복 루틴

준비, 트레이닝, 회복의 예시: 팀마다 하위 요소는 결정하기 나름이다.

메이저리그의 경우 신인 투수는 투구량을 점진적으로 늘려가는 적응 프로그램을 통해 훈련시키면서 프로의 6개월 대장정을 감당할 수 있는 페이스로 바꾸어낸다.

한국 야구에서는 이런 적응 과정을 챙기기보다 구위를 향상시키는 데 집중하는 경향이 많아서 자칫 체력적 적응이 덜 된 (신인 투수의) 상태에서 투구 수가 엄청나게 증가되는 경우가 생길 수 있다. 이런 원인으로 부상과 구위가 떨어지는 결과가 이어질 수도 있다. 따라서 프로의 시즌 감각에 대한 적응단계를 거치고 컨디션 관리능력을 향상시키는 장기적인 계획으로 선수를 육성하는 것이 미래의 에이스를 만드는 중요한 시스템이다.

트레이닝 파트에서 선수의 바이오리듬을 맞춰가는 기본은 일정한 트레이닝 스케줄로 관리하는 방법이다. 유진 콜맨의 '52주 야구 트레이닝(52-Week Baseball Training)'이라는 책에서 제시하고 있는 선발투수의 컨디셔닝 방법에 대해 소개해보면, 선발투수는 등판 간격

동안에 2차례 근력 트레이닝을 하는 것을 추천한다. 경기 다음날에 다리 쪽 근력 트레이닝을 하고 그 다음날에는 상체 쪽 근력 트레이닝을 하며 그 후 이틀간 휴식을 취한 후 다음 등판 일을 맡는 스케줄이다. 근력 트레이닝 시간은 20분 전후, 시즌 중 가능하면 같은 무게의 근력 트레이닝을 하는 것이 컨디션을 유지하는 데 도움이 된다.

선발투수의 달리기 프로그램은 경기 당일 55m를 10회 달린 뒤 등판하고 경기 종료 후에는 10분 정도 자전거를 타며 피로 회복을 위한 유산소 운동을 한다. 경기 다음날에는 하체 근력 트레이닝과 25분 전후의 장거리 달리기를 하고 스피드를 위해 90m 10회 달리기를 한다. 상체 근력 트레이닝을 하는 두 번째 휴식일(등판 이틀 후)에는 pole-pole 편도 10회 정도를 뛰고 75m를 10회 달리기한다. 세 번째 휴식일에는 가볍게 달리는 15분과 55m 10회 달리기가 추천 메뉴다. 네 번째 쉬는 날(다음 등판일 하루 전)에는 가볍게 달리기 10분과 55m 10회 달리기를 한다.

이렇게 선수의 운동 프로그램은 계획과 규칙적인 흐름이 있어야 하지만, 마치 기계를 만들어 내는 것처럼 완전한 순서로 고정될 수는 없다. 사람의 몸이 상황에 따라 조금씩 변해가기 때문이다. 프로그램이 너무 변화를 따라가게 되면 선수의 컨디션이 흔들리게 되고, 반대로 선수의 컨디션을 살피지 않는 프로그램은 변화해 가는 선수의 몸과 충돌하게 되어 부상과 컨디션 저하를 만들게 된다. 위와 같은 트레이닝 기준을 가지고 선수의 컨디션과 체력에 맞는 개인 프로그램에 변화를 주는 것이 시즌 중 부상 예방과 컨디션 저하를 막을 수 있는 좋은 방법이다.

http://mksports.co.kr/view/2016/415737/

4. 선발 투수 컨디션 관리는 어떻게 할까(2017.06.13)

KBO 리그는 한 시즌 팀당 144경기씩 치르고 있다. 보통 한 팀의 선발 투수 한 명은 한 시즌 동안 30경기 정도를 나가고 있다. 2016년 다승 1위에서 10위까지의 기록을 보면 KIA 타이거즈 헥터 노에 시가 31경기로 최다 출장을 했으며, 삼성 라이온즈 차우찬(현 LG) 24경기 출장으로 최소 경기를 뛰었다.

SBS 스포츠 최원호 해설 위원은 "선발 투수가 한 시즌 동안 자신의 선발 로테이션을 지키는 것이 생각보다 쉽지는 않다. 슬럼프가 없어야 되며 부상과 체력 관리 등 3박자가 고루 관리가 되어야 가능한 일이기 때문이다. 팀의 에이스는 평균 약 6이닝 정도를 투구하게 되고 연간 약 180이닝 정도를 던지게 된다"라고 말했다. 팀마다 조금씩 다르긴 하지만 일반적으로 5일 로테이션(4일 휴식 후 경기 출장)을 미국에서도 많이 사용한다.

그렇다면 경기일과 경기일 사이에 선발 투수의 관리 방법은 어떻게 진행될까. 미국에서의 방식을 예로 들어 설명하고자 한다. 구체적으로 선수의 개인차가 큰 부분이기는 하지만 팀에서 제시하는 일정한 선발투수 관리 프로그램을 예로 들겠다.

경기 당일은 트레이너가 선발투수의 스트레칭을 해주고, 가벼운 준비 운동 후 30m 거리의 단거리 달리기를 하며, 투구 준비를 한다. 경기가 종료되면 선수에 따라 아이싱을 하는 선수, 가벼운 튜빙으로 근력 운동을 하는 선수, 스트레칭을 하는 선수 각각의 취향에 맞게 경기 당일 트레이닝을 마무리한다. 경기 종료 후에는 자전거를 이용해 약 20~30분간 유산소 운동을 해서 몸에 쌓인 젖산을 분해하는 운동

표 2-2 선발투수 컨디션 관리 방법

일차	컨디셔닝 내용
GAME(경기일)	스트레칭, 견갑-코어 활성화 운동, 동적 스트레칭, 러닝
DAY-1	회복, 스트레칭, 유산소 운동, 견갑-코어운동
DAY-2	심폐지구력(Pole), 견갑-코어운동, 웨이트 트레이닝(고강도)
DAY-3	사이드 피칭, 견갑-코어운동, 단거리 스피드(50M, 30M)
DAY-4	단거리 스피드(30M), 견갑-코어운동, 웨이트 트레이닝(중강도),

을 하는 것이 일반적이다.

경기 후 1일차에는 몸의 회복을 위해 트레이닝을 진행하는 날이다. 전신 스트레칭을 통해 근육통으로 짧아진 근육의 길이를 정상의 길이로 회복시키는 운동을 한다. 또한 Pole & Pole(왕복 300m) 정도 되는 거리를 10회 정도 달리며 심폐지구력 및 근 지구력을 위한 트레이닝을 한다. 하지만 요즘 미국에서는 장거리 러닝이 허리의 부담을 많이 준다고 해서 자전거를 이용한 유산소 운동으로 변화되고 있는 추세다.

경기 후 2일차에는 심폐지구력 운동과 근지구력 트레이닝을 진행하는 날이다. 심폐지구력 향상을 위해 Pole to Pole(편도 150m) 정도 되는 거리를 10회 정도 달리며 스피드 지구력을 위한 트레이닝을 한다. 근력 유지를 위해 웨이트 트레이닝을 실시하는데 시즌 중에는 상, 하체를 포함하여 대략 8종목 정도를 하며, 비시즌에 트레이닝한 무게의 약 70~80% 정도를 하며 시즌 중 근력을 유지한다.

경기 후 3일차에는 투구 감각 익히기 및 스피드 회복을 위한 운동을 진행하는 날이다. 특별한 문제가 없는 경우에는 불펜 투구를 통해 다음 경기에 대한 감각을 익히고 점검하게 된다. 하지만 경기 후 어깨, 팔꿈치 피로가 회복되지 않은 선수는 가벼운 던지기(soft toss)로 어깨 팔꿈치 컨디션을 점검하는 것으로 대신하기도 한다. 스피드 트레이닝을 위해 50m 전력 질주를 하게 되며, 약 2~3개 정도만 최고 스피드로 달리며 나머지 7~8개는 70~80% 속도로 밸런스를 유지한다.

경기 후 4일차(경기 전날)에는 스피드와 파워 트레이닝 그리고 신체 컨디션을 점검하는 날이다. 가벼운 보강운동을 진행하고 단거리 단리기 30m, 50m를 각각 5개 정도 빠르게 달리며 본인의 컨디션을 점검하게 된다. 선수는 주로 내일 경기에 상대할 팀의 전력을 분석하는 데 많은 시간을 보낸다.

이렇게 선발투수의 로테이션별 컨디셔닝 관리는 규칙적인 일정한 프로그램을 만들어 생체 리듬을 규칙적으로 만드는 것이 목적이다. 특히 신인 선수들은 선발 투수의 로테이션에 따라 등판을 해본 경험이 거의 없기 때문에 관리가 미흡하다. 따라서 신인 선수는 트레이닝 파트에서 특히 신경을 써야 한다. 또한 경기의 승패에 따라서 본인의 트레이닝 스케줄이 변화되는 선수들은 한 시즌 좋은 컨디션을 유지하기 힘들다. 프로야구에서 강팀이 된다는 것은 한 사람의 능력이 아닌 팀 시스템의 정착으로 그 팀 안에서 각자의 역할을 잘 할 때 가능하다고 생각된다.

http://mksports.co.kr/view/2017/393418/

5. '12시즌의 존재감' 오승환이 해내는 그 어려운 일 (2016.09.09)

2016 시즌 메이저리그에는 과거 어느 시즌보다 많은 한국 선수들이

진출해 있다. 그러나 불운의 부상과 페이스 기복 등을 겪으면서 꾸준한 시즌을 보내고 있는 선수들은 많지 않아 안타깝다. 아무래도 메이저리그에 적응하느라 커지는 신체적, 정신적 부담감이 빠르게 좋은 성적을 내는 데는 어려운 환경으로 작용하는 것이 아닐까 한다.

이런 힘든 환경에서도 메이저리그 첫해 꾸준하고 뛰어난 활약을 하고 있는 오승환(34 · 세인트루이스)은 역시 자기 관리가 몹시 철저한 선수라는 것을 다시 한번 느낀다.

투수에게 부상은 필연적이라고 한다. 특히 어깨, 팔꿈치의 부상은 빈번하게 일어나기 때문에 투수가 부상 없이 지속적으로 등판하고 꾸준하게 성적을 내는 것은 매우 어렵다.

2005년 삼성에 입단해 2014시즌부터 일본프로야구 한신타이거즈에서 두 시즌, 그리고 올해 메이저리그 세인트루이스의 마무리로 활약하기까지 12시즌을 큰 공백 없이 뛰고 있는 오승환은 성적은 두 번째로 평가하더라도 대단한 투수임에 틀림이 없다. 아마 한국에서도 12시즌을 큰 부상 이탈 없이 마운드를 지킨 투수는 많지 않을 것

사이드 셔플 준비자세 / 사이드 셔플 종료자세

그림 2-5 사이드 셔플을 이용한 하체 강화

이다.

오승환은 투수로서 키가 큰 편은 아니다. 하지만 다른 투수들과 달리 근육량이 매우 좋은 선수다. 파워가 좋은 야수들보다도 근육이 많은 것이 오승환의 신체적 특징이다. 삼성에서 뛰던 시절 오승환은 당시의 일본인 트레이너(트레이닝 코치)들에게 웨이트 트레이닝을 조금 줄이라는 조언도 많이 들었다고 한다. 대학시절부터 강도 높은 웨이트 트레이닝으로 몸을 만든 오승환이 평균적인 투수들보다 근육이 많은 몸을 가지고 있어 걱정들을 했던 모양이다.

전통적으로 일본 선수들은 웨이트 트레이닝보다 유연성 회복을 중심으로 운동하는 선수들이 많다. 힘이 센 편은 아니지만, 대부분 유연한 것이 특징이다. 그래서 일본인 트레이너들의 눈에는 오승환의 많은 근육이 더욱 위험하게 느껴졌을 것으로 추측된다.

하지만 오승환은 스스로의 체력적 강점과 약점을 잘 알고 본인의 체력에 맞는 운동과 컨디션 조절을 통해 운동을 규칙적으로 하는 습관을 만들어나갔던 선수다. 그렇게 자신만의 노하우를 쌓은 결과, 지금의 몸을 만들었고 그 신체적 특징이 오히려 지금의 꾸준한 활약을 만든 토대가 되어주었다는 생각이다.

투수들에게 시즌이 끝나고 가장 힘든 일이 무엇이냐고 물으면 많은 선수들이 한 시즌을 1군에서 버티는 것이 가장 힘들었다고 대답한다. 한 시즌을 온전히 치러낸다는 것은 성적, 부상, 컨디션 조절 등 여러 가지 요건을 전부 충족해야 가능한 일이라 그런 것 같다.

선수처럼 격한 운동을 하지 않는 일반 사무직 직장인들도 10년 넘게 병원 신세를 지지 않거나, 아프지 않고 회사를 규칙적으로 출근하기란 어려운 일일 것이다. 한미일 프로야구를 모두 거친 12시즌 동안 변함없는 존재감으로 마운드를 지키고 있는 오승환. 그가 해내고 있는 자기 관리는 그만큼 어려운 일이라 감탄스럽다.

http://mksports.co.kr/view/2016/639989/

6. 시련보다 길었던 인내, 김재환을 만들다(2016.08.19)

두산 김재환(28)이 2016년 8월 18일 인천 SK 전에서 시즌 31호 홈런을 때려내면서 역대 베어스의 국내파 타자 시즌 최다 홈런 타이기록을 세웠다. 올해의 김재환을 지켜보면 메이저리그로 떠난 박병호(미네소타)가 겹쳐 떠오른다. 짧지 않은 무명의 시간을 버티고 성장하여 리그를 대표하는 장타자로 우뚝 선 주인공들이다.

김재환은 2008년에 입단했으니 올해로 데뷔 9년차가 된다. 그러나 100경기 이상을 뛰고 있는 시즌은 2016 시즌이 처음이다.

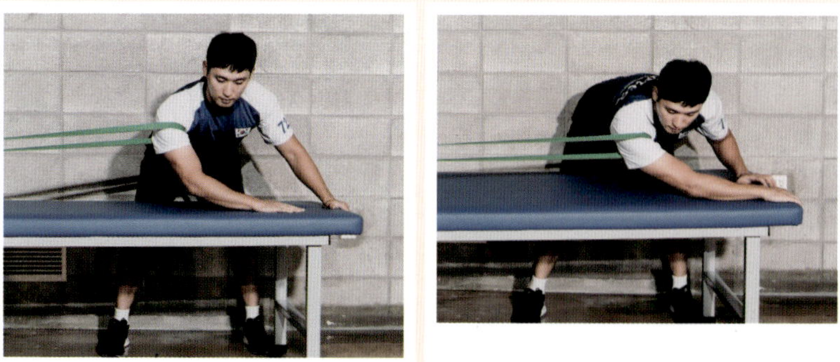

두꺼운 탄력 밴드를 이용한 후방 견인 준비

두꺼운 탄력 밴드를 이용한 후방 견인 종료

그림 2-6 어깨 가동성 향상 운동

입단 후 이렇다 할 활약을 하지 못하고 있던 2013년에 만난 김재환은 당시 매우 힘든 시간을 보내고 있었다. 팀 내 경쟁에서 밀리고 있었던 데다 설상가상으로 왼쪽 어깨 탈구 수술을 두 번이나 한 이후였고 재활 또한 순조롭지 않았다. 야구를 계속할 수 있을지조차 확신하기 어려운 상황이었다. 당시 신체적으로도 정신적으로도 매우 힘겨워 하는 선수의 모습이 크게 안타까웠지만, 불안한 미래를 걱정하던 그를 특별하게 위로하지 못해 힘들었던 기억이 있다.

야수들에게 생기는 습관성 탈구는 수비 중 슬라이딩 동작에서 빈번하게 발생하는 부상이다. 적지 않은 야수들이 어깨의 습관성 탈구로 애를 먹고 있는데, 경기 복귀에 대한 성급함과 초조함 등으로 완전하게 재활을 하지 못한 채 팀에 합류해 재부상을 당하는 경우 역시 많다.

김재환도 첫 번째 수술 후 조급한 재활을 거쳐 완전하지 않은 상태로 경기에 복귀했다가 다시 재부상을 당했던 선수로 이에 따른 재활이 순조롭지 못해 매우 힘든 시간을 보냈다.

긴 시간 동안 어려운 상황에 빠져 있었던 만큼 실망감의 무게가 컸을 당시지만, 김재환은 그라운드 복귀를 위해 재활과 트레이닝에 매일같이 노력했다. 그때 포기하지 않았던 끈기와 노력이 지금의 김재환을 만들어낸 가장 큰 힘이 아닐까 하는 생각이 든다.

인생과 마찬가지로 야구도 어려운 난관을 극복하고 나면 한 단계 성숙한 모습이 된다. 야구를 시작한 어린 선수들과 프로야구의 루키 선수들은 오랜 시간을 견디고 천천히 성공한 '대기만성형' 스타들을 보면서 인내와 노력을 배웠으면 좋겠다.

어떤 분야에서든 뚜렷한 성과 없이 막막한 내일을 믿고 6~7년을 계속해서 투자하고 준비한다는 것은 쉽지 않다. 선수 본인은 물론 구단과 스태프들이 한 명의 스타를 만드는 데 필요한 시간과 노력을 다 했기 때문에 김재환처럼 좋은 타자가 입단 9년 만에 팀의 중심을 지탱하는 강타자로 만들어졌다. 남보다 조금 더 어려운 시간을 견디고 조금 더 많이 기다렸던 그의 성장을 오래 지켜보고 싶다.

http://mksports.co.kr/view/2016/589785/

7. '잘 먹고 마시는' 선수가 폭염을 견딘다(2016.07.30)

2016년 7월 27일 중복이었다고 하는데 요즘 삼복더위의 기세가 무섭다. 폭염과 습한 날씨가 계속되고 노약자의 야외활동 자제를 당부하는 재난문자도 심심찮게 날아든다. 프로야구 경기를 시작하는 저녁 6시~6시 반 이후에도 섭씨 30도에 육박하는 뜨거운 날씨가 이어지고 있으니 선수들의 고통 역시 이만저만이 아니다. 이런 악조건 속에서 3~4시간 동안 그라운드를 뛰어야 하는 선수들은 정신적, 육체적으로 매우 힘든 경기를 하고 있을 것이다.

| 수분 섭취를 위한 가이드라인 |

- 훈련, 경기 2시간 전에 470ml의 물을 섭취
- 훈련, 경기 10~20분 단위로 230ml의 수분 섭취
- 활동 중 15~20분 간견으로 230ml의 수분 섭취
- 훈련과 경기 경기 후 체중 0.5kg당 700ml를 마신다(가능한 경우 몸무게를 미리 측정).

그림 2-7 훈련과 경기 중 수분 섭취 방법

각 구단과 코칭스태프는 선수들의 한여름 컨디션 유지를 위한 방법을 열심히 연구한다. 이 맘 때쯤이면 스스로 컨디션 유지가 힘겨워지는 선수들 역시 각자 지치기 않기 위해 온갖 방법을 동원한다.

예전 선수들은 비과학적인 관습이나 막무가내 보양식 등에 의존하는 경우가 많았다. 현재 감독, 코치를 하는 40대 이상 야구인들의 현역 시절 때는 여름이면 무조건 보양식(약간의 혐오식품을 포함한) 같은 고열량 음식이나 보조 식품을 많이 먹고, 고단백질의 고기류 섭취를 늘리는 경우가 흔했다. 물론 고열량의 음식이 체력 소모를 막아 줄 수도 있지만, 잘못 섭취하면 시즌 중 체중과 체지방이 증가돼 오히려 체력이 더 떨어지는 경우를 종종 목격하기도 했다.

그에 비하면 요즘 선수들은 폭염 속 컨디션 유지를 위해 좀 더 합리적인 방법들을 찾아 신중하게 실천하는 편이다. 몇 가지 기본적인 식사 요령을 짚어본다면, 육류를 섭취하더라도 저녁 늦은 시간은 피하는 것이 좋다. 또한 너무 많은 양을 섭취하게 되면 내장기관에서 단백질을 분해하기 위해 피로가 유발될 수 있으므로 적정한 양을 섭취하는 것을 권한다. 그렇다면 과연 어느 정도의 육류 섭취가 좋을까. 선수의 체형에 따라 조금씩 다르지만, 쉽게 어림잡는 방법으로 자기 손바닥 크기 정도의 고기 한 덩이에서 반 덩이 정도를 가감하는 게 적절한 양이라고 생각된다. 평상시 잘 먹는 선수들이라면 너무 적은 양이라고 섭섭하게 느낄 수도 있겠지만.

경기 중 수분 보충을 위한 물 또는 음료 섭취에 있어서는 전문가마다 권장하는 기준이 조금씩 다를 수 있다. 일반적으로 지켜야 할 원칙은 적절한 양의 지속적인 수분 공급이다.

과거 선수들을 관찰해 보면 (습관적으로) 경기 전 혹은 경기 중에 수분 섭취를 '몰아서' 하는 경우가 많은 편이었다. 실내 트레이닝장에서 또는 운동장에서 훈련하는 선수들의 경우, 운동 중에는 전혀 마시지 않다가 쉬는 시간에 500~1000ml의 음료를 한꺼번에 벌컥벌컥 들이켜는 것을 자주 볼 수 있었다. 지금은 웃으면서 하는 얘기지만, 옛날에는 정신적으로 나약해진다고 운동 중의 선수들에게 절대 물을 주지 않는 경우도 있었다고 한다.

그러나 실내 트레이닝장 혹은 운동장에서 장시간 훈련할 때 선수들은 자신의 물통을 주머니에 넣고 수시로 마실 수 있어야 몸의 수분 부족으로 집중력이 떨어지거나 체력이 떨어지는 것을 예방할 수 있다. 우리의 인체는 70%가 물로 되어 있기 때문에 수분의 2%만 부족하게 되더라도 경기력은 눈에 띄게 떨어진다. 목이 타서 마시는 경우는 이미 몸속에서 수분이 부족한 상태였다는 신호를 받은 뒤라 늦었다고 할 수 있다. 그렇기 때문에 운동 중 꾸준하게 수분을 섭취하는 버릇을 가지는 것이 컨디션 유지에 있어 매우 중요한 방법이라 할 수 있다.

경기를 위한 물 섭취 방법으로는 경기 시작 15~30분 전에 300~500ml를 마시고, 경기에 들어간 이후 얼추 15분 간격으로 100~150ml를 지속적으로 마시는 것이 필요하다. 4시간의 경기를 할 경우 경기 중 약 2400ml의 수분을 보충해 주어야 한다. 이렇게 계산해서 마시는 것이 힘들다면 경기 중간에 소변을 2~3번 정도 볼 수 있도록 물을 마시는 게 좋은 버릇이 될 수 있을 것 같다. 물을 마실 때는 한 번에 조금씩 나누어 섭취해야 장에서 문제를 일으키지 않는다.

적절한 음식 섭취와 수분 보충으로 선수들이 뜨거운 여름을 건강하게 이겨내길 응원해본다.

http://mksports.co.kr/view/2016/544384/

8. 니퍼트의 화려한 부활을 만들어낸 기다림(2016.05.06~07)

선두 두산의 에이스 니퍼트(35)가 개막전 이후 여섯 차례 선발 경기를 모두 승리로 이끌면서 완벽 그 이상의 한 달을 달렸다. 2015 포스트시즌서 괴물 같은 호투로 두산을 한국시리즈 우승으로 이끈 이후, 더욱 강력한 투수로 자리 잡은 것 같다.

돌아보면 2015 페넌트레이스에서 니퍼트는 힘겨운 시간을 보냈다. 어깨 부상으로 장기 이탈하면서 팀의 정규 시즌에 큰 보탬이 되지 못했다. 그랬던 니퍼트의 화려한 부활. 거기에는 짚어볼 만한 이유가 있을 것이다.

2011년 두산에 입단한 니퍼트는 2014년까지 4년 연속 두 자릿수 승수를 올렸고, 그중 3시즌에서 170이닝 이상을 던졌다. 당시까지 빼어난 성적만큼 꾸준한 완주가 돋보였던 투수다. 그러나 지난해는 부상과 부진으로 여름 내내 선발 로테이션을 지키지 못했다. 두 달에 가까운 1선발의 공백이 생기면서 두산은 크게 애를 먹었지만, 니퍼트의 재활과 복귀를 뚝심 있게 기다리는 인내심을 보였다.

사실 국내 선수들과 달리 외인 선수들의 부상 공백을 구단이 그저 묵묵히 기다려주기란 쉽지 않다. 근 두 달의 공백이라면 대체 외인 선수를 고려하는 게 더 일반적이다. 그러나 두산 구단과 코칭스태프는 속속들이 지켜보고 파악했던 5년차 외인 투수 니퍼트에 대해서 다른 선택을 했고, 이 선택에 보답하면서 두산의 트레이너들은 니퍼트를 예전 에이스의 모습으로 복귀시켰다. 결국 두산 프런트, 코칭스태프, 트레이닝 파트의 정확한 판단과 세밀한 선수 관리 시스템이 니퍼트의 화려한 부활을 가능하게 했고, 바로 이런 조화가 지금의 저력 있는 강팀 두산을 만들고 있다는 생각이다.

현재 한미일 프로야구 공통으로 많은 팀들이 (우수한) 투수 부족을 호소하면서 힘겨워하고 있다. 이런 문제에 대처하기 위해서 시스템적인 선수 관리가 필요하다는 것을 두산이 모범적으로 보여주고 있는 것 같다.

프로구단에서 외인 선수들에 대한 고민은 어느 팀이나 비슷해서 엄청난 스트레스를 준다. 충분히 오래 지켜보지 못한 채 제한적인 정보만으로 뽑아온 선수들이지만, 그들의 상태와 페이스를 정확하게 알아보고 진단해내면서 잘 쓸 수 있어야 한다. 그리고 이 미션을 수행해내는 성과는 한 팀의 한 시즌 성적을 좌우하는 중요한 요소가 된다. 외인 선수를 잘못 뽑으면 교체하는 데에만 쉽게 두세 달이 걸리고 마니까.

외인 투수가 성적을 내지 못하는 이유는 부상이 원인인 경우가 많다. 그러나 일단 외인을 뽑고 팀에 합류하면 부상을 확인한다 하더라도 늦어버린 상황이 된다. 스카우트의 능력 그리고 현장의 정확한 판단이 중요하다.

부상이나 컨디션 문제로 외인 선수를 잘못 선발하는 실패를 예방하기 위해서는 계약 전 메디컬 테스트를 필수로 하는 제도적 장치가 필요하다. 계약 후 메디컬 체크를 한다거나 외국 현지에서 전문 인력이 없는 상태로 부실한 메디컬 체크를 진행하면 개막 후 구단들에게 재앙으로 돌아올 수 있다.

건강한 외인 선수를 선발하기 위해서 계약 전 팀의 트레이너를 외국으로 파견하거나 스카우트팀에 트레이너를 포함시키는 것도 좋은 대안이 될 수 있을 것 같다.

http://mksports.co.kr/view/2016/326685/

9. 박병호, 홈런 기록보다 위대한 꾸준한 선발출전 (2015.10.02)

넥센 박병호(29)는 2015년 10월 1일 현재, 52홈런으로 자신의 한 시즌 최다 홈런 기록이 눈앞이다. 4년 연속 '홈런킹'이 유력한 박병호는 내년 시즌 메이저리그 도전이 점쳐지는 가운데, 국내 팬들 앞에 최고의 (잠정적인) 마지막 시즌을 펼쳐 보이고 있다.

타자 박병호의 화려한 홈런 기록에 대한 찬사와 평가는 다른 분들에게 맡기고 여기에선 그의 이런 기록들이 나오기까지 정신적, 신체적 준비 과정을 들여다보려 한다. 선수의 훌륭한 퍼포먼스를 위해선 기술적 완성도가 매우 중요한 요소지만, 트레이닝 전문가가 분석할 몫은 신체적, 정신적 관리 부분이니까.

2005년 LG의 1차 지명 신인이었던 박병호는 당시 LG가 미래를 걸 만한 4번 타자 감이라는 엄청난 기대 속에 입단했다. LG 트레이너로서 신인 박병호를 처음 만났을 때 두 가지 놀라움이 있었다.

첫째는 엄청난 근육량이었다. 고작 열아홉 청소년의 몸이라고는 믿기 힘들 만큼 완전하게 만들어진 몸이었다. 그때 박병호에게 붙여진 별명 중 하나가 '근육 병아리'였다. 당시에 이미 지금과 엇비슷한 덩치였으니, '근육 병아리'는 딱 어울리는 별명이었다.

또 한 가지 놀라움은 그의 성실함과 예의 바름이었다. 아마 시절 뜨거운 주목 속에 성장한 뒤 큰 기대를 받고 프로에 입단하는 선수들은 보통 '버릇이 없다'는 인상을 주는 경우가 많은데, 차분한 분위기의 박병호는 굉장히 예의가 바른 선수였다. 그래서였던지 박병호와의 첫 만남은 다른 유망주들과는 사뭇 다른 느낌이었다.

박병호가 경기와 훈련을 준비하는 과정에는 두 가지 큰 특징이 있는데 첫째는 근육량(파워)을 유지하기 위해 항상 꾸준한 웨이트 트레이닝을 하는 것이고, 또 하나는 엄청난 유연성을 유지하기 위한 노력을 동시에 쏟는다는 것이다.

사실 근력과 유연성은 함께 쫓기 쉽지 않은 목표다. 선수들은 흔히 근력을 키우면서 유연성이 떨어지는 경험을 겪곤 한다. 그러나 박병호는 근력을 향상시키면서 유연성까지 유지하고 있고, 그의 이런 관리 능력이 큰 부상 없이 매 시즌을 치러내는 가장 큰 원인 중의 하나가 되고 있을 것이다.

박병호의 또 다른 장점은 자기 컨트롤이 매우 뛰어난 선수라는 점이다. 그는 스스로 (자신의 몸을 위해) 무엇을 하고 무엇을 하지 말아야 되는지를 늘 알고 있고, 또 알고 있는 것을 실천에 옮길 수 있는 선수다.

예를 들어 야구가 잘되지 않을 때 선수들이 빠지기 쉬운 잘못된 대처법 중 하나는 엄청나게 훈련량을 늘려 기술적 감각을 되찾으려는 시도다. 이 방법으로는 타격감을 행여 되찾게 되더라도 몸이 지쳐서 좋은 감각을 지속적으로 유지하기 힘들다. 또 운이 없으면 부상을 당해 또 다른 슬럼프가 시작되는 결과를 맞기도 한다.

과도한 훈련 못지않게 부적절한 슬럼프 대처법 중 하나는 정신적 스트레스를 잊기 위해 술의 힘을 빌리는 것이다. 이 또한 선수들이 슬럼프에 맞서는 좋지 못한 대처법이라고 할 수 있다.

내가 아는 박병호는 이 두 가지 유형에 속하지 않고 철저하게 스스로의 컨디션을 조절하고 유지하는 선수다. 이런 절제와 관리 능력이 지난해까지 3년 연속 전경기 출전을 가능하게 하고 올해도 이미

- 피로가 누적되는 것은 정신적 피로와 육체적 피로로 구분된다. 또한 단기적 피로는 누적은 육체에 생기며 장기적 피로는 일반적으로 뇌와 신경에 누적된다.
- 육체적 피로 및 정신적 피로회복에 도움이 되는 셀프 마사지는 부상 예방과 경기력 향상에 도움이 된다.

피로 회복을 위한 셀프 마사지

그림 2-8 완전한 회복을 위한 방법

138경기를 뛰게 만든 원동력이라고 생각된다.

이제 박병호에게 남은 마지막 과제는 부상을 예방하는 것이다. 경기와 훈련 중의 부상을 예방하기 위해서는 적절한 훈련량과 강도 조절, 적절한 휴식, 좋은 식단의 영양 등이 중요하다. '적절한'이라는 단어가 반복되는 이유는 흔히 '적절함'을 넘어서는 선수들의 컨디션 관리가 오히려 부상과 슬럼프의 원인이 되기 때문이다.

한국 프로야구를 넘어 내년에는 '빅 리그'를 호령하기 위해서 '과유불급[(過猶不及); 지나치지도 않고 부족하지도 않은 적절한 상태]'의 관리가 박병호의 미래에 꼭 필요하리라 생각해 본다.

http://mksports.co.kr/view/2015/942007/

10. '5위 싸움 중' 롯데-KIA-한화-SK에게 필요한 관리 (2015.09.11)

2015년은 KBO가 144경기를 소화하는 첫 번째 시즌이다. 예년에 비해 훌쩍 늘어난 경기를 치르면서 요즘 각 팀 선수들과 코칭스태프는 컨디션 유지에 애를 먹고 있을 것이다.

팀당 스무 경기 안팎을 남겨둔 지금, 와일드카드 결정전에 진출하기 위한 치열한 5위 싸움이 리그의 뜨거운 관심을 모으고 있다. 10일 현재 5위 롯데와 8위 SK의 승차는 불과 2게임이다. 그 사이에서 6위 KIA, 7위 한화가 각각 반게임차, 한 게임차로 앞 주자를 좇고 있다. 이 숨 막히는 자리싸움 속에서 어떻게 팀을 관리해내야 마지막 5위의 주인이 될 수 있을까.

프로야구에서 강팀의 조건이라면 선수들의 능력 및 팀워크, 주축 선수들의 부상 방지 관리, 여기에 코칭스태프의 운영 능력 등을 꼽을 수 있다. 그런데 지금은 한창 달리고 있는 시즌의 종반으로 각 팀마다 이런 요소들의 급격한 변화를 바랄 수 없는 상태다.

이 시기에도 유일하게 대응이 가능한 부분이라면 선수들의 컨디션 관리다. 사실 일반인들도 바이오리듬에 따라 하루가 다르게 컨디션이 딴판이다. 어느 날은 날아갈 듯 몸이 편하다가도 또 어느 날은 물 먹은 솜처럼 몸이 무겁다. 선수들도 일반인과 다르지 않아 이런 리듬이 있다. 그러나 선수들은 몸을 움직여서 기능을 발휘해야 하는 직업인이기 때문에 컨디션의 부침은 곧바로 퍼포먼스에 영향을 미친다.

따라서 급박한 순위 싸움 속에 매 경기 여유가 없는 팀일수록 선수들의 컨디션을 끌어올려 유지해내는 것이 결정적인 승부수로 작용할 수 있다. 컨디션을 관리하기 위해서는 우선 규칙적인 수면, 그리고 균형 잡힌 식사에 더해 일정한 훈련 패턴을 만드는 것이 중요하다. 선수들이 스스로 할 수 있는 관리는 일정하고 규칙적인 수면시간과 적절한 식사 패턴을 지키는 것이고, 코칭스태프와 구단이 할 수 있는 최선의 관리는 훈련의 양과 시간을 일정하게 해서 선수들이 컨디션(바이오리듬)을 흐트러트리지 않게 하는 것이다.

간혹 시즌 중 체력이 떨어졌다고 해서 특별한 러닝과 훈련을 통해 체력을 끌어올리려는 시도가 있는데, 이러한 훈련은 '방전되는 휴대폰을 오래 쓰기 위해서 휴대폰을 많이 사용하는 식'의 어불성설이다.

프로 야구의 한 시즌은 6개월을 완주해야 하는 긴 여정이다. 시즌 중 특별한 경우를 제외하고는 선수와 코칭스태프의 구성은 변화하지 않는다. 오로지 변하는 것은 선수들의 체력과 컨디션이다.

스포츠 경기에서는 최종적으로 강한 정신력이 승패를 좌우한다.

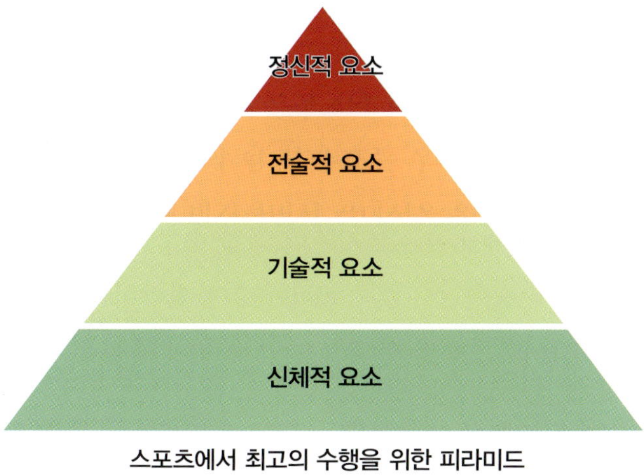

그림 2-9 스포츠에서 최고의 수행을 위한 야구 퍼포먼스 피라미드

하지만 정신력이 발휘되는 데는 단계별 선행조건들이 있다. 먼저 기초체력을 만들고, 체력이 만들어진 선수에게 기술이 강조되어야 하며, 그다음에 컨디션을 만들어 내는 것이다. 이 모든 요소들이 제대로 갖추어진 뒤에야 선수들에게 정신력이라는 '플러스 요인'을 강조할 수 있을 것이다.

2015년 9월 선수들의 체력은 거의 바닥을 보이고 있을 듯하다. 피로가 누적돼 아침에 일어나면 누구에게 흠뻑 두들겨 맞은 듯 무겁고 뻐근한 몸일 수도 있다. 남은 경기 동안 각 팀 선수들과 코칭스태프가 평상심을 지키면서 적절하게 컨디션을 관리하기를, 그래서 최고의 목표를 향한 최선의 레이스를 펼칠 수 있기를 응원한다.

과욕으로 페이스를 그르치는 것보다는 세심하고 현명한 선택이 마지막 승자가 되는 법이 아닐까 생각해본다.

http://mksports.co.kr/view/2015/876935/

11. '통곡의 벽' 손승락, PS 위력은 자기 관리 능력 (2017.10.11)

2017년 10월 프로야구 포스트시즌이 한창이다. 준플레이오프가 진행 중인 가운데 손승락(35 · 롯데 자이언츠)의 활약이 돋보인다. 단기전 승부에서 마무리 투수의 안정감은 팀 전체의 중심을 잡아주는 역할을 한다.

포스트시즌뿐만 아니라 2017 정규 시즌에서도 손승락의 진가가 단연 돋보이고 있다. 개인적으로 손승락과는 2014 시즌을 마치고 처음 만나게 되었는데 첫인상을 잊을 수가 없었다. 일반적인 야구선수들과 매우 다른 느낌 때문에 기억에 많이 남는 선수다.

야구선수들은 생각보다 자신의 기술적인 문제와 체력적인 문제를 자세하게 느끼며 알고 있지 않는 경우가 많다. 여러 가지 이유가 있겠지만 필자의 생각으로는 주입식 기술 및 체력 운동을 오랫동안 한 결과가 아닌가 생각된다. 아무래도 운동 중에 선수 자신의 문제를 찾기 위해서 노력을 하기보다는 지도자의 주입식 교육에 의한 반복 운동의 결과인 것 같다.

그런 과정에서도 손승락은 특히 자신의 부상을 관리하고 체력을 향상시키기 위해서 많은 노력을 하는 선수 중 한 명이다. 시즌 중에는 롯데 트레이닝 파트의 도움을 적극적으로 받으며 관리를 하고, 시즌이 종료되면 병원, 재활센터, 트레이닝 센터 등을 찾아다니면서 자신의 문제를 찾는데 매우 적극적이었다. 필자와 처음 만난 날도 첫 만남에 약 2시간 정도의 부상 예방과 체력 트레이닝에 관한 이야기를 나눴다. 이야기를 들어보니 그동안 선수가 야구를 하는 과정에서 얼마나 많은 고민을 하면서 운동을 해왔는지 느낌으로 알 수 있었다.

2014년 오프 시즌(동계 휴식기)에 처음 만난 이후 손승락의 체력을 보완하고 증가시키기 위한 프로그램을 제공했다. 2015년 시즌 마치고 오프 시즌에 손승락을 다시 봤을 때 매우 놀라웠다. 2014년 체력의 약점에 관련된 부분을 거의 다 보완했으며, 시즌을 마치고 바로 왔는데도 오히려 더 좋은 체력을 유지하고 온 것이다. 일반적으로 시즌을 마치면 선수들 몸은 크고 작은 부상을 당하게 되고, 체력이 매우 떨어지게 된다. 이런 문제를 잘 관리했다는 것은 선수 본인이 매일매일 자신의 부상을 관리하고 체력이 떨어지지 않게 꾸준히 트레이닝을 관리한 결과일 것이다.

이제 한국 나이로 36세인 손승락은 아직도 140km 중후반 이상의 빠른 볼을 던지고 있다. 롯데의 트레이닝 파트의 세심한 선수 관리 시스템과 손승락 선수의 자기 관리가 어우러져 앞으로 남은 포스트시즌에서 롯데의 상승세에 큰 도움이 될 것이다. 또한 구위가 살아난 손승락의 남은 포스트시즌과 2018년이 더욱더 기대된다.

http://mksports.co.kr/view/2017/670120/

12. 와일드카드 경쟁, '관리'가 중요하다(2017.09.12)

2017년 9월 각 팀당 적게는 126경기, 많게는 133경기를 치른 와일드카드를 1장을 둘러싼 3팀(SK · LG · 넥센)의 경쟁이 어느 때보다 치열하다. 10경기 정도 남아 있는 지금 세 팀 사이는 1.5경기 차이라 살얼음판을 걷는 느낌이다.

선수, 코칭스태프 및 프런트는 만성 피로 및 극심한 스트레스를 받고 있을 것이다. 스트레스를 이겨내고 와일드카드를 잡을 수 있는 방법은 무엇인지 고민해 보자.

남은 경기에서 좋은 성적을 거두기 위해서는 심리적, 체력적 관리가 중요하다. 지금처럼 경기 차가 크지 않아 예측하기 어려운 정규 시즌이 치러질 경우 선수단은 극심한 정신적 피로를 느끼면서 한 경기 한 경기를 임하게 된다. 현재 선수와 코칭스태프에게 필요한 것은 편안함을 줄 수 있는 따듯한 말과 눈빛이다.

지금 경기를 이기고 싶지 않은 팀은 없을 것이다. 말하지 않아도 모두 그렇게 느끼고 있다. 하지만 스트레스를 줄여주기 위해서는 승패의 스트레스를 직접 주지 않는 것이 필요하다. 육체적인 스트레스를 줄여주기 위한 방법으로 중요한 것은, 쉽지는 않지만 숙면을 취할 수 있는 여건을 마련하고 선수 스스로 지키려고 노력하는 것이다. 피로를 유발하는 큰 요소 중 하나가 숙면을 취하지 못하는 것이다. 사람이 고민을 너무 많이 하게 되면 취침 중에도 뇌가 쉴 수가 없기 때문에 숙면에 방해가 된다. 이런 상황에 도움이 되는 것이 명상, 취침 전 가벼운 스트레칭 또는 와인 한잔 정도를 해서 정신적 스트레스를 줄여주는 것이다. 체력적인 측면에서 트레이닝으로 접근하게 되면 특별한 훈련을 통해서 움직임이 무뎌진 선수들의 컨디션을 향상시키려고 하는 것은 금물이다. 선수들이 많이 지쳐 있는 시기이기 때문에 특별한(강도 높은) 트레이닝을 통해서 체력을 향상시키기보다는 현재 떨어져 있는 체력을 인정하고 최고의 집중력을 높이기 위해서 경기 전 연습을 줄여주는 것이 최선의 방법이라고 생각된다.

2017 프로야구를 중심으로 국내 프로스포츠팀에서 부상 및 컨디

1. 코로 숨을 깊고 크게 들이마신다(입은 사용하지 않음).
2. 들이마실 때 가슴과 상복부에 각각 손을 대본다(가능하면 상복부만 움직이게 함).
3. 2~3초간 크게 숨을 들이쉬고, 1~2초는 숨을 참은 뒤, 7~10초간 천천히 숨을 내쉰다.

명상 호흡

그림 2-10 스트레스 완화 방법

셔닝 향상을 위한 선수 관리(스포츠 의학, 스포츠 과학) 시설과 인프라는 크게 발전했다. 하지만 한 가지 아쉬운 점은 기계, 시설의 투자는 많이 이루어지고 있으나, 그 시설과 장비를 운영할 인력에 대해서는 아직 투자가 이루어지지 않는 것 같다. 아무리 정교하고 좋은 장비라 하더라도 그 장비를 운영할 사람의 교육 및 투자가 이루어지지 않게 되면 고철 덩어리에 불과하다. 선수들의 미세한 심리적 변화, 체력의 변화, 컨디션의 변화 등을 관리하기 위해서는 트레이너, 퍼포먼스 코치, 스포츠 과학자 등에 대한 투자가 필요하다.

남은 10경기 승패의 결과는 눈에 보이는 것보다는 보이지 않는 것을 잘 관리하는 팀이 좋은 성적을 올리게 될 것이다.

http://mksports.co.kr/view/2017/611217/

12. 야구의 시작, 가속 달리기 동작부터(2017.04.25)

스포츠에서 가장 기본이 되는 것은 무엇일까? 필자는 달리기가 아닌가 싶다. 투수, 타자 모두에게 가장 기본적으로 필요한 항목은 달리는 동작이다. 특히 야구는 순발력이 필요한 스포츠로 단거리 달리기는 선수들의 파워 향상에 매우 중요한 요소가 된다. 그럼 이렇게 중요한 단거리 달리기 능력은 어떻게 연습하고 트레이닝할 수 있을지 알아보기로 하자.

야구선수 또는 엘리트 선수들이 훈련할 때 달리는 동작에서 많이 하는 착각 중 하나는 무릎을 높게 들면서 달려야 한다고 배우는 것이다. 이런 동작을 지도하는 것은 틀리지는 않지만 정확한 단거리 달리

준비자세

종료자세

그림 2-11 벽밀고 무릎 올리기(Wall Drill)

기의 방식을 설명한 것은 아니라고 할 수 있다. 이와 같은 동작의 설명은 투수에게는 스피드를 올려서 던지라고 하거나 또는 야수에게는 강하게 배트를 휘둘러 공을 치라고 하는 것과 비슷하다. 이런 말은 퍼포먼스 전문가(performance specialist)가 아닌 일반인 아무나 할 수 있는 이야기다. 또 이런 조언은 결과에 대한 요구일 뿐 결과를 좋게 만들 수 있는 과정에 대한 지도가 없다고 할 수 있다.

단거리 달리기 파워를 증가시키기 위해서는 크게 세 가지 동작이 중요하다. 첫 번째는 첫발을 내딛는 순간 몸이 약 45도 정도의 기울임을 가지는 것이다. 45도의 기울임은 보통 30m까지 유지해야 가속도가 생겨 최대 스피드에 도달할 수 있다. 출발하자마자 상체를 바로 수직으로 몸을 펴는 것은 가속을 하지 않겠다는 의미와 같다.

두 번째는 엄지발가락과 발바닥이 연결되는 곳으로 지면을 강하게 때리는 느낌으로 지면을 접촉해야 한다. 이런 동작을 취하게 되면 지면 반발력으로 인해 무릎은 자연스럽게 가슴 쪽으로 올라가게 된다.

그림 2-12 벽밀고 3관절 신전(Wall Drill Triple Extension)

세 번째는 발이 지면에 오래 붙어 있으면 안 된다. 지면에 발이 오랫동안 붙어 있게 되면 바람 빠진 농구공의 모습을 가지게 된다. 바람이 꽉 찬 농구공을 상상해보자. 탱탱한 농구공은 지면에 닿는 시간이 짧고 높이 튀어 오른다. 이런 모습을 상상하면서 달리게 되면 우리 몸의 근육과 신경은 탄력이 점점 좋아지면서 파워가 좋아지게 될 것이다. 어떻게 보면 작은 습관의 차이가 탄력 있는 선수로 성장하게 되느냐 아니면 탄력 없는 선수로 성장하느냐를 결정할 것이다.

달리는 파워, 순발력이 중요한 이유는 이런 체력적 요소가 잘 만들어진 선수들이 야구장에서 던지고 치는 동작에서도 파워를 가지고 수행을 하게 되기 때문이다. 파워가 없어 기술적 결함이 생기는 선수들의 대부분은 부족한 체력에서 문제가 생기는 경우가 많다는 것을 생각해야 한다. 단순하게 웨이트 트레이닝을 많이 하는 것도 도움이 될 수 있지만 근 신경계 트레이닝으로 움직임의 속도를 빠르게 하는 것이 더욱 중요하다.

한국 엘리트 스포츠 선수 또는 야구선수들을 지도하는 팀에 Performance Coach(퍼포먼스 코치)가 없다면 위의 세 가지 요소의 지도만으로도 선수들의 모습은 순발력과 탄력을 가진 선수로 빠른 시간 안에 변화하게 될 것이다. 하지만 운동 시간이 길어진다면 상대적으로 탄력은 점점 약해지는 것이 일반적이라는 사실을 명심해야 한다. 따라서 순발력을 향상시키는 트레이닝은 휴식시간을 충분히 주는 것이 필수적이다. 자, 지금부터 탱탱한 농구공을 상상하면서 달리기를 해보자. 몸에서 변화가 일어나게 될 것이다.

http://mksports.co.kr/view/2017/278613/

13. '투수 혹사' 어떻게 평가해야 하는가(2016.08.26)

많이 던졌던 투수들이 안타까운 부상으로 마운드를 내려오는 케이스가 이어지면서 최근 야구판에서는 '혹사'가 뜨거운 이슈 중의 하나다.

사전에서 '혹사'를 찾아보니 '혹독하게 일을 시킴'이라고 나온다. 과연 야구에서 '투수를 혹사시켰다'고 하려면 어떤 기준을 가지고 평가해야 할까. 모두가 한목소리를 낼 순 없겠지만, 더 많은 사람들이 납득할 수 있는 기준을 정리해볼 필요가 있다.

왜 야구에서는 야수에게 거의 사용하지 않는 '혹사'라는 표현을 투수에게만 쓸까. 야수는 매일 경기를 뛰어도 꾸준한 부상 예방과 부지런한 자기 관리로 체력과 잔부상을 그때그때 회복할 수 있다. 그러나 투수의 어깨, 팔꿈치는 한 경기를 던지고 나면 정상적으로 회복하기까지 휴식이라는 시간이 필요하다. 이 시간이 제대로 주어지지 못할 때 '혹사'라는 표현을 쓰는 것 같다.

선발투수에게 '혹사'라는 표현이 자주 사용되지 않는 이유는 현대 야구팀들이 대부분 5일 로테이션, 6일 로테이션 등 고정적인 선발진의 일정한 등판 간격을 지켜주기 때문이다. 그러나 경기의 상황과 흐름에 따라 투입되는 불펜 투수들의 기용은 불규칙하고 유동적일 수밖에 없는데 이 때문에 '혹사' 논쟁이 벌어지기 쉽다.

혹사에 관한 논쟁을 하기 위해선 혹사가 아닌, 적절한 투수 기용에 대한 기준이 있어야 한다. 이 기준에 대한 국내 팀들의 공개된 자료는 부족하기 때문에 미국 몇몇 팀들의 투수 관리 기준을 다음과 같이 살펴봤다. 너무 작은 숫자를 예민하게 따지는 대신, 그들이 일반적으로 납득하는 대략의 '기준선'을 이해하면 된다.

중간과 마무리 투수는 3일 연속 투구하지 않는다. ② 35구 이상을 던지면 1일 휴식이 필요하다. ③ 릴리프가 50구 이상을 던질 경우 이틀의 휴식이 필요하다. ④ 불펜에서 릴리프 투수가 몸을 3번 이상 풀면, 경기에 나가지 않더라도 나간 것으로 보고 휴식기간을 계산한다. ⑤ 돌발적인 보직 변경을 통해 투구 수를 갑작스럽게 증가시키지 않

- 30구 미만: 다음날 경기 출장 가능
  연투는 2일까지만 가능, 3일 연투 위험
- 35구 이상: 다음날 경기 출장 제한
- 50구 이상: 2일 휴식
- 65구 이상: 3일 휴식
- 80구 이상: 4일 휴식

* 선수의 부상 병력 및 투구후 신체에 스트레스 양에 따라 투구수는 변화시키는 것이 합리적

중간, 마무리 투수의 투구수에 따른 경기출장

그림 2-13 투구수 제한에 관련된 내용

는다.

팀은 이런 기준들을 가지고 투수 개개인의 컨디션 및 건강한 정도, 어깨와 팔꿈치의 회복력 등을 토대로 개인별 기준을 작성해 관리하는 것이 필요하다. 어깨와 팔꿈치의 부상 경력, 수술 이력이 있거나 나이가 많은 경우, 혹은 시즌이 끝나갈 무렵이라면 선수들의 회복력은 더욱 나빠지기 때문에 이런 부분들 또한 투수 기용의 기준을 정하는 데 고려해야 할 것이다. 이런 기준이 없이 투수들을 기용하거나 자주 기준을 넘어서 무리하게 기용할 때 '혹사' 의혹이 시작될 수 있다.

사람들의 수면 습관을 떠올리면 이해하기가 쉽다. 일반적인 성인에겐 하루 7~8시간의 수면이 적당하다고 한다. 물론 개인차가 존재하기 때문에 6시간만 자도 충분한 사람이 있는가 하면, 하루 9시간쯤은 자야 개운하게 회복되는 사람도 있다. 그러나 그 어떤 사람도 매일 3~4시간을 자면서 건강하고 정상적인 생활을 유지하기는 어려울 것이다.

이렇게 세심하게 고려되고 정리된 '기준'을 가지고 잘 관리를 해주어도 투수의 부상은 완전하게 예방할 수 없다. 팀과 스태프가 해야 할 일은 최대한 선수들의 부상 확률을 줄여 그들이 좀 더 오랫동안 운동을 할 수 있게 돕는 일일 것이다. 선수에게 부상 은퇴란 일반인의 실직을 의미하는 암담한 결말이 되고 마니까.

선수들의 성장과 활약에 감동받고 힘을 얻는 야구팬의 한 사람으로서 기량이 좋은 선수들을 더 건강하고 더 오랫동안 그라운드에서 지켜보고 싶다.

http://mksports.co.kr/view/2016/605987/

2장

투수 경기력 향상을 위한 트레이닝

야구는 매우 예민한 스포츠다. 그중 투수는 더 예민해질 수밖에 없다. 20M 떨어진 스트라이크 존에 스트라이크와 볼을 구분해서 던지고 또 변화구를 구분해서 던지는 등 극도로 예민해질 수밖에 없다. 따라서 투수의 경기력을 유지하고 향상시키기 위해서는 트레이닝 역시 매우 정교하게 진행되어야 한다. 신체 밸런스를 만들고 근력을 만든 후 스피드를 입혀 파워를 향상시키는 과정을 거쳐야 한다. 신체의 밸런스는 몸이 앞과 뒤, 좌측과 우측의 균형, 상체와 하체의 균형과 연결이 잘 되어 있는 것을 말한다.

1. '수호신' 오승환의 돌직구, 그 성공의 비밀(2015.09.18)

마운드에 우뚝 선 오승환(33 · 한신)을 바라보면 매우 다부진 체구라는 느낌을 받는다. 사실 키는 요즘 야구선수들 사이에서 오히려 아담한 축이 아닌가 싶다.

그러나 삼성 시절, 야구장에서 만난 오승환은 가까이서 보고 흠칫 놀랐을 정도로 근육량이 많아 보였다. '홈런킹' 박병호(넥센)의 허벅지, 팔뚝 크기와 견주어도 뒤지지 않을만한 근육을 갖고 있었다. 일반적으로 투수들은 (타자들과 달리) 근력 보다 유연성을 상대적으로 더 중요하게 여기고 만들기 때문에 오승환의 울끈불끈한 근육은 매우 특별해 보였다.

투수로서는 그리 적합하지 않는 체격 조건으로 승승장구하는 오승환의 특별함에 지속적인 의문을 던진 결과, 몇 가지 이유를 생각해 보게 됐다.

우선 마무리 투수라는 자리가 오승환을 편하게 해줬을 수 있다. 만약 선발 투수였다면 힘으로 투구를 하는 오승환에게는 이런저런 어려움이 많지 않았을까 생각해본다.

또 한 가지는 오승환의 몸 관리 능력이다. 아마추어 때 팔꿈치를

벽잡고 흉추 내회전 준비자세

벽잡고 흉추 내회전 준비자세

그림 2-14 흉추 회전 스트레칭

그림 2-15 SLR Dead Lift

수술한 이후 꾸준한 몸 관리로 본인만의 운동법을 완성시켰다는데 그의 성실하고 똑똑한 노력이 현재의 오승환을 만들어냈을 것 같다.

삼성에서 던지던 당시 오승환을 도왔던 김현규 트레이너(삼성)는 오승환의 최대 장점으로 "스스로의 체력적 강점과 약점을 정확하게 알고 있다"는 것을 꼽았다.

오승환은 악력과 허리 파워가 유도나 레슬링의 국가대표 선수들과 겨룰 만큼 강하다고 한다. 이에 반해 유연성은 다른 투수들과 비교하면 평범한 수준. 그러나 근육의 크기에 비해서는 썩 괜찮은 편인데, 특히 어깨의 유연성이 매우 뛰어나다는 것이 김 트레이너의 증언이다.

이러한 자신의 몸의 특징을 잘 파악하고 있던 오승환은 스스로의 투구 폼에 맞는 운동을 그만의 스타일대로 정립하여 '오승환 표 운동'을 했다. 투수 트레이닝 메뉴로서는 그리 애용되지 않는 전완(손목) 운동이라든지 강도 높은 웨이트 트레이닝 등으로 몸을 단련했다.

사람의 생김새가 저마다 다르듯 신체적 능력이 각자 다르기 때문에 개인의 베스트 운동법은 모두 다를 것이다. 투수의 최적의 투구폼은 이 사람 저 사람 다를 수 있다.

어린 선수들이 무분별하게 유명 선수의 운동을 무조건 따라 하는 경우가 있는데, 조심해야 할 부분이다. 아무리 좋은 옷이라도 내 몸과 맞지 않는다면 불편하고 어색하여 나만의 개성을 제대로 보여주지 못할 것이다.

오승환처럼 성장하고 싶은 젊은 투수들이라면, 그들이 따라 해야 할 것은 오승환의 투구폼과 운동법이 아니라 그의 똑똑한 선택과 성실한 노력이다. 자신의 신체적 장점과 단점을 정확하게 파악해 스스로에게 가장 알맞은 투구폼과 트레이닝 방법을 완성한 것이 오승환의 진짜 경쟁력, 그의 성공의 비밀이니까.

http://mksports.co.kr/view/2015/900825/

2. 투수의 볼 스피드 향상을 위한 트레이닝법(2016.05.13)

2016 한국 프로야구에 강속구를 던지는 투수가 점점 사라지고 있는 느낌이 든다. 몇 년 전만 하더라도 한 팀에 7~8명 정도는 시속 150km대 속구를 던질 수 있는 정통파 투수들이 있었다. 지금은 시속 150km를 웃도는 속구를 구경하기가 팀마다 훨씬 드물어졌다.

단언할 수는 없지만, 혹시 아마추어나 프로에서 전체적으로 훈련의 양(시간)을 늘리면서 동시에 훈련의 강도를 올리는 것이 힘들기 때문에 발생한 문제가 아닐까 의심하고 있다. 훈련의 시간과 강도는 반비례의 관계를 가지고 있기 때문이다.

일반적으로 투수의 볼 스피드는 타고난 재능이라는 이야기들을 많이 한다. 가장 중요한 것은 투구 메카닉스(투구 폼)겠지만, 이를 제외한 요소 중에서 스피드를 올리는 중요한 부분이라면 선수의 체력 중 순발력일 것이다.

흔히 예전 선수들보다 요즘 선수들이 훨씬 크고 좋은 체격으로 강해 보이지만, 체력적인 부분을 들여다보면 꼭 그렇지도 않다. 10여 년 전의 선수들과 비교해 요즘 선수들이 오히려 약해진 부분이 많이 보이는데, 단거리인 50m 달리기 속도가 많이 느려졌고 코어(복근, 배근)라고 알려진 근력이 떨어진 경우도 많다. 뛰어난 순발력을 발휘하는 데 불리한 조건이다.

트레이너들을 갖추지 못한 아마추어 팀에서는 단거리 스피드를 증가시키는 훈련을 중심으로 프로그램을 짜보도록 하고, 코어운동으로는 몸통을 구부리고 펴는 동작보다는 몸통을 회전하는 운동을 늘리는 것을 권해본다.

단거리 달리기 훈련법이라면 우선 자신의 최고 스피드를 증가시키는 형태가 필요하고 한 번 달리고 난 후에는 완전한 휴식을 취하는 것이 중요하다. 일일 훈련 프로그램으로서는 30m를 3~5회 정도, 50m를 2~3회 정도 전력 질주하는 것이 적당하다. 그 이상의 훈련은 오히려 더 이상 스피드가 증가되지 않는 결과를 가져올 수도 있다. 따라서 선수의 순발력 증가를 위한 트레이닝 방법 역시 위와 같은 형태로 구성하는 것이 좋다.

코어 운동은 일반적으로 복 배근이라고 해서 바닥에 누운 채 몸통을 구부리는 동작과 엎드려서 몸통을 펴는 동작을 많이 한다. 하지만 투수가 투구할 때는 몸통을 구부리고 펴는 동작보다는 횡으로 회전

그림 2-16 런지 자세에서 케이블 당기기

을 하는 동작을 더 많이 사용하기 때문에 투수의 코어 운동은 조금 다른 동작이 좋다. 등을 땅에 대고 눕거나 엎드린 상태에서도 횡으로 회전이 일어나게 하는 동작을 하는 것이 필요한데 아래 사진처럼 양발을 땅에 대고 투구하는 자세와 비슷한 회전 운동을 해주는 것이 투수가 적응하기에 가장 좋은 동작이라고 할 수 있겠다.

서서 하는 동작이 잘되지 않는 아마추어 투수의 경우에는 무릎을 대고 하는 동작(kneeling position), 또는 무릎을 꿇은 동작(half knee)에서 자세를 익힌 뒤, 익숙해지면 서서 하는 동작으로 전환하는 것이 운동에 효과적으로 적응할 수 있는 방법이다.

투수의 볼 스피드를 향상시켜줄 수 있는 직접적인 '비법'은 들어본 적이 없다. 그러나 체력적 요소, 기술적 요소, 정신적 요소가 잘 어우러지면 볼 스피드는 빨라질 수 있다고 믿는다. 트레이너들이 선수들의 순발력을 강화시켜주는 트레이닝을 지도하는 것도 간접적으로 강속구 투수의 성장에 보탬이 될 수 있다고 생각해본다.

http://mksports.co.kr/view/2016/343371/

3. 프로야구선수의 '컨디셔닝 루틴' 만들기(2018.01.11)

2018년 1월 8일부터 트라이어스 프로젝트에서 주최하는 트레이닝 캠프가 일본 오키나와에서 열리고 있다. 이 캠프의 목적은 야구선수들이 한 시즌 동안 부상을 예방하고 컨디션을 향상시키기 위해 어떤 방식의 트레이닝 프로그램을 적용해야 하는지 체계적인 검사를 통해 만들어 주는 데 있다.

캠프 참가자들은 한국과 일본의 프로야구선수가 20명이 참여하고 있으며, 한국과 일본에서 '스포츠 의학'과 '스포츠 과학'을 공부하고자 하는 트레이너들과 퍼포먼스 코치들이 함께 참여 중이다.

2014년부터 시작하여 올해로 4회째를 맞이한 이 캠프는 현재 LA 다저스 헤드 스트렝스 코치 브랜든(Brandon McDaniel)이 총괄을 하

일본 오키나와에서 트라이어스 프로젝트에서 주최하는
트레이닝 캠프가 열리고 있다. 사진 = 김병곤 대표 제공

고 같은 팀의 트래비스(Travis Smith)와 타일러(Tyler Norton)가 프로그램을 운영하는 캠프다. 캠프를 시작한 첫 번째 날은 다저스에서와 같은 프로그램으로 선수들의 부상과 기능부전과 체력을 검사했다. 검사를 마친 후 선수별 부상 정도와 체력에 맡는 운동 프로그램을 작성하는 회의를 5시간가량 진행했으며, 이 회의를 통해서 선수들이 시즌 동안 자신에게 맡는 트레이닝 프로그램을 습관화시키고 지도하는 프로그램을 진행하였다.

트래비스와 테일러는 선수들에게 야구는 하루 이틀, 1년 2년 할 것이 아니기 때문에 컨디셔닝도 자신에게 필요한 부분을 찾아서 꾸준하게 하는 것이 건강하게 시즌을 보낼 수 있고, 경기력을 향상시키는 가장 좋은 방법이라고 강조했다. 이런 측면에서 이번 캠프에서 가장 중요한 것은 선수 자신이 어떤 문제를 가지고 있고, 그 문제를 해결하기 위해서 어떠한 트레이닝을 해야 하는지 선수 자신이 인지하는 것이다. 하지만 이보다 더 중요한 것은 선수들이 이런 프로그램을 시즌 중 꾸준히 하는 것이라고 했다.

측면 스쿼트

한발 스쿼트

그림 2-17 동적인 움직임 테스트

두 명의 스트렝스 코치는 한국과 일본의 선수와 트레이너들에게 야구선수를 관리하는 트레이닝 팀에서 생각해야 할 우선순위에 대해 이야기했다. 첫째, 야구를 잘할 수 있는 방법을 끊임없이 찾고 노력해야 한다. 이 선수들은 야구를 잘하기 위해 이곳에 왔기 때문에 트레이닝을 위해 트레이닝을 시키면 안 된다고 했다. 둘째, 부상을 예방하는 트레이닝을 진행해야 한다는 것이다. 아무리 좋은 트레이닝도 부상의 위험이 있다면 신중해야 한다. 한 번 부상이 발생되면 회복하는 데 너무 많은 시간이 걸리기 때문이다. 셋째, 퍼포먼스를 향상시키기 위해서 트레이닝 하라는 것이다. 이는 예전에 많이 사용한 근육량을 늘리는 트레이닝은 몸 전체 움직임을 잃어버릴 위험이 있기 때문이다. 트레이닝에서 근육에 집중하는 운동을 하게 된다면 좋은 움직임을 잃어버릴 수 있지만, 움직임을 이해하고 움직임에 집중을 하면 근육의 사용을 잃어버리는 일은 없다.

이 캠프에 참석한 한국, 일본의 트레이너들은 한결같이 다저스의 체계적인 시스템을 부러워했다. 비시즌을 마친 선수들이 첫날 팀에 소집되면 부상, 기능부전, 체력을 검사해서 선수들이 1년간 사용할 수 있는 운동 프로그램을 제공할 수 있게, 구단과 코칭스텝의 지원이 필요하다고 입을 모았다. 캠프에 참가한 필자도 같은 생각이다.

http://mksports.co.kr/view/2018/23628/

4. 네가 이루고 싶은 게 있거든 체력을 먼저 길러라 (2018.01.03)

2018년 SNS에 글을 읽다가 필자처럼 생각하는 사람이 또 있구나 하는 생각에 이 글을 소개한다. 스포츠에서 체력이 얼마나 중요한지 모르는 사람은 없을 것이다. 하지만 슬럼프에 빠지면 정신이 없어지고, 무엇이 문제인지 찾지 못하는 경우가 많다.

야구를 잘하기 위해서는 많은 요소들이 필요하고, 이를 관리하는 것이 중요하지만 더 의미를 둬야 할 부분은 우선순위에 의해서 관리하는 것이 아닐까 생각한다. 사람들이 다 그렇듯, 선수들도 해야 할 일이 많이 생기게 되면 우선순위보다는 머리에서 떠오르는 것을 결론으로 생각하는 경우가 많다. 이런 측면에서 야구선수, 코칭스태프, 프런트도 어떤 요소가 먼저 필요할지 생각해 보는 것은 중요하다.

- 네가 이루고 싶은 게 있거든 체력을 먼저 길러라.
- 평생 해야 할 일이라고 생각되거든 체력을 먼저 길러라.
- 게으름, 나태, 권태, 짜증, 우울, 분노. 모두 체력이 버티지 못해, 정신이 몸의 지배를 받아 나타나는 증상이야.
- 네가 후반에 종종 무너지는 이유, 데미지를 입은 후 회복이 더딘 이유, 실수한 후 복귀가 더딘 이유, 모두 체력의 한계 때문이다.
- 체력이 약하면 빨리 편안함을 찾게 마련이고, 그러다 보면 인내심이 떨어지고 그 피로감을 견디지 못하게 되면 승부 따윈 상관없는 지경에 이르지.
- 이기고 싶다면 충분한 고민을 버텨줄 몸을 먼저 만들어.
- '정신력'은 '체력'이란 외피의 보호 없이는 구호밖에 안 돼.

_윤태호 / 미생중

그림 2-18 선체력 후기술

선수의 몸을 만드는 순서로 보통 1단계는 몸의 정렬, 2단계는 체력 증가, 3단계는 기술 적응, 4단계는 정신적 무장, 이런 과정을 거치게 된다. 특히 멘탈 스포츠라 불리는 골프와 야구에서 선수들의 정신적 준비가 매우 중요하다는 것은 모두가 다 아는 사실일 것이다. 하지만 선수가 정상적인 기량을 발휘하지 못하고 있다면 하위 단계부터 하나씩 점검하면서 확인해 보는 시스템이 필요하다.

한국 스포츠 상황에서 기초 스포츠 종목의 육성이 매우 부족한 게 현실이다. 이런 현실 때문에 한국의 전문 스포츠에서도 기초 종목인 육상, 수영, 체조가 약하다. 이는 한국 프로선수들의 기초 체력 문제점이 많다는 사실로 해석할 수 있다.

2018년 야구선수들은 겨울철 비시즌 기간이다. 동계 휴식기에 체력 수준을 최대한 끌어올리는 것이 2018 시즌을 좋은 컨디션으로 보낼 수 있는 가장 좋은 방법이다. 선수들이 체력을 끌어올릴 때 조금 신경 써야 하는 것은 화려하고 멋있는 운동들이 아닌 기본에 충실한 운동으로 내실을 다지는 것이 필요하다. 예를 들면 유연성, 안정성, 근-신경 조절 운동이 만들어진 선수에게 근력 운동과 파워 운동을 하게 하는 것이다.

아무래도 선수들은 부상과 체력에 관한 전문 지식이 없기 때문에 화려하거나 새로 도입된 운동을 선호할 수밖에 없다. 우리가 살면서 접하게 되는 공부, 운동 모두 기본기가 바탕이 돼 화려한 기술로 이어진다는 점을 생각하면서 운동을 하면 조금 더 단단하고 건강한 몸을 만들 수 있을 것이라 생각한다.

http://mksports.co.kr/view/2018/4345/

5. 투수 와인드업 밸런스, 한발 서기부터 해보자 (2017.05.01)

야구에서 가장 중요한 포지션은 어디인가? 모든 포지션이 중요하기는 하지만 그래도 승리에 영향을 미치는 포지션은 투수라는 것에 모든 사람이 동의를 하게 될 것이다. 그럼 투수의 몸을 어떻게 잘 트레이닝시킬 것인지가 중요한 문제로 부상하게 된다. 투수의 트레이닝에서 중요한 것은 두 가지다. 첫 번째는 밸런스 능력을 만드는 것이고, 두 번째는 밸런스를 파워로 전환시키는 것이다. 어떤 트레이닝이 밸런스와 파워를 만들어 내는지 확인해 보자.

보통 기술 분석을 통해 투수들의 공 던지는 동작을 6단계로 구분한다. 하지만 이 6단계 동작을 필자는 5단계의 트레이닝을 통해 밸런스와 스피드, 파워를 향상시켜 경기력에 도움을 주는 방향으로 제공하려고 한다. 프로선수 및 아마추어 사회인 야구선수도 이 동작을 따라 하게 되면 분명 좋은 공을 던질 수 있을 것이다. 이번 주제는 와인드업 동작에서의 트레이닝이다.

투수가 공을 던지는 동작에서 와인드업(wind up)이 최초의 움직임이다. 모든 일도 그렇지만, 운동도 시작이 중요하다. 처음 시작하는 동작에서 밸런스가 무너진다면 다음 동작에서 밸런스를 잡는 것은 몇 배의 노력이 필요하게 된다. 이러한 이유 때문에 시작하는 자세를 강조하는 것은 당연하다. 그렇다면 올바른 와인드업을 하기 위해서는 어떤 트레이닝이 필요할까? 아래 사진에서 보이는 올바른 자세를 만드는 것이 중요하다.

하지만 사진은 만들어진 동작이므로 퍼포먼스 코치(트레이닝 코치)

좋은 밸런스　　좋지 않은 밸런스

그림 2-19 스텝업(와인드업) 평가

는 이 동작이 만들어지는 과정에 대한 운동 설명이 필요하다. 필자의 운동 지도 방법은 우투수를 기준으로 좌측 무릎을 들어 올리는 높이를 결정해 줘야 한다. 무릎을 본인이 들 수 있는 범위보다 높이 들면 우측 무릎이 구부러지면서 몸의 균형이 깨지고, 우측 발바닥의 압력이 약해지면서 체중이 상체 쪽으로 올라가게 된다. 좌측 무릎을 들어 올리는 높이의 기준은 땅을 지지하고 있는 우측 무릎이 구부려지지 않는 범위에서 들어 올리는 것이다. 그리고 우측 발에서는 엄지발가락에 압력을 지속적으로 유지하는 것이 필수적이다. 발바닥에서 중심을 잡는 데 가장 중요한 역할을 하는 것은 엄지발가락이다. 따라서 좌측 무릎을 들어 올리는 단계에서 우측 엄지발가락에 압력을 유지, 다리를 들어 올리게 하는 것이 중요한 운동방법이다. 운동하는 시간은 한발로 약 1분 정도 견딜 수 있다면 다음 단계의 운동으로 넘어가도 좋을 것 같다.

맨몸으로 한발 서기가 1분 정도 잘 되는 경우 양손에 덤벨을 들고,

스텝업 준비자세

스텝업 종료자세

그림 2-20 덤벨 들고 스텝업 운동

든 상태로 같은 동작을 트레이닝 한다. 덤벨을 들고도 약 1분 정도 견딜 수 있는 밸런스가 생긴다면 좌측 무릎을 배꼽 위치까지 들었다 내렸다를 15~20회 반복하는 트레이닝을 한다. 그러면 좋은 밸런스를 가진 투수가 될 것이다. 무릎을 드는 동작에서 상체의 움직임이 발생하면 밸런스가 무너지므로 손, 상체의 움직임이 없도록 허리에 견고하게 힘을 주고 무릎을 들어 올리는 것이 중요하다. 밸런스가 좋지 않은 투수들은 매일 밸런스 운동을 해보자. 아마도 몇 달 후에는 공의 구위가 달라질 것이다.

http://mksports.co.kr/view/2017/293240/

6. 대표팀 최고령 임창용의 강속구에 담긴 비결(2017.02.26)

야구선수에게 있어서 야구를 할 때 가장 중요한 목표는 무엇일까? 다들 여러 가지 목표가 있겠지만 가장 크고 누구나 하고 싶은 목표는 오랫동안 유니폼을 입고 선수로 활동하는 것이 아닐까 생각한다. 지금 WBC 대표팀에 소집되어 있는 선수들 중 임창용은 한국 나이로 42세로 최고령 선수다. 한국 야구 대표팀 역사상 최고령 선수인 것이 분명하다. 조금 빠른 감이 있지만, 40대 이른 나이에 프로야구 감독이 되는 야구인들과 거의 비슷한 나이대다.

2016 시즌 7월 친정팀 KIA에 복귀한 임창용은 149km의 구속을 기록했다. 불혹을 넘긴 나이에 본인의 최고 구속에 가까운 공을 던지는 선수는 한국에서는 거의 없었던 것 같다. 한국의 많은 투수들은 나이가 들게 되면 구속이 떨어지면서 기교파로 변하는 경우가 많았다. 하지만 임창용은 자신의 최고 구속을 던질 수 있는 최초의 베테랑 투수라고 생각한다. 메이저리그의 경우 40세를 넘긴 투수가 강속구로 상대 타자를 압도하는 모습을 보면 항상 부러웠다.

트레이너의 시각으로 바라봐서인지 강속구를 가지고 있다는 것은 크게 두 가지 의미가 있다. 첫 번째는 부상과 수술에 대한 재활 트레이닝의 관리가 잘 이루어졌다는 것이고, 두 번째는 몸의 파워가 떨어지지 않게 트레이닝을 잘 해서 체력적 약점을 잘 극복하고 있다는 것이다.

WBC 대표팀에서 투수를 전담으로 관리하고 트레이닝시키는 조대현 트레이너는 임창용의 몸을 다음과 같이 평가했다. 어린 선수들과 비교해도 뒤지지 않을 특유의 유연성을 기반으로 코어를 활용하는 능력이 뛰어나며, 트레이닝할 때에도 회전 동작에서 자신의 몸을 잘 유지하고 힘을 발휘하는 신체적 능력이 아직까지 강속구를 유지하고 있는 비결이라고 이야기했다. 현재 특별한 부상이 없고, 신체적

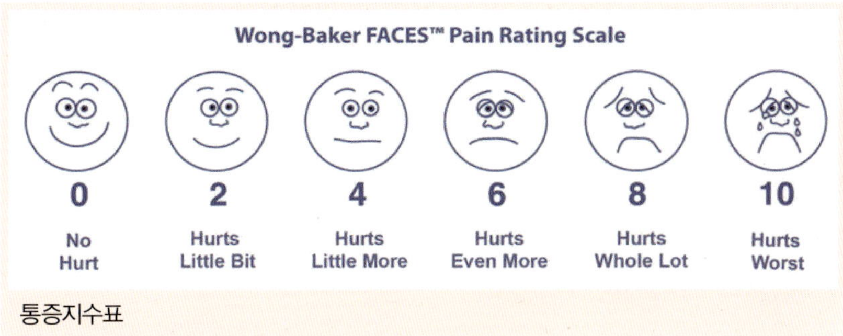

그림 2-21 통증 정도를 객관적으로 파악하는 자료(VAS)

능력이 매우 우수한 상태이므로 앞으로도 좋은 구위를 몇 년간은 더 유지할 수 있을 것이라는 예측도 했다.

임창용의 몸 관리 노하우를 들어보기 위해서 직접 몇 가지 질문을 해보았다. 선수들이 시즌이 시작되는 스프링 캠프에서 공을 던지기 시작하면 몸 이곳저곳이 불편하고 통증이 생기는 것이 일반적이다. 대다수의 다른 선수들도 비슷하지만, 그 불편함과 통증에 대해 생각하는 자세가 어린 선수들과 조금 달랐다. 아직 경험이 많지 않은 선수들은 힘으로 돌파하거나 통증이 발생되면 겁을 먹는 경우가 일반적이었다. 하지만 임창용은 "동계에 공을 던지지 않고 휴식을 취한 후 다시 던지게 될 때 불편한 곳이 생기면 그곳의 관리가 필요하다는 사인(sign)이라고 생각하고, 적극적으로 기술적인 부분과 체력적인 부분을 포함한 관리를 한다"라고 말했다. 통증 및 불편함에 대한 적극적인 생각과 몸만들기가 현재 강속구를 가진 임창용 선수를 만든 또 하나의 노하우가 아닌가 싶다. "강한 자만이 살아남는 것이 아니라 살아남는 자가 강한 자"다 말이 이럴 때 사용하는 것 아닌가 싶다. 예전의 다른 베테랑들과는 달리 단순하게 살아남은 것이 아니라 강속구를 가진 상태에서 마운드를 지키는 임창용을 보면 투수의 몸 관리는 이렇게 하는 것이라고 직접 몸으로 보여주는 베테랑이라 할 수 있다. 강속구를 가진 임창용을 계속해서 야구장에서 보기를 희망하고 응원한다.

http://mksports.co.kr/view/2017/134236/

7. WBC 대표팀 새로운 피…임창민의 자기 관리 (2017.02.23)

NC 다이노스에서 2016년 처음으로 풀 시즌 마무리 투수를 맡았던 임창민이 WBC 대표팀에 뒤늦게 합류했다. 미국 애리조나 투산 캠프에서 대표팀 합류 소식을 듣고 LA를 거쳐 한국에 들어온 후 다시 이곳 오키나와에 21일에 들어왔다. 긴 여정에 피곤할 법도 한데 임창민은 21일 정상적인 훈련 일정을 다 소화했다. 임창민이 저녁식사 후 대표팀 숙소에 있는 웨이트 트레이닝장에 개인 운동을 하기 위해 들어오는데 트레이너처럼 가방에 트레이닝용품을 잔뜩 들고 들어왔다. 일반적인 선수들의 모습과는 사뭇 다른 느낌에 다소 의아함이 생겼다.

임창민은 2013년부터 NC에서 뛰면서부터 조금씩 두각을 보이더니, 2015년부터는 NC의 뒷문을 책임지는 마무리 투수로 자리매김하게 되었다. 마무리 투수로 자리 잡는 데 있어 어떠한 노하우가 있는지 한번 이야기를 나누어 봤다. 우선 처음 꺼낸 말은 자신의 몸에 맞는 트레이닝을 찾는 것이 매우 힘든 일이라는 점이었다. 자신에게 맞는 트레이닝을 찾는 노력을 한지 3~4년 정도 되었는데 이제야 찾은 것 같다는 이야기를 했다. 야구의 기술도 자기 것으로 정립을 하기 어렵지만, 트레이닝 역시 자신의 약점을 메워주고, 강점을 부각시켜 줄 수 있는 트레이닝을 찾는 것이 매우 어렵다고 했다. 이날 임창민은 자신의 태블릿 PC에 본인의 운동 프로그램을 팀 트레이너에게 받아 오고, 트레이닝 소도구도 챙겨서 가져오는 자신만의 운동을 하였다. 이처럼 자신만의 운동을 방법을 확립한 결과 지금의 임창민을 만들지 않았나 생각이 들었다.

야구선수들은 일정하게 자신의 컨디션을 유지하기 위해 변화무쌍한 환경, 그라운드 상태, 상대 선수의 능력, 자신의 바이오리듬의 변화에 적응하기 위해서 스트레스를 받게 된다. 좋은 변화이든 나쁜 변화이든 사람은 모든 변화를 스트레스로 받아들이기 때문이다. 이런 정신적, 신체적 스트레스를 줄이기 위해서 자신만의 루틴을 가지는 것이 중요하다. 루틴에 의해 반복되는 자신만의 운동 프로그램이 위에 나열된 변화에 대한 스트레스를 줄여주는 데 큰 도움이 된다. 이런

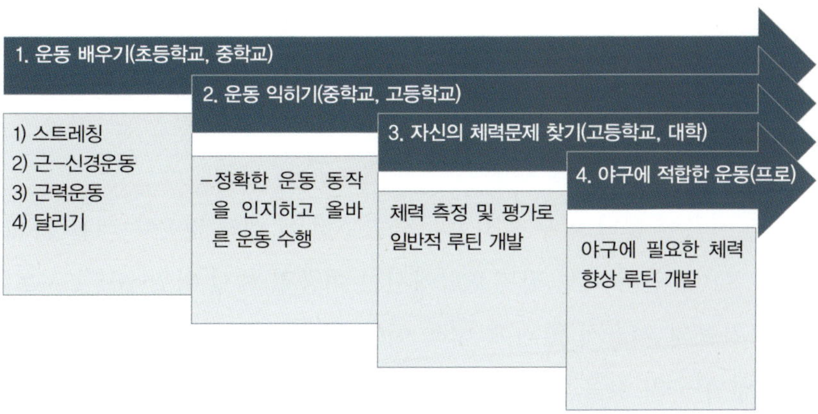

그림 2-22 루틴 프로그램 개발

변화의 중심을 잡아주는 가장 좋은 방법은 생활 습관, 영양섭취, 운동 습관들의 루틴을 통해서 신체적, 정신적 안정성을 가지는 것이 자신의 컨디션을 지키는 것이다.

프로팀에서 트레이너 생활을 할 때에도 특급 선수들의 특징은 좋은 방법이거나 좋지 않은 방법의 여부를 떠나서 자신만의 컨디션 관리 방법들을 가지고 있었다. 하지만 팀에서 자리를 잡지 못하는 선수들의 특징은 다른 선수를 따라 하다가 야구를 그만두는 경우들이 많았다. 처음에는 다른 선수를 따라 배우지만 결국은 자신의 방법을 찾아내는 것이 필수적이라는 말이다.

따라서 야구선수들에게 자신의 루틴을 만드는 것은 매우 중요하다. 기술의 루틴, 정신적 안정을 찾는 루틴, 신체적 안정을 찾는 루틴, 스트레스를 줄여주는 자신만의 방법들을 찾는 것이 진정한 프로선수가 되는 첫걸음이 아닐까 생각된다.

http://mksports.co.kr/view/2017/127490/

8. '타고투저' 시대, 더 섬세하게 다듬어야 할 투수 트레이닝(2016.12.29)

2016 시즌이 끝난 이후 KBO의 '타고투저'에 대해 많은 논의를 듣게 된다. KBO 윈터 미팅 발전포럼에서는 이종열 해설 위원(SBS 스포츠)이 타자들의 기술적 발전에 대해 이야기했고, 동신대 임승길 교수는 유소년 투수의 잦은 부상은 어릴 때 많이 던진 변화구가 그 원인이라는 발표도 했다. 공과 배트의 반발력 증가나 관중석이 가까워지면서

SLR M.B Throw 준비자세

SLR M.B Throw 준비자세

그림 2-23 투수 코어 강화 트레이닝

파울지역이 줄어든 문제, 스트라이크존의 영향과 같은 외부요인을 꼽는 사람들도 많은 것 같다. 그러나 이런 외부요인을 제외하고 투수와 타자의 문제로 들여다보는 경우, 일부 전문가들은 "타고투저 현상이 일정 부분은 맞지만 그냥 일시적인 일"이라고도 하고, 또 다른 전문가들은 투수들의 질적 저하를 크게 걱정하기도 한다. 여기서는 투수의 부상과 체력적 문제로 접근해서 이야기해보고 싶다.

투수는 야구선수들 중 특히 예민한 성격의 포지션이다. 그래서인지 미국에서는 투수를 '외계인'이라고 부르기도 하는데 예민한 것이 꼭 나쁘냐고 하면 그렇지 않다. 직업 자체가 예민하기 때문에 예민함은 좋은 투수의 기본 자질이라고도 할 수 있다. 투수는 다양한 구질을 손끝의 감각을 이용해서 조절하는 섬세한 기능을 필요로 하기 때문이다. 따라서 투수를 트레이닝시킬 때 집중해야 할 부분은 선수 자신이 가지고 있는 밸런스와 감각을 향상시키는 것이다.

2016 파워 트레이닝이나 기능적 트레이닝이 많은 인기를 얻어

야구 트레이너와 선수, 구단 관계자들에게 관심을 끌고 있다. 하지만 모든 것이 이렇게 간단하지만은 않다. 음악가의 예를 들면, 피아니스트가 연주를 하기 전 피아노 음을 조율하는 방법은 매우 섬세하지만, 큰 북에서의 음의 조율은 상대적으로 간단하게 진행될 것이다. 야구에서도 투수는 피아노의 조율과 비슷하고 야수는 큰 북의 조율처럼 조금은 둔탁한 방법으로 운동이 진행된다. 따라서 팀에서 모든 선수의 트레이닝을 야수처럼만 진행한다면 해당 팀의 투수들은 본인의 포지션에 맞지 않는 트레이닝을 지속적으로 하게 되는 결과를 갖게 된다. 따라서 팀의 트레이닝 방법을 최소한 투수와 야수로 구분해야 하며, 특히 투수는 예민한 포지션이므로 관리법 역시 예민하고 정교한 스타일이 필요하다.

이제 비시즌이 약 두 달 정도 남았다. 남은 두 달의 선수 관리 및 트레이닝이 2017년 한 해 성적을 결정하는 데 매우 중요하다. 투수에게는 파워도 중요하지만 그 이전에 몸의 각 관절의 건강과 협응력, 그리고 전체의 조화로움을 만드는 섬세한 트레이닝이 필요하다.

KBO는 벌써 3년째 투타의 힘의 밸런스가 무너져 있다. 투수들의 경기력 저하를 걱정하면서 미래의 프로야구 자원에도 관심을 기울여야 할 것 같다. KBO와 프로구단들이 아마추어 팀들에게 양질의 트레이닝 및 재활 노하우를 전해주면 유소년 선수들이 건강하게 야구를 할 수 있는 기반을 만들어 투수와 타자의 고른 성장에도 도움이 될 수 있을 것이다.

http://mksports.co.kr/view/2016/899023/

9. 투수들의 '가을야구', "유연성을 잡아라!"(2016.10.01)

2016 시즌 페넌트레이스도 이제 얼마 남지 않았다. 10월 둘째 주부터 프로야구는 포스트시즌에 돌입해 살아남은 팀들이 '가을걷이'에 나서게 된다. 이들 팀들은 단기전의 성패를 좌우하는 선수들의 컨디션 향상과 경미한 부상 회복에 집중할 것이다. 트레이너 파트에서 투수들의 컨디션 향상을 위해서 과연 어떤 준비가 필요할까.

투수에게 있어 컨디셔닝의 가장 중요한 부분은 어깨와 팔꿈치의 부상을 예방하는 것이다. 투구 자체가 어깨와 팔꿈치에 엄청난 스트레스를 주기 때문에 단기간에 피로를 줄여 줄 수 있는 방법을 찾아내는 것은 최고의 트레이너가 해야 할 일이 아닐까 생각된다. 약 6개월의 대장정을 달려온 선수들에게 피로 누적은 어쩌면 당연한 결과고 사실 이 피로는 휴식 이외에는 말끔히 해소할 방법이 없다. 하지만 포스트시즌에 진출한 선수들에게는 휴식 이외의 방법이 필요하다. 이를 모색해 알려준다면 경기력 향상을 위해 큰 도움이 될 것이다.

투수들의 어깨, 팔꿈치 회복을 돕기 위한 방법 중 가장 간단한 방법은 근육의 길이를 원래의 상태로 돌려놓는 스트레칭이다. 투구 후에는 근육의 길이가 짧아지기 때문에 시즌 막바지인 지금 선수들의 몸 상태는 뻐근함을 달고 사는 느낌일 것이다. 이런 뻐근한 몸에 근력 트레이닝을 하는 것은 결코 도움이 되지 않는다. 만약 꼭 근력 트레이닝을 해야 한다면 본인이 들 수 있는 무게의 50% 이하로 가볍게 트레이닝을 하는 게 좋다.

투구 후에는 속도를 감속시키는 기능을 하는 어깨의 뒤쪽과 겨드랑이 쪽의 경직이 많이 발생한다. 이러한 이유로 어깨의 충돌 증후군

어깨 후방 이완

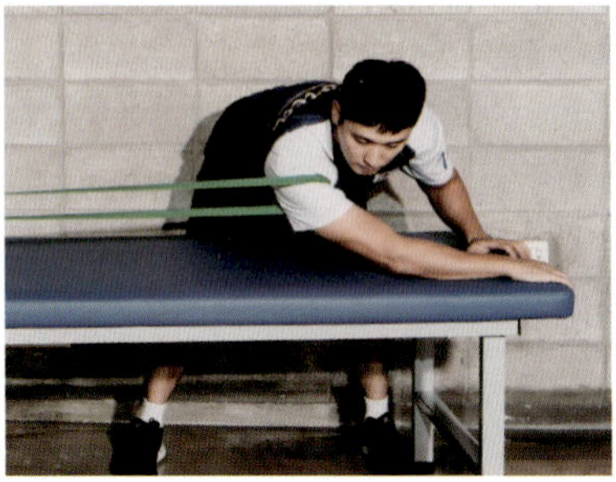

어깨 후방 스트레칭(H-add)

그림 2-24 어깨 후방 이완

어깨 하방 이완

어깨 하방 스트레칭(H-add)

그림 2-25 어깨 하방 이완

고관절 후방 이완　　　　　　고관절 후방 스트레칭(이상근)

그림 2-26 고관절 이완

이 생기기도 한다. 팔꿈치에서는 손목의 굴곡근의 전완 부위에서 경직이 증가하게 되어 손목의 유연성이 떨어지면서 투구 동작에서 손목이 딱딱해지는 현상이 나타나기도 한다. 근력 운동의 효과는 하루만에 나타나지 않지만 유연성은 하루만 해도 증가되기 때문에 단시간에 효과적인 방법은 유연성의 회복운동이다. 따라서 단기간의 승부에서 경기력을 향상시키기에는 근력 트레이닝을 통한 방법보다는 유연성 트레이닝을 통해 몸의 회복력을 증가시키는 것이 더욱 효과적일 듯하다.

특히 어린 선수들이 포스트시즌 중 좋은 성적을 내고 싶은 욕심에 평소 하지 않던 근력 트레이닝을 무리하게 하거나 갑작스럽게 운동 강도를 증가시키면 몸의 피로를 유발하면서 오히려 경기력이 떨어지는 원인이 될 수 있으니 조심해야 한다. 누구나 무엇을 잘하려고 하면 오히려 역효과가 일어나 잘되지 않았던 경험이 있을 것이다. 포스트시즌이라는 특별한 이벤트를 특별하지 않게 느껴야 경기력이 증가될 수 있다. 신체의 바이오리듬을 그저 정규 시즌 중의 한 경기처럼 편안하게 준비하는 것이 포스트시즌에서 제 실력을 맘껏 발휘할 수 있는 방법이라고 생각된다.

프로 선수들은 팀에 전문 트레이너들이 있기 때문에 늘 적절한 조언을 받을 수 있지만, 트레이너가 없는 아마추어 팀 선수들은 특별한 경기를 앞두고도 효과적인 트레이닝 요령을 스스로 실천하기 쉽지 않다. 단기 승부에 필요한 것은 유연성 향상을 통해 회복력을 증가시켜주는 것이고, 장기 시즌 중이라면 근력, 근지구력, 유연성, 심폐지구력, 밸런스 운동을 적절하게 하는 것이 중요하다는 핵심을 기억하면 도움이 될 것 같다.

http://mksports.co.kr/view/2016/687819/

10. 정재훈이 스스로 지켜낸 생명력, '루틴'의 힘 (2016.06.03)

2003년 두산에 입단했으니 벌써 프로 14년차, 오랫동안 꾸준한 활약을 펼쳐온 투수 정재훈(36)은 그만큼 자기 관리가 확실한 선수였다.

내가 정재훈 선수를 만난 건 두산과 FA 계약 첫해였던 2012년, 어깨 부상으로 정상적인 경기를 하지 못하는 어려운 상황일 때였다. 그에 대한 첫인상은 아담한 몸집이었다. 생각보다 키도, 덩치도 크지 않았다. 하지만 야구에 대한 고민과 생각을 많이 하는 선수였다. 자신의 몸을 잘 알고 이를 이용해 운동을 하고 있다는 느낌이었다. 이런 능력이 작은 신체 조건을 극복하고 좋은 프로 투수가 된 밑바탕이 아닌가 하는 생각이 들었다.

꾸준한 활약이 돋보이는 14년차 투수 정재훈의 비결은
자신만의 '루틴'을 갖고 있는 훈련법과 자기 관리다.

그림 2-27 정재훈 선수 균형능력

이번 칼럼에서는 '루틴'을 중시하는 선수들의 훈련 방법에 대해 이야기하고자 한다. 많은 사람들이 안타까워하는 한국의 전통적인 학교교육과 스포츠의 공통점은 '주입식 교육'이다. 선수들은 처음 운동을 배울 때부터 주입식 훈련을 하다 보니 훈련에 대한 고민을 하지 않고 그때그때 그냥 시키는 대로 훈련하는 것이 몸에 익어 있다. 사람의 생김새가 다르듯 몸도 다르기 때문에 선수 각자에 맞는 훈련 방법을 찾아주는 것이 코치 및 트레이너의 역할이지만, 아직까지는 주입식 운동 지도에 의해 익숙한 지도자와 선수들이 많다. 그래서 선수들 개인이 야구 또는 운동에 대한 고민을 충분히 하지 않고 자신에 맞는 훈련 방법을 만들지 못하는 경우가 대부분이다.

자신에게 맞는 일정한 훈련 방법이 중요한 이유는 규칙적인 식습관이 건강에 좋은 것과 같다. 일정한 시간에 식사를 하다 보면 몸에 리듬이 생겨 항상 같은 시간에 배가 고파지고, 내가 편안하게 먹던 음식을 먹으면 위에 부담 없이 소화가 된다. 운동 역시 운동시간, 강도, 종류를 개인의 신체적 특성, 당일의 컨디션에 맞게 조절하는 것이 기술 훈련을 하기 위한 기본적인 방법이다.

LG 트레이너 시절 지켜보았던 투수들 중 자기 루틴을 갖고 있던 선수로는 김용수, 이상훈, 류택현, 최원호 등이 떠오른다. 모두 화려한 전성기를 누렸던 투수들이지만, 선수 생활을 길게 했다는 공통점도 있다. 선수가 훈련의 루틴을 갖고 있다면 변화하는 외부환경 속에서 중심을 잡고 일관된 생활을 할 수 있는 힘이 되어줄 것이다. 한국 프로팀의 훈련 상황에서는 힘들 수도 있겠지만, 자신만의 루틴을 만들기 위한 고민과 노력은 선수들 스스로 계속해야 한다는 생각이다.

2012년 같이 운동해본 경험을 떠올리면 정재훈의 강점으로 흔들리지 않는 멘탈을 꼽고 싶다. 흔히 선수들이 운동을 할 때 감정이 상하게 되면 그 스트레스로 인해 본인이 해야 할 것들을 놓아 버리는 경우가 많다. 그러나 정재훈은 어떤 힘든 문제가 발생해도 자신이 해야 할 운동과 루틴을 놓지 않았다.

2015년 롯데에서 성적을 내지 못하고 어려운 상황에 처했을 때도 정재훈은 자신만의 루틴을 지키며 신체적, 정신적으로 준비를 계속했을 것이다. 그 결과가 올해, 선두 두산의 불펜에서 제2의 전성기를 맞고 있는 힘이 되어준 것이라고 생각한다. 부상과 부진, 어려운 시간들을 견뎌내고 다시 부활하고 있는 정재훈의 멋진 선수 생활을 응원하면서 그의 길고 성실한 선수 생활이 후배들에게 귀감이 되어 더 많은 선수들이 스스로를 위한 '최선'을 찾아내기를 기대해본다.

http://mksports.co.kr/view/2016/399368/

11. 강하게 던지고 싶다면 하체 밸런스 트레이닝이 필수(2018.03.14)

이제 2018 시즌 KBO 리그 시범경기가 시작됐다. 최원호 SBS 스포츠 해설 위원은 올해 프로야구 판도를 1강 6중 3약이라고 하는 등 중간 순위 싸움이 매우 치열할 것으로 예상된다.

야구는 투수 놀음이라는 말이 있듯, 투수를 어떻게 관리하는지가 성적에 지대한 영향을 미치게 된다. 투수의 경기력에 영향을 미치는 것 중 밸런스는 그 첫 번째 요소다. 필자는 이번 글을 통해 투수의 하체 밸런스를 형성에 최적인 트레이닝을 소개하려고 한다. 투수의 구위에 큰 영향을 주고 부상에 영향을 미치는 것이 하체 밸런스다. 하체 밸런스를 잡기 위해 많은 투구를 하는 것이 좋기는 하지만, 많이 던지게 되면 어깨와 팔꿈치 부담이 커져 부상의 위험이 높아지기 때문에 최선의 방법은 아니다.

그럼 던지지 않고 더 나은 효과를 볼 수 있는 방법은 무엇이 있을까? 투구와 비슷한 동작의 트레이닝을 통해 최적의 밸런스를 만드는 운동은 구체적으로 어떠한 것들이 있을까.

투구 동작을 살펴보면 우측 발바닥에서 시작한 힘의 흐름이 골반

사이드 런지 준비자세　　사이드 런지 종료자세

그림 2-28 사이드 런지 운동

을 지나 좌측 발로 이동할 때 코어의 안정성이 필요하며, 이때 우측 어깨와 팔꿈치를 통해 손끝으로 공이 떠나게 된다. 우측 발은 힘을 모아 속도를 만들어 내고 그 힘을 좌측 하체로 강하게 전달하는 역할을 한다. 이 동작에 도움이 되는 트레이닝은 스텝업과 사이드 런지 동작으로 균형을 잡은 상태에서 가속도를 붙일 수 있게 하는 도움을 준다. 스텝업 동작은 좌측 무릎을 들어 올리는 동작에서 우측 발바닥의 압력이 줄어들지 않게 확인하는 것이 필요하며, 골반이 위아래로 움직이지 않도록 거울을 보고 연습하는 것이 좋다. 또한 사이드 런지는 좌측으로 체중을 이동할 때 무릎이 안쪽으로 힘이 들어가게 해야 투구하는 방향 쪽으로 힘이 잘 전달된다.

우완 투수의 경우 투구 후 좌측 다리는 손에서 공이 떠날 때까지 안정적으로 균형을 잡아주는 역할을 해야 한다. 만약 좌측 다리에서 균형을 잡는 능력이 약하다면 공에 힘 전달이 용이하지 않아 투수가 가지고 있는 힘을 정상적으로 전달하지 못하게 된다. 그러므로 한발로 균형을 잡는 동작인 한발 데드리프트(single lef dead lift), 바운스(bouncing), 호핑(hopping), 런지 회전(lunge rotation) 동작을 통해 트레이닝을 하는 것이 밸런스를 잡는 데 도움이 된다. 물론 빠르게 동작을 만드는 것이 아니라 동작을 한차례 한 뒤 완전하게 몸을 움직이지 않게 안정적으로 동작을 마무리하는 게 주의할 점이다.

자신의 체중이나 가벼운 무게를 들고 밸런스 운동 동작이 잘되지 않는다면, 투구 중 강한 추진력은 내는 것은 불가능하며, 또한 좌측 발의 안정성도 보장할 수 없어 공의 위력은 떨어지게 된다. 만약 밸런스가 좋지 않음에도 불구하고 강하고 좋은 공을 던지고 있다면 어깨와 팔꿈치에 많은 부담을 주게 되고, 시즌이 지날수록 부상의 위험이 높아진다. 강하고 좋은 제구력을 만들고 싶다면 필자가 소개한 운동은 선택이 아닌 필수가 되어야 한다.

http://mksports.co.kr/view/2018/164976/

12. 안전하고 · 강하게 던지기, 몸통회전 운동에 달렸다(2018.02.07)

야구에서 중요한 기술 훈련 중 하나는 아마도 투구(投球: 공 던지기)일 것이다.

이 기술은 몸 전체를 이용한 회전운동의 결과물들이다. 투구가 어려운 것은 몸의 움직이는 타이밍을 발바닥부터 손까지 각각의 관절을 정확하게 순서에 맞게 움직여야 하기 때문이다. 회전 동작을 어떻게 하면 부드러우면서 강력한 파워를 낼 수 있을까. 구체적으로 알아보자.

그림 2-29 투수 고관절 몸통 회전 운동

야구라는 스포츠는 지면을 딛고 하는 운동으로 그라운드 컨택(발바닥으로 지면을 때리는 동작)을 얼마나 잘 하는지가 중요하다. 지면에서 올라오는 반발력을 이용하여 몸에 파워를 만들어 내기 때문이다.

투구는 어렵고 힘든 동작이다. 다른 동작에 비해 어려운 것은 직선의 움직임을 회전으로 변화시켜야 하기 때문이다. 관절 각각의 움직임이 순서대로 회전해야 하며, 적절하게 필요한 양만을 회전해야 정확한 동작을 만들어 낸다.

회전 운동 프로그램을 설계할 때 몇 가지 신경 써야 하는 것들이 있다. 첫 번째 운동의 자세다. 운동의 강도와 난이도를 구분할 때 사용하는 방법인데 바로 ▲누운 자세에서의 운동 → ▲네발기기 자세에서의 운동 → ▲무릎 꿇은 자세에서의 운동 → ▲선 자세에서의 운동 → ▲서서 움직이면서 하는 운동으로 진행된다. 두 번째는 운동의 속도다. 처음 배우는 운동일수록 천천히 자세를 익히는 데 집중하며, 동작의 정확성이 높아지면 자연적으로 동작이 빨라지게 된다. 마지막으로 중량을 드는 트레이닝에서는 자신이 정확한 동작을 유지하면서 회전을 할 수 있는 무게를 선택해야 한다.

위의 운동을 진행함에 있어 가장 중요한 것은 정확한 동작으로 운동을 수행하는 것이다. 투구의 동작은 매우 정교한 동작으로 이루어져 있는데 운동의 동작을 정확하게 하지 않는다는 것은 기술에 악영향을 줄 수 있기 때문에 주의해야 한다.

위의 동영상에서 핵심은 회전 중 머리에서 꼬리뼈까지의 수직축이 무너지지 않게 해서 회전을 유지하는 것이다. 만약에 회전축이 무너지게 되면 축이 2개 이상이 생겨 회전의 속도가 줄어들거나, 회전의 정확성이 줄어들게 되어 좋은 투구 동작을 만들어 내는 것이 불가능해진다. 운동 중 회전을 할 때 손 또는 어깨로 회전하는 것이 아니라 갈비뼈를 이용하여 척추뼈를 회전시키고, 손은 몸통에 의해서 회전을 하는 느낌을 운동을 하면 회전력이 좋아질 것이다. 좋은 회전력을 만들어 투구의 퍼포먼스를 향상시켜 보자.

http://mksports.co.kr/view/2018/87199/

13. 류제국처럼! 완벽한 '체중이동' 만들기(2017.05.09)

LG트윈스 우완 류제국(34)은 2017년 5월 승률이 매우 좋은 투수다. 예전에 비해 구속은 조금 느려졌지만 공의 위력은 매우 좋아서 2017년 5월 다승 공동 1위(6승)로 무서운 페이스를 보이고 있다. 그렇다면 어떤 면이 류제국의 구위를 만들어 냈을까.

앞서 NC다이노스 제프 맨십편('다승 1위' NC 맨쉽의 스트라이드 밸런스 배우기)에서 설명한 와인드업(스텝업)-스트라이드(사이드 런지)-좌측 다리로의 체중이동 동작으로 봤을 때, 최원호 SBS 스포츠 해설 위원의 평가에 따르면 류제국은 거의 완벽에 가까운 모습이다. 그렇다면 이런 동작을 만들기 위한 트레이닝은 어떤 것이 있는지 알아보자.

이전에 설명한 스트라이드(사이드 런지) 동작은 우완 투수의 경우 체중을 좌측 발 쪽으로 중심을 이동하면서 회전을 하는 트레이닝이다. 몸통이 우측 발과 좌측 발의 중간에서 회전을 할 때 그 속도는 느리다. 어떤 스포츠든 회전은 두 다리를 동시에 사용하는 경우는 거의 없다. 한쪽 다리를 이용하여 회전을 하는 것이 속도를 빠르게 만들기 때문이다. 피겨 김연아의 회전을 자세히 살펴보면 그 이유를 알 수 있을 것 같다. 점프 직전에 한쪽 발을 축으로 트리플 악셀을 한다.

그렇다면 이런 동작을 트레이닝을 통해 어떻게 만들어 낼 수 있을까? 반복적인 연습을 통해서 투구 중 본인이 원하는 동작을 자연스럽게 나오게 만드는 것이 최상의 연습 방법이다. 사이드 런지 동작에서

준비자세 종료자세

그림 2-30 투수 체중이동 운동

전방 런지로 회전을 할 때 주의할 점은 좌측 무릎에 체중의 80% 정도가 이동되면서 회전을 해야 되는데 우측 발에 체중이 많이 실리게 되면 포수 방향으로의 체중이동이 안되게 된다. 또 하나의 주의 사항은 엄지발가락의 바닥이 지면을 닿고 있는 것이 아니라, 엄지발가락의 발톱 쪽으로 지면에 대고 있는 동작이 가장 이상적이라고 할 수 있다. 위에 류제국의 우측 발을 자세히 보면 알 수 있다.

앞의 사진처럼 좌측 다리로 체중을 이동하면서 회전하는 동작을 트레이닝할 때 가장 좋은 도구는 탄력 밴드다. 우측 손에 탄력 밴드를 잡고 좌측 발로 체중을 이동하면서 손을 포수 방향으로 뻗어주는 동작을 몸통의 회전과 동시에 한다. 또 한 가지 주의할 점은 이동과 회전을 하는 순간 체중이 위쪽으로 올라가지 않게 유지를 해야 하체에서 힘이 빠지지 않고 파워를 만들어 낼 수 있다. 이런 식으로 트레이닝을 하게 되면 체중이동과 회전이 동시에 이루어지게 되면서, 좌측 고관절의 유연성과 안정성이 동시에 만들어져, 류제국처럼 좋은 체중이동을 할 수 있을 것이다.

운동을 몇 번을 했느냐가 중요한 것이 아니라 얼마나 올바른 방법으로 운동을 했느냐가 중요하다. 매일 10개~20개씩 3번에서 5번씩 반복해 보자 투구하는 공에 힘이 실리게 될 것이다.

http://mksports.co.kr/view/2017/308654/

14. '완벽피칭' 양현종의 외발서기 따라잡기(2017.05.15)

2017 시즌 KIA 타이거즈의 약진이 두드러진다. 2위와는 1.5경기 차

이로 선두를 질주하며 시즌 전반기를 보내고 있다. 이렇게 안정적인 레이스를 만들어 가는 중요한 요인 중 하나로 아마도 에이스 양현종(29)의 호투도 한몫했을 것이다. 현재 양현종은 KBO 리그 최고의 투수다. 7승 무패로 다승 1위 달리고 있다. 양현종의 좋은 투구를 살펴보고 어떻게 이런 결과를 만들었는지 살펴보기로 하자.

SBS 스포츠 최원호 해설 위원은 "투수의 투구 마지막 단계는 팔로우 동작으로 좌완 투수의 경우 우측 발로 체중을 지지하고 몸통은 회전을 완전하게 하는 게 가장 좋다"라고 말한다. 투구 밸런스가 좋지 못할 때 좌완투수의 경우 우측 발에 체중 지지가 안정적으로 되지 않아서 우측 발 바깥쪽으로 체중이 넘어가 중심을 잡지 못하는 경우가 많다.

이렇게 중심이 무너지는 선수들의 특징은 우선 고관절의 유연성이 좋지 않거나 엉덩이 허벅지 근력이 약하여 자신의 체중을 지지하기 힘든 경우가 많다. 마지막 팔로우 동작에서 밸런스가 좋지 않은 선수들에게 좋은 트레이닝 방법으로는 한발 점프(hopping)와 한발 데드 리프트(inverted hamstring) 동작이 매우 좋다. 양현종의 경우 일

준비자세 종료자세

그림 2-31 투수 한발 중심잡기 운동

반적인 투수들에 비해 키가 크지는 않지만, 밸런스와 안정성이 좋다. 필자가 보기에 최근 뛰어난 투구를 하고 있는 이유는 좋은 착지 밸런스다.

안정적인 착지를 위해서는 좌완 투수의 경우 우측 발로 점프를 해서 우측 발로 착지를 하는 연습을 한다. 거리는 착지 후 약 3~5초를 유지할 수 있을 정도로 본인이 선택을 해서 조금씩 늘려가는 것이 좋다. 여기서 가장 중요한 것은 멀리 뛰는 것이 아니라 착지 후 내 몸을 최대한 빠르게 균형을 잡아 3~5초를 멈추고 중심을 잡는 것이다. 이런 연습이 잘되면, 한발 데드 리프트 운동으로 처음에는 자신의 체중을 이용해서 우측 한발로 지면을 지지하고 몸통으로 인사를 하듯이 몸을 지면 쪽으로 내리는 동시에 좌측 다리는 하늘 쪽으로 올려준다. 이때 몸통과 좌측 다리는 평행을 이루게 하는 것이 중요하다. 하늘 방향으로 올라가는 다리의 발가락 5개가 전부가 지면을 향하게 해야 한다. 만약 좌측 발의 발가락이 몸 바깥쪽으로 회전을 하게 되면 투구 동작에서도 좌측 고관절이 내측으로 회전을 하지 못하는 모습을 보이게 된다.

좌완 투수의 투구 동작에서 좌측 고관절 및 하체는 공의 속도와 회전 속도를 만들어 내는 가속 관절이며, 우측 고관절과 하체는 공의 안정성과 균형을 만들어 공의 컨트롤을 만들어 내는 관절이다. 우리의 신체를 잘 이용하기 위해서는 우리의 몸을 적절하게 잘 이용하는 트레이닝을 퍼포먼스 코치에게 잘 배우고 반복하는 것이 중요하다. 좋은 공을 던지는 연습을 하기 위해서 올바른 동작의 트레이닝을 하는 습관을 가지자.

http://mksports.co.kr/view/2017/322852/

15. '다승 1위' NC 맨쉽의 스트라이드 밸런스 배우기 (2017.05.04)

"자신의 몸을 컨트롤하지 못하면 볼을 컨트롤하는 것은 불가능하다."

투수들의 공 던지는 동작을 구간별로 보면 6단계(와인드업, 스트라이드, 팔 코킹, 팔 가속, 팔 감속, 팔로우드로) 정도로 구분을 한다. 필자는 5단계의 트레이닝을 통해 밸런스와 스피드, 파워를 향상시켜 경기력에 도움을 주는 트레이닝을 제공하려고 한다. 프로선수 및 아마추어 사회인 야구선수도 이 동작을 따라 하게 되면 분명 좋은 공을 던질 수 있을 것이다. 이번 주제는 스트라이드 동작과 유사한 사이드 런지 운동에서 밸런스를 유지하는 트레이닝이다.

스텝업(와인드업) 동작에서 올바른 동작이 만들어지고 난 뒤, 그다음에는 체중을 이동하는 동작으로 전환해야 한다. 포수 방향으로 체중을 이동할 때 우완 투수를 기준으로 봤을 때 밸런스를 유지해서 머리, 좌측 어깨, 엉덩이와 우측 무릎이 포수 방향으로 균형을 잡은 상

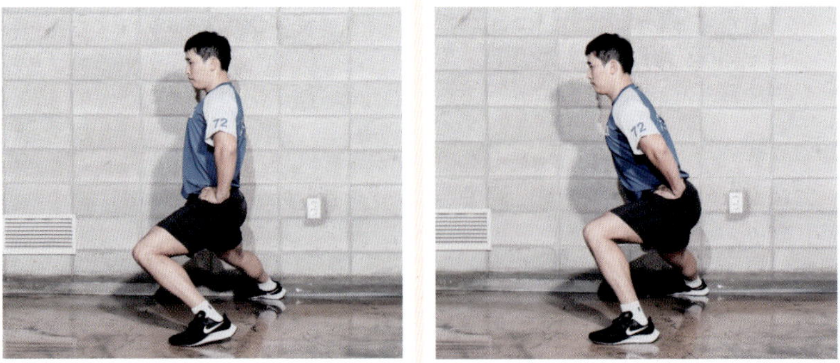

사이드 런지 나쁜 착지　　사이드 런지 좋은 착지

그림 2-32 투수 스트라이드 평가 운동

태에서 이동하는 것이 중요하다. 이 스트라이드 동작에서 투수들의 균형이 깨지는 것은 우측 무릎이 전방(엄지발가락 쪽)으로 이동되면서 균형을 잃어버리기 때문이다.

사이드 런지(스트라이드) 동작이 시작되는 순간 우완 투수의 경우 우측 발바닥의 엄지발가락과 뒤꿈치에 힘이 들어가야 체중이 포수 방향으로 균형 잡힌 상태에서 이동하게 된다. 엄지발가락에 체중이 많이 들어가게 되면 무릎이 앞쪽으로 이동하면서 밸런스가 깨지게 된다.

최원호 SBS 스포츠 해설 위원은 "NC 맨쉽의 투구 모습에서 볼 수 있는 것처럼 스트라이드 구간에서는 좌측 발뒤꿈치가 지면에 착지하면서 체중을 이동하는 것이 좋은 동작"이라고 한다. 착지가 끝나면 좌측 발에 체중이 약 70% 정도 압력이 실려야 정상적으로 좌측 다리에 체중이동이 가능하다. 사람의 발에서 속도를 내는 엑셀의 기능은 발가락이 하고 속도를 줄이는 기능은 뒤꿈치가 하기 때문이다. 우측 발로 속도를 만들었다면 좌측 발로 속도를 줄여야 안정적으로 공을 던질 수 있다.

운동을 잘하는 선수들의 특징을 보면 체중이동이 매우 좋다. 또한 리듬감이 매우 좋기 때문에 어떠한 박자나 어떠한 자세에서도 자신의 몸을 움직이면서 적절하게 체중을 이동하여 항상 몸을 잘 사용하는 위치를 잡는다. 퍼포먼스 코치들이 선수를 지도할 때 느린 속도로 운동을 지도하다가 동작이 잘 나오게 되면 속도를 빠르게 한다. 처음 운동에 익숙해지기 전까지는 느린 속도로 적응하고, 동작이 잘 나오게 되면 빠른 속도로 움직임을 만들어 가는 과정이 필요하다. 만약 동작이 잘되지 않는다면 천천히 운동을 시작하는 것이 좋다.

선수들이 운동을 할 때 체중이 적절히 이동하는 것을 생각하면서 운동을 하면 부드러워지면서 힘을 쓸 수 있는 동작들이 자연스럽게 만들어질 것이다.

http://mksports.co.kr/view/2017/299472/

3장

야수 경기력 향상을 위한 트레이닝

야구에서 야수는 가장 변화무쌍한 포지션 중에 하나다. 날아오는 공을 배트에 맞춰야 하고, 땅으로 굴러오는 공을 잡아야 하며, 움직이면서 목표물에 정확하게 투구를 해야 하는 등 움직임이 많은 포지션이다, 야수는 운동 신경, 러닝 스피드, 파워를 만드는 것이 중요한 요소 중 하나다. 선수의 포지션에 따라 조금씩 다르긴 하지만 일반적으로 1루수와 3루수 포수가 파워를 더 많이 필요로 하고, 2루수, 3루수, 중견수가 스피드가 뛰어난 선수들이 필요하다. 자신의 포지션에 따라 몸만들기도 조금씩 다르게 해야 한다.

1. 김현수, '가벼운 러닝'과 마음으로 복귀하기를 (2016.07.17)

한창 진가를 입증해내고 있던 볼티모어 오리올스의 김현수(28)가 2016.06.11(한국시간) LA 에인절스와의 홈경기에서 1회 첫 타석 땅볼 타구를 치고 1루로 전력 질주를 하던 도중 오른발목을 삐끗했다. 바로 수비에서 교체돼 팬들을 걱정스럽게 했는데 오른 햄스트링 염좌로 부상이 발표됐고, 후반기를 벤치에서 시작하는 안타까운 모습이다.

한국 야구에서도 햄스트링 부상은 이제 팬들에게 낯선 용어는 아닐 것 같다. 한국 선수들도 꽤 많이 겪는 부상이다. 하지만 익숙하게 들리는 것처럼 그렇게 간단한 부상은 아니다. 회복 후에도 재부상 확률이 매우 높은 위험한 부위이기 때문에 선수와 스태프의 세심한 관심이 필요하다.

야구 스타일로 보면 추신수(텍사스)와 다르게 김현수는 발이 빠른

나쁜 착지 좋은 착지

그림 2-33 올바른 달리기

편은 아니다. 일반적으로 야수의 경우 발이 빠른 선수들이 햄스트링 부상에 많이 노출되기 때문에 김현수의 햄스트링 부상은 의외라고도 볼 수 있다. 김현수의 부상 순간 장면을 보면 전신에 매우 강한 힘을 주고 달리는 듯한 느낌이 들었다. 혹시 메이저리그가 주는 압박감이 과욕을 불러일으켜 만든 부상은 아닌지 안타까운 생각이 들었다. 이번에는 우리가 일반적으로 알고 있는 햄스트링 부상의 신체적 원인을 배제하고 멘탈적인 부분에 대해서 이야기하려고 한다.

최대의 속력으로 달리는 동작에서 선수와 코칭스태프가 오해하기 쉬운 것이 있다. 흔히 몸에 힘이 들어가야 전력을 다했다고 착각하지만, 투구와 타격처럼 러닝 역시 힘을 뺀 상태에서 리듬감을 가지고 달리는 것이 오히려 속도를 증가시키고 부상을 방지하는 방법이다.

육상 100m 달리기에서 우사인 볼트의 뛰는 동작을 자세히 살펴보면 힘을 많이 주는 것 같지 않은 느낌이 있다. 사람의 몸은 본능에 가까워 힘을 주려고 하지 않아도 필요한 상황이 생기면 큰 힘을 발휘하게 만든다. 몸에 100% 힘을 주고 달리는 것과 80%의 힘을 주고 달리는 것을 막상 초 시계로 재보면, 80%의 힘을 주고 달렸을 때 기록이 더 좋게 나오는 경우가 많다. 그뿐만 아니라 부상의 위험도 많이 줄여준다.

김현수처럼 몸에 힘이 과하게 들어간 채 달리고 있는 선수들은 앞으로 힘을 빼고 리듬감을 가지고 달리는 훈련을 하는 것이 필요하다. 또한 프로 선수들이 정신적으로 스트레스를 받으면 근육이 산화되고 신경이 피로해지면서 부상의 위험이 높아진다는 연구도 있는데 과도한 경쟁 상태에 처한 선수들의 경우, 정신적 스트레스를 해소할 수 있는 긍정적인 취미 생활을 갖는 것도 도움이 되지 않을까 생각해본다.

추신수의 하지 부상 전이 패턴을 보면 알 수 있듯이 특히 햄스트링 부위는 재부상이 많이 발생하는 곳이다. 신체적, 정신적으로 최대 속력으로 뛰는 것에 대한 불안감이 없을 때 복귀하는 것이 향후 건강한 선수 생활을 하는 데 있어 매우 중요할 것이다. 빠르게 복귀해서 재부상에 대한 부담감을 갖고 경기를 하는 것은 팬들의 입장에서도 바라는 것이 아니다. 어차피 빠른 복귀라 해도 1~2주 정도의 기간을 앞당기는 의미일 것인데 남은 선수 생활에 있어 1~2주는 그렇게 중요한 부분은 아닌 것 같다.

건강한 김현수가 그라운드에 돌아왔을 때, 최대 속력으로 출발할 수 있고 방향 전환 등이 완전한 몸 상태이면서 머리에서 부상의 두려움이 깔끔하게 사라져 있기를 소망해본다.

http://mksports.co.kr/view/2016/510953/

2. 타자들에게 필요한 시간, '4초'(2016.03.25)

이제 다음 주말이면 기다리던 2016 시즌의 개막이다. 이맘때쯤 모든 선수들과 스태프들의 바람 중에 빠지지 않는 한 가지. 아무쪼록 좋은 컨디션과 파워를 유지하면서 성공적인 한 시즌을 보낼 수 있기를 소망하고 있을 것이다.

파워를 유지하는 것은 야구의 기술 수행에 있어 매우 중요하다. 타자의 배팅과 달리기, 투수들의 던지기는 모두 파워가 필요한 기술들이다. 이러한 파워를 어떻게 하면 최대한 향상시키고 안정적으로 유지할 수 있는가가 선수들의 숙제다.

두꺼운 밴드를 이용한 가속동작

두꺼운 밴드를 이용한 가속동작

그림 2-34 출발력 향상 달리기

타석에서 타격을 하고 베이스까지 달리는 시간은 얼마나 될까. MLB의 조사 자료에 따르면 보통의 타자가 타석(홈)에서 1루까지 달리는데 걸리는 시간은 약 4.2초. 1루에서 3루까지는 6.8초, 타석(홈)에서 3루까지는 11초, 타석(홈)에서 모든 베이스를 거쳐 홈까지 돌아오는 데는 약 15초가 걸린다고 한다. 이 가운데 타자들에게 가장 중요한 달리기는 역시 타석(홈)에서 1루까지의 베이스러닝이고 4초 안팎이 걸린다.

2015시즌 KBO 타자들이 때려낸 13,804개의 안타 가운데 단타(1루타)는 9,609개로 약 70%를 차지하고 있다. 2,482개의 2루타는 18%, 1,511개의 홈런은 11%의 점유율이다. 3루타는 202개에 그쳐 전체 안타 중 차지하는 비율이 1%에 그친다. 결국 안타를 쳤을 때 열 번 중 일곱 번은 1루까지의 달리기가 필요하다. 즉 야수의 달리기 능력 중 가장 중요한 것은 1루까지 빠르게 달리는 능력이고, 승부의 시간은 4초 전후인 셈이다.

트레이너들이 많이 공부하는 운동생리학적 관점에서 보면 인체의 에너지 시스템은 크게 3가지로 구분된다. 첫 번째는 4초 이내의 운동, 두 번째는 60초 전후의 운동, 세 번째는 수십 분에서 몇 시간 지속하는 운동으로 구분된다. 이들 중 첫 번째인 '4초 전후의 운동'은 인간의 에너지 시스템 중에서 가장 빠르고 파워풀한 능력이라고 한다. 강하고 폭발적인 능력을 발휘하는 에너지이기 때문에 피로 물질 역시 몸에 빠르게 쌓이기 마련이다. 이런 피로 물질을 잘 분해하고 컨디션을 유지하기 위해서는 적절한 휴식을 가지는 것이 매우 중요하다.

'4초 전후의 운동'에서 최고의 폭발력을 뿜어내야 하는 타자들이 시즌 중 파워와 순발력을 유지하기 위해서는 다음과 같은 운동 방법이 필요하다. 일단 훈련과 경기 중에는 최대 스피드를 유지하며 달린다. 트레이닝 중에 달리는 속도가 저하되면 과감하게 달리는 횟수를 줄여주거나 달리기를 아예 중단하는 것도 좋은 방법이다. 느리게 지속적으로 달리게 되면 인체는 그 느린 동작에 적응하기 때문에 몸도 느려질 수 있다. 이렇게 느려진 몸은 기술 훈련을 하는 동작에서도 느려짐에 익숙해져서 반응 속도가 떨어지게 되고 기술적인 슬럼프가 발생할 수도 있다.

시즌 중 달리는 프로그램의 목적은 경기 중 베이스러닝에서 최대의 속도를 유지하기 위해서, 또 갑작스러운 부상을 예방하기 위해서다. 선수는 한 시즌에 걸쳐 최고의 페이스, 최선의 컨디션을 지켜내야 하기 때문에 효율적인 달리기와 충분한 휴식이 중요하다.

시험을 코앞에 둔 수험생이라면 시험 하루 전까지 밤샘 공부를 하고 시험장에 가는 것보다 충분한 휴식과 영양섭취를 통해 좋은 컨디션을 만들어 시험장에 가는 것이 더 좋은 결과를 기대할 수 있는 것처럼.
http://mksports.co.kr/view/2016/222313/

3. 민병헌, '여름사나이'를 위한 뜨거운 겨울나기 (2015.12.27)

두산 베어스 외야수 민병헌(28)은 성실하면서도 과감한 플레이로 두산 팬들의 사랑을 많이 받는 선수다. 2012년 말 경찰청에서 제대한 후 2013 시즌부터 붙박이 베어스 외야를 지키고 있다. 지난해 인천 아시안게임의 금메달 멤버였고 올해는 '프리미어 12'에 참가해 초대 챔프 팀의 라인업을 채웠다.

그러나 멈추지 않는 질주, 2016 시즌을 정조준하고 있는 '민병헌'의 겨울나기를 소개해볼까 한다.

민병헌의 2015년은 웨이트 트레이닝이 중점이다. 시즌 동안 꾸준히 활약하기 위해서는 체력적 준비에 가장 힘써야 하는데 경기가 없는 비시즌인 겨울 동안은 웨이트 트레이닝을 강화해 체력을 끌어올릴 적기다. 타고난 체력이 그다지 강한 편이 아닌 것을 잘 알고 있는 민병헌은 이를 보안하기 위해서 겨울 동안 체력 강화 훈련에 집중한다.

그는 지난 3시즌 동안 3할 타율을 유지하며 두산 타선의 플레이메이커 역할을 해냈지만, 스스로는 "여름철의 급격한 체력 저하로 더 좋은 성적으로 끌어올리지 못했다"라며 안타까워한다. 체력이 떨어진 여름에 단거리 달리기 훈련을 많이 못하면서 결국 '뛰는 야구'가 힘들었던 것에 대해 많은 아쉬움이 있다.

고관절 굴곡 운동 준비자세　　고관절 굴곡 운동 종료자세

그림 2-35 고관절 굴곡 근력 강화운동

2016 시즌에는 '무더위 레이스'도 거뜬하게 돌파하면서 시즌 내내 활력 넘치는 빠른 야구를 보여주기 위해 기초체력 증가를 목표로 12월 자율 훈련을 하고 있다.

트레이닝 중 신경을 많이 쓰는 운동은 코어 트레이닝, 스쿼트(앉았다 일어나는 운동) 등으로 운동의 무게를 증가시켜 파워를 향상시키는 데 중점을 두고 있다. 스쿼트 동작은 무거운 중량을 들기보다는 정확한 자세를 잡는 것을 목표로 하고 있으며 등과 복근력을 강화하여 파워를 향상시키는 훈련을 한다.

민병헌의 훈련을 도와주고 있는 박성준 트레이너는 민병헌에게 강화가 필요한 곳으로 고관절과 발목을 꼽고 있다. 고관절과 발목의 움직임, 그리고 근력의 저하는 시즌 중 체력 유지를 힘들게 한다. 이 부분의 좋은 움직임과 근력 강화가 이루어진다면 "시즌 중 체력 저하를 막을 수 있고 파워의 증가도 동시에 이루어질 수 있을 것"으로 기대하고 있다.

민병헌은 야구에 대한 열정이 매우 강한 선수다. 이러한 열정으로 인해 운동의 양과 강도가 너무 강하다는 느낌이 많이 들었다. 때론 넘치는 열정이 여름철 체력이 떨어지는 원인 중 하나가 될 수도 있다. 양적인 운동보다는 질적인 운동을 체계화하여 체력과 기술이 모두 향상되는 훈훈한 겨울이 되기를 바라고 있다.

2016년 목표로 시즌 내내 부상 없이 경기에 나서면서 3년 만의 20도루 복귀를 꼽는 민병헌은 그러기 위해서 "한여름에도 체력이 떨어지지 않아야 한다"라며 투지를 부른다.

후끈한 '여름 사나이'를 위한 뜨거운 겨울나기. 오늘의 굵은 땀방울이 내년 시즌 민병헌의 더 큰 성장으로 돌아오길 믿고 기대해본다.

http://mksports.co.kr/view/2015/1215055/

4. 야구선수 민첩성 향상을 위한 훈련법(2018.01.14)

최근 스포츠에서 '인지 트레이닝'에 대한 관심이 높아지고 있다. 인지 트레이닝은 야구에서 매우 중요한 요소 중에 하나다. 야구공의 움직임에 따라서 나의 몸을 최적의 상태로 변화시킬 수 있어야 하기 때문이다. 하지만 이런 인지 트레이닝도 정확한 기전을 이해하지 못하면 훈련의 성과를 얻기가 힘들다. 어떻게 하면 인지 트레이닝을 통해서 선수들의 민첩성이 좋아지게 되는지 알아보자.

신체의 반응을 결정하는 민첩성은 경기력에 매우 중요하다. 다양한 스포츠 상황에서 민첩성은 외부로부터의 정보(대부분 시각)를 받고 뇌의 전두엽에서 어떤 움직임이 적합한지를 결정하여 의미 있는 퍼

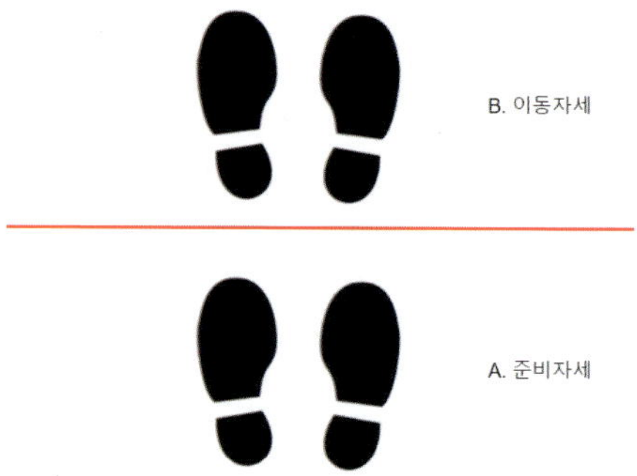

* 운동하는 동안 뒷꿈치가 바닥에 닿으면 안 된다.

1. A준비자세에서 뒤꿈치를 들고 양손은 달리기를 할 때처럼 준비한다.
2. A→B→A로 돌아오면 1개를 한 것으로 한다.
3. 20초 동안 최대한 빠르게 많이 한다.
4. 뒷꿈치가 바닥에 닿거나 양발이 떨어지면 실격으로 다시 한다.

TIP 처음에는 균형이 깨지지 않게 20초를 완주하는 것으로 목적으로 한다.

양발 앞뒤로 뛰기 20초

그림 2-36 빠른 스텝을 위한 운동

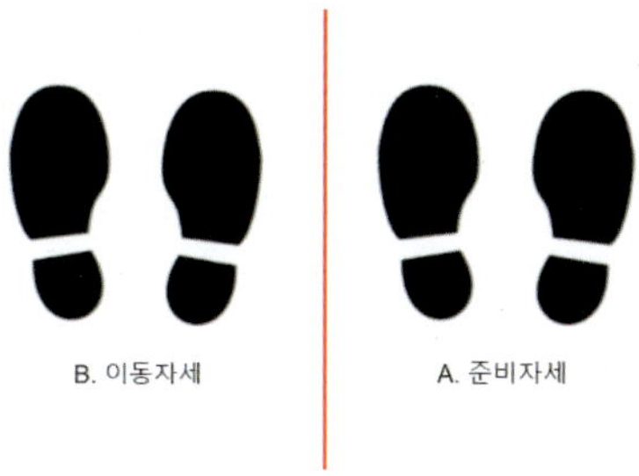

* 운동하는 동안 뒷꿈치가 바닥에 닿으면 안 된다.

1. A 준비자세에서 뒤꿈치를 들고 양손은 달리기를 할 때처럼 준비한다.
2. A→B→A로 돌아오면 1개를 한 것으로 한다.
3. 20초 동안 최대한 빠르게 많이 한다.
4. 뒷꿈치가 바닥에 닿거나 양발이 떨어지면 실격으로 다시 한다.

TIP 처음에는 균형이 깨지지 않게 20초를 완주하는 것으로 목적으로 한다.

양발 좌우로 뛰기 20초

그림 2-37 빠른 스텝을 위한 운동

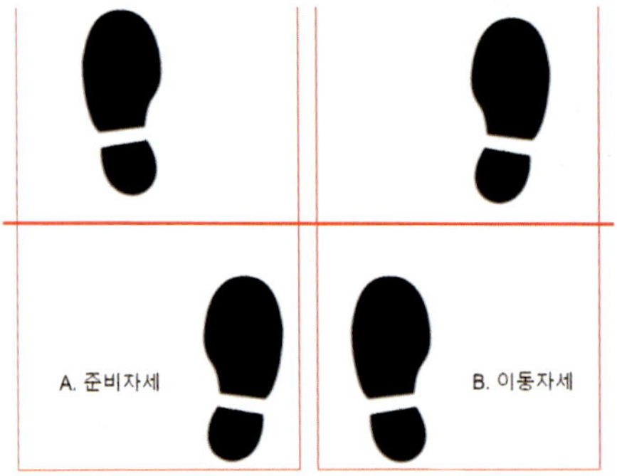

* 운동하는 동안 뒷꿈치가 바닥에 닿으면 안 된다.

1. A 준비자세에서 뒤꿈치를 들고 오른발은 선 아래 왼발은 선 위에 놓는다.
2. A→B→A로 돌아오면 1개를 한 것으로 한다.
3. 20초 동안 팔도 같이 흔들면서 최대한 빠르게 많이 한다.
4. 뒷꿈치가 바닥에 닿거나 움직임의 리듬이 깨지면 실패한 것이다.

TIP 처음에는 균형이 깨지지 않게 20초를 완주하는 것으로 목적으로 한다.

교차하여 앞 뒤로 뛰기 20초

그림 2-38 빠른 스텝을 위한 운동

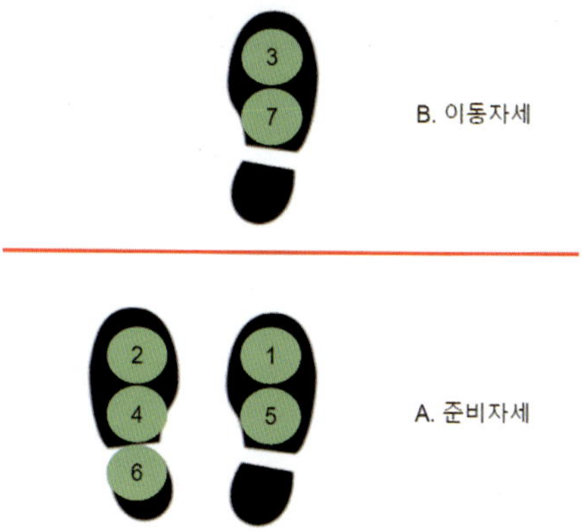

* 운동하는 동안 뒷꿈치가 바닥에 닿으면 안 된다.

1. A 준비자세에서 뒷꿈치를 들고 양손은 달리기를 할 때처럼 준비한다.
2. 1~7번까지 반복적으로 한다. 선 위에 발이 올라오면 1개를 한 것이다.
3. 20초 동안 팔도 같이 흔들면서 최대한 빠르게 많이 한다.
4. 뒷꿈치가 바닥에 닿거나 움직임의 리듬이 깨지면 실패한 것이다.

TIP 처음에는 균형이 깨지지 않게 20초를 완주하는 것으로 목적으로 한다.

한쪽 발만 앞으로 뛰기 20초

그림 2-39 빠른 스텝을 위한 운동

인지 트레이닝을 위한 불빛을 이용한 민첩성 훈련 장면. 사진=김병곤 대표 제공

포먼스로 실행하기까지를 포함한다.

대부분의 민첩성 향상훈련은 정해져 있는 움직임을 빠르게 실시하는 데 초점이 맞추어져 있었다면, 정보처리 부분 이후의 훈련이 메인일 것이다. 단순반응의 향상으로도 민첩성은 좋아지지만, 선택반응이 필요한 스포츠에서는 전두엽에서 정확한 판단을 하고 움직임에 대한 명령이 이루어질 때 더 적합한 민첩성 향상이 이루어질 것이다.

이를 위하여 트라이어스 베이스캠프에서는 선수들에게 전두엽 활성과 관련된 도형, 숫자, 색상의 다양한 자극에서 판단, 선택, 움직임으로 이어지는 훈련을 실시하여, 시각 정보로부터 퍼포먼스까지 연결하는 선택반응 훈련을 실시하고 있다.

장혁기 서울여자대학교 교수는 이런 인지 트레이닝으로 민첩성이 발달되기 위해서는 판단하는 훈련, 선택하는 훈련, 몸을 움직이는 훈련이 따로 떨어져 훈련을 하더라도 이 세 가지 훈련을 한 가지로 묶어

주는 훈련이 가장 중요하다고 이야기했다. 타자들에게 동체 시력이라는 것이 중요하지만 간단하게 동체 시력만을 가지고 타격을 잘 하는 데 도움이 되지 않는다.

좋은 타격을 위해서는 건강한 몸이 필요하고, 스피드와 근력의 향상으로 파워를 만드는 것이 필요하며, 시각적 인지 트레이닝으로 올바른 판단과 선택을 하는 훈련이 순차적으로 필요하다고 하였다.

앞의 세 가지 요소 중에 무엇이 중요하다고 이야기하는 것이 아니고, 우선순위에 의해서 무엇을 먼저 트레이닝해야 하는지를 결정하여 그 선수에게 맞는 훈련을 계획하고 진행하는 것이 가장 좋은 효과를 얻을 수 있을 것이라고 했다.

http://mksports.co.kr/view/2018/30158/

5. 버나디나처럼…단거리 달리기 속도 증가시키기 (2017.08.25)

야구는 파워에 의존하는 스포츠다. 파워는 일반적으로 힘과 스피드가 결합되어 만들어진다. 힘에 의해 파워를 만들어내는 선수들은 배가 나오기도 하고, 몸집이 큰 선수들도 있다. 반대로 스피드에 의해 파워를 만들어 내는 선수들은 약간 마른 체형으로 스피드를 만드는 경우도 있다. 이 글은 야구선수를 대상으로 단순히 달리기 속도를 빠르게 만들려는 것이 목적이 아니고, 몸에 가지고 있는 파워를 증가시키기 위해서 스피드 향상이 필요한 점을 주지시키고자 함이다.

2017.08.25 KBO 리그에서 달리기(베이스 러닝)만 놓고 봤을 때

KIA 타이거즈의 로저 버나디나가 가장 탁월하다. 버나디나의 어떤 체력적 요소가 이런 달리기 동작을 만들어 냈는지 궁금해서 배요한 KIA 트레이닝 코치에게 버나디나의 체력적 특징을 물어봤다. 버나디나는 파워와 순발력을 강한 장점으로 가지고 있고, 유연성은 부족한 편이나 시합 전 준비 운동을 성실하게 하면서 부족한 유연성을 만회하고 있다고 하였다. 필자가 본 버나디나의 달리기는 역동적인 움직임, 달리는 동작의 정확성이 좋다. 현재 개인 성적이 좋은 것도 단거리 달리기의 기본 동작이 좋은 게 하나의 원인이 아닐까 생각된다. 그럼 버나디나처럼 올바른 단거리 달리기 동작을 만들기 위해서는 어떤 연습이 필요한지 알아보자.

야구선수 중 달리기가 빠른 선수가 공을 빠르게 던지고, 타구를 강하게 때리는 특징이 있다. 달리기 속도가 빠른 선수들이 몸에 기본적인 파워를 가지고 있기 때문에 투구, 타격에서도 파워를 발휘하게 되는 것이다. 따라서 야구선수들은 몸에 부상이 없다면 단거리 달리

팔 스윙 준비자세

팔 스윙 종료자세

TIP 가장 빠르고 강하게 20회를 반복한다. 익숙해 지면 반복 횟수를 늘린다.

그림 2-40 강한 팔 스윙을 위한 운동

기(베이스러닝 포함)는 전력 질주를 하는 것이 좋다. 전력 질주의 방법은 얼마나 많이 뛰는지가 중요한 것이 아니고, 내 달리기 속도를 조금이라도 더 빠르게 향상시키는 것이 목적이 되어야 한다. 단거리 달리기 선수인 우사인 볼트가 자신의 기록을 단축시키듯이 말이다.

단거리 달리는 동작에서 허리(코어)를 조금 더 잘 사용하기 위해서는 팔의 역할이 중요하다. 달리는 속도가 느린 선수의 특징은 팔 동작을 작게 하거나 팔꿈치가 구부려지고 펴지는 특징이 있다. 단거리 달리기에서 팔 동작을 크게 하는 것이 중요한데, 그중에서도 팔꿈치를 몸통 뒤쪽으로 많이 가게 하는 것이 중요하다. 팔꿈치가 몸통 뒤쪽으로 많이 가게 되면 가슴과 허리 근육 사용이 커지게 되어 상체와 하체가 연결되는 균형이 좋아지게 된다. 사진 3처럼 앉은 자세에서 가슴 근육이 늘어날 때까지 팔꿈치를 뒤쪽으로 보내는 연습을 해보자. 가슴과 허리의 사용이 조금 더 좋아질 것이다.

단거리 달리기에서 또 한 가지 중요한 것은 보폭(스트라이드)을 넓히는 것이다. 단거리 달리기를 빠르게 하기 위해서는 보폭을 크게 하여 한발 지지 능력을 향상시켜주는 것이 중요하다. 보폭이 작다는 것은 한 쪽 다리에서 만들어내는 힘(파워)의 크기가 작다는 것을 의미한다. 30m 거리에 접시 콘을 세우고 과연 몇 발에 도착하는지 확인해보고 매일매일 연습을 통해 보폭 수를 줄여보면 좋은 연습이 될 것이다. 공부도 운동도 하루아침에 좋아지지 않는다. 많은 시간 꾸준한 연습을 통해 천천히 몸에 익혀지는 과정이 필요하다.

http://mksports.co.kr/view/2017/569625/

6. 홈런 독주체제 최정, 비결은 단연 파워!(2017.08.04)

37개로 프로야구 홈런 선두를 달리는 최정(30 · SK와이번스)은 2위 한동민(28 · SK)과는 9개 차이로 차이가 많은 편이다. 올 시즌 최정이 홈런 1위를 달리고 있는 신체적 비결이 무엇인지 있는지 알아보려고 한다.

SK 트레이닝 코치에게 최정의 파워가 어떤 형태로 형성되었는지 질문을 했더니 최정은 순간 반응 속도가 다른 선수들에 비해 우수하다는 이야기를 들을 수 있었다. 특히 파워의 비결은 순간 반응속도에서 만들어지고 있다는 사실을 알게 됐다. 조금 더 체력적으로 발전하기 위해서 현재 최정은 근력 강화를 위한 트레이닝에 집중하고 있다고 했다. 최고의 위치에서도 발전하기 위한 트레이닝 코치와 선수의 노력이 보이는 답변이었다. 이런 노력들이 아마도 지금의 최정이 있게 만든 원동력이 아닐까 생각된다.

야구에서 체력적으로 가장 중요한 것을 꼽으라고 하면 아마도 거의 모든 전문가들이 파워라고 이야기할 것이다. 파워를 만들기 위해서는 근력과 스피드가 향상되는 것이 필요하다. 근력을 만들기 위해서는 일반적으로 많이 알려진 웨이트 트레이닝(저항운동)을 많이 한다. 스피드를 향상시키기 위해서는 속도를 빠르게 향상시키는 트레이닝 또는 단거리 달리기를 해야 한다. 하지만 단거리 달리기만으로는 선수의 스피드를 향상시키기는 어렵다. 그래서 근력이 만들어진 선수들이 하는 훈련이 플라이오메트릭(plyometric: 점프, 던지기와 같은 최대 스피드를 만드는 훈련)이다. 플라이오메트릭 훈련은 속도를 만드는 트레이닝으로 현장에서도 많이 사용한다. 프로 또는 아마추어에 퍼포먼스 코치가 있다면 플라이오메트릭 훈련을 잘 지도할 수 있

수직점프 테스트: 파워검사를 위한 제자리 높이뛰기 검사.
사진 = TRIUS 스티브 홍 제공

겠지만 아마추어에 전문 퍼포먼스 코치가 없을 때 도움이 되는 훈련법을 소개하려고 한다.

스피드를 향상시키기 위해서 다음 세 가지를 유념해야 한다. 첫째, 훈련 중 몸이 지쳐서 훈련의 속도가 줄어들게 되면 훈련을 멈춰야 한다. 둘째, 정확한 동작이 나오지 않고 동작이 무너지거나 잘못된 동작이 나올 경우 멈추어야 한다. 셋째, 전신의 몸을 전부 이용한 훈련이어야 한다. 몸의 일부를 이용한 트레이닝은 폭발적인 파워를 만들어 낼 수 없기 때문이다.

ABP 준비자세　　종료자세

그림 2-41 메디신 볼 회전 밀기

ABP→Lunge 준비자세　　종료자세

그림 2-42 메디신 볼 회전 던지기

스피드를 향상시키는 트레이닝은 많지만 간단하게 한 가지만 소개하려고 한다. 메디신 볼(무게 2~10kg의 고무공)을 이용해 멀리 던지는 훈련이다. 축구에서 드로잉 동작, 또는 옆으로 던지기, 아래에서 위로 던지기처럼 하여 최대한 멀리, 높이 던지게 하면 전신을 이용하게 되어 파워가 향상된다. 중요한 점은 많이 던지는 것이 아니라 한

번에 최대한 멀리, 높이 던지게 하는 것이다. 이렇게 거리가 증가하게 되면 선수가 몸에 가지고 있는 근력과 스피드를 이용하는 능력이 커지게 되면서 파워가 향상된다.

파워를 만들어 내는데 가장 중요한 것을 꼽으라면 한 번에 최대 속도를 발휘하는 것이라고 할 수 있다. 따라서 달리기라면 단거리를 최대의 속도로 달려 기록을 단축하는 것이고, 메디신 볼을 던지는 훈련이라면 한 번에 최대한 멀리 던지게 트레이닝시키는 것이 가장 중요하다고 할 수 있다. 한국 프로야구에 많은 거포가 출현하기 위해서는 아마추어 팀과 프로에서 선수들의 파워를 만드는 것에 더 집중할 필요가 있다.

http://mksports.co.kr/view/2017/523348/

7. '타격1위' 김선빈, 장타 비결은 '허리의 꼬임' (2017.07.06)

KIA 타이거즈 내야수 김선빈(28)은 165cm의 키로 2017.07 프로야구 최단신 선수로 이름을 올렸다. 하지만 2017년 들어 두 가지 변화에 직면했다. 삼성 라이온즈 고졸 신인 김성윤(18 · 163cm)에 최단신 선수 자리를 내줬고, 타율 0.380으로 타격 선두를 질주 중이다.

특히 작은 체격에 비해 2017.07 장타율은 0.487로 매우 좋은 성적을 거두고 있다. 체격이 커야 장타율이 높아진다고 하는 게 일반 상식이지만, 체격이 작은 선수도 충분히 장타율이 높은 경우도 많다. 말이 나온 김에 이번에는 김선빈의 타격과 장타율에는 어떤 비밀이 숨어 있는지 살펴보도록 하겠다.

필자가 트레이너이기 때문에 기술적 분석이 아닌 체력 파트에서의 관점에서 분석을 해보려고 한다. 좋은 기술을 뒷받침하기 위해서 어떤 체력 트레이닝이 필요할까. 보통 운동은 두 가지로 나눌 수 있다. 바로 '준비(loading)와 행위'다. 대다수의 트레이너들은 그런 건 아니지만, 잘못된 운동 지도를 하는 트레이너들은 눈에 보이는 형태를 선수에게 설명하는 경우가 많다. 예를 들어서 "허리에 힘이 들어가게 힘을 줘"라는 조언, 또는 "다리를 앞쪽으로 빠르게 움직여"라는 지도 언어를 사용한다. 운동이라는 것은 감각을 통해 만들어지는 것이기 때문에 눈에 보이는 형태를 설명해서는 선수가 이해하기 어렵다. 준비를 하는 구간에서는 근육이 늘어나면서 에너지를 모으는 구간이 되며, 행위는 이 늘어난 근육이 다시 짧아지면서 힘을 발휘하는 동작으로 이뤄져 있다. 따라서 정확한 운동 동작을 지도하면 필요한 부분에 자동적으로 힘이 들어갈 수 있다. 그래서 운동 수행 중 몸의 어느 부분에 힘이 들어가고 있는지 선수에게 확인해야 하고 움직임의 동작을 눈으로 확인하는 것도 필요하다.

필자는 일반적인 저항 운동(웨이트 트레이닝) 또는 퍼포먼스 트레이닝에서 리듬이라는 것을 매우 중요하게 생각하고 지도한다. 운동을 하는 모습(준비와 행위)이 시계추가 움직이듯 일정한 시간에 왔다 갔다 하면 준비 동작에서 에너지가 모이지 않기 때문에 행위 자체도 파워가 없게 된다. 이런 원리로 저항 트레이닝 동작에서 근육이 늘어나면서 준비되는 시간이 약 2초 정도 필요하며, 단축되면서 힘을 사용하는 시간이 약 1초 정도 사용하게 되면 가장 이상적이라고 학자들은 이야기한다. 선수의 운동 수행 능력이 향상된다면 준비와 행위

준비자세

종료자세

그림 2-43 측면 걷기

에 걸리는 시간도 자연적으로 줄어들 것이다. 다만 운동 지도 중 무턱대고 빠르게 운동을 수행하게 하는 것은 선수의 고유 리듬을 깨트리게 되므로 주의해야 한다.

이종열 SBS 스포츠 해설 위원은 "김선빈의 경우 타격 준비 자세에서 몸통의 꼬임이 잘 이루어지고 이 꼬임을 회전하여 타격하는 모습이 인상적이다"라고 했다. 작은 체력에도 불구하고 준비 동작에서 하체와 허리 좋은 꼬임이 현재 김선빈의 타율과 장타율을 만들고 있는 원인인 것 같다. 그렇다면 하체와 허리의 꼬임 동작을 연습하기 위해서 필요한 트레이닝에 대해 알아보자. 타격 자세에서 스트라이드는 옆으로 이동하는 동작이기 때문에 '사진'처럼 꽂게 걸음(옆으로 걷기)이 좋은 운동이다. 하지만 옆으로 걸을 때 주의할 점은 동작이 끊어지지 않게 해야 하며, 머리와 양측 어깨가 위아래, 좌우, 앞뒤로 흔들리지 않게 옆으로 걷는 것이 중요하다. 흔들림이 생기게 되면 준비 동작에서 하체와 허리 근육이 꼬이지 않아 에너지가 없는 상태로 타격을 하게 된다. 에너지가 없는 상태가 되면 불필요한 동작이 몸에 들어오게 돼, 리듬과 힘도 없어지는 원인이 된다. 타자들이여, 꽃게 걸음으로 하체, 허리의 파워와 최적의 타격 리듬을 만들어 보자.

http://mksports.co.kr/view/2017/452540/

8. 최형우의 장타, '고관절 회전력'에 있다(2017.05.29)

2017.05 올 시즌 장타율 1위(0.678) 타점 2위(38개) 홈런 4위(13개) 등 최형우(34 · KIA타이거즈)는 장타에 관해서는 전문가 다운 기량을 보이고 있다. 그렇다면 최형우의 장타를 신체적 관점에서 봤을 때 어떠한 장점이 있을까.

체육학자들은 파워를 만드는 방법에 있어서 모든 스포츠가 동일하다고 이야기한다. 흔히 코어라고 하는 복근과 배근의 근력, 고관절의 회전력이 합쳐져서 파워를 만들어낸다. 장타자들은 일반적으로 힘과 스피드가 뛰어난 것이 특징이다. 이종열 SBS 스포츠 해설 위원의 타격 분석으로는 최형우가 현재 국내 선수 중 타격 동작에서 가장 좋은 고관절 회전과 코어의 힘을 가지고 있다.

2017 월드베이스볼클래식(WBC) 대표팀 트레이너로 합류해 최형우를 자세히 지켜볼 수 있었다. 시합 전 연습을 보면 최형우는 다른 선수와 조금 다른 점들이 있었다. 고관절 스트레칭을 많이 했고, 허리 근력을 강화하기 위한 운동을 날마다 꾸준하게 했다. 최형우의 몸을 옆에서 보면 다른 선수들과 확연하게 차이가 날 정도로 드럼통(?)처럼 동그랬다. 필자는 "이렇게 좋은 몸을 만들었기 때문에 리그를 대

준비자세 종료자세

그림 2-44 TRKE

표하는 파워히터가 됐구나"라고 무릎을 칠 수밖에 없었다.

스포츠에서 파워를 만들어 낼 때 신체 분절의 움직임 순서를 지키며 트레이닝하는 것이 매우 중요하다. 움직임의 순서를 정확히 지켜야 최적의 효율성이 만들어지고 파워가 극대화되기 때문이다. 좋은 운동의 순서를 만들기 위해서는 고관절과 허리(코어)의 역할을 각각 만들어주는 것이 필요하다. 고관절은 회전운동(가동성)을 최대 범

준비자세 종료자세

그림 2-45 허리 회전 운동

위로 만들어 내고, 다음에 허리의 근력 강화(안정성) 트레이닝을 통해 시너지를 발휘하게 훈련해야 한다. 이게 필자가 주장하는 올바른 순서다.

고관절의 회전운동을 만들어 내기 위해서는 〈그림 2-44〉처럼 바로 누운 상태에서 좌측 발을 반대쪽을 넘기면서 유연성을 만들어 낸다. 이때 좌측 어깨가 바닥에 붙은 상태에서 좌측 발이 지면에 닿게 되면 좋은 회전 운동을 가지고 있는 것이다. 만약에 이 동작이 잘되지 않는다면 매일 가동성 트레이닝을 통해서 고관절의 유연성을 만드는 것이 필요하다.

〈그림 2-44〉처럼 고관절의 회전운동이 잘될 경우 케이블 머신 또는 탄력 밴드를 이용하여 몸통의 회전 운동을 하게 된다. 〈그림 2-45〉의 왼쪽처럼 어깨 넓이로 바로 선 자세에서 왼손에 탄력 밴드를 잡고 오른쪽 방향으로 수평 회전을 한다. 이때 우측 발바닥은 지면에서 떨어지지 않게 하고 좌측 손을 수평으로 몸에서 최대한 멀리 밀어내도록 지도한다. 〈그림 2-45〉의 오른쪽처럼 동작이 마무리될 때는 우측 발바닥에 체중이 고루 분포하고 선수 본인의 신체 중심이 우측 발에 전부 실리는 느낌을 가지게 되면 신체 분절의 이상적인 움직임을 만드는 트레이닝을 하게 되는 것이다. 이 동작에서 주의할 것은 하체부터 회전 동작이 먼저 일어나며 손은 마지막에 밀어주는 것이 중요하다. 만약 손이 먼저 움직이게 되면 신체 분절의 이상적인 움직임이 만들어지지 않는다.

최형우와 같은 몸통 회전을 하고 싶다면, 오늘부터 매일매일 연습해보자. 아마 타구의 질이 달라질 것이다.

http://mksports.co.kr/view/2017/358023/

9. '대표팀 몸짱' 서건창의 남다른 트레이닝 관점 (2017.03.06)

2017.03 월드베이스볼클래식(WBC) 대표팀의 본선이 얼마 남지 않은 상황에서 코칭스태프와 선수들 사이에는 약간의 긴장감이 감돌고 있다. 대표팀 선수들에게 경기와 운동 일정은 동일하지만 자신만의 스타일에 맞게 경기 감각을 익히고 있고, 컨디션을 유지하기 위해 노력하고 있다.

트레이너 입장에서 봤을 때 2017년 3월 28명의 대표팀 선수 중 단연 서건창(넥센)이 최고의 몸을 가지고 있고, 운동장에서 달리는 모습을 보면 탱탱볼이 뛰듯이 달리는 탄력이 가장 뛰어난 선수다. 과연 이런 몸을 어떻게 만들었을까.

서건창은 과거 LG에서 방출된 후 현역으로 군 복무를 할 때 웨이

이형종 배팅 사진

그림 2-46 이형종 배팅 사진

트 트레이닝, 러닝, 배팅, 스로윙을 쉬지 않고 훈련을 했다고 한다. 특히 웨이트 트레이닝은 일주일에 5회 이상 고강도로 운동을 해, 그 결과 지금의 몸을 만든 근본이 된 것 같다. 그는 현역 군 시절 중 얼마나 운동을 열심히 했는지 "다시는 그때로 돌아가고 싶지 않다"라고 했다. 혹시 유명해진 현재의 위치 때문이냐고 물었더니 고개를 가로저으며 "그 당시 너무 힘들게 운동을 한 것이 원인"이라고 설명했다.

일반적으로 선수들은 시즌이 들어가면 피로의 누적 때문에 일주일에 2~3번 정도 웨이트 트레이닝을 하는 것에 비해 서건창은 일주일에 약 4~5회 정도 트레이닝에 집중한다고 했다. 어떻게 보면 꾸준한 트레이닝이 시즌 중에도 체력이 떨어지지 않고 201개의 안타라는 대기록을 만든 원동력이었던 것 같다.

서건창은 타격 및 수비 기술적 슬럼프를 바라보는 시각 또한 다른 선수들과 조금 달랐다. 일반적으로 선수들이 슬럼프가 생길 경우 대부분은 기술적 동작을 고치는 데 집중하는 반면, 서건창은 기술적 슬럼프를 체력 또는 몸의 변화에 의한 문제로 생각하고 몸을 주의 깊게 살펴보고 관리한다고 했다. 우리나라에서 뛴 외국인 선수들이 슬럼프는 체력 저하로 인하여 반응속도가 떨어지는 것이 가장 크다고 말했던 것과 비슷한 내용으로 기억된다.

예전에는 투수들이 제구가 안 되거나 구속이 떨어지면 달리기를 엄청 많이 하거나, 시즌 중 먼 거리 던지기(100m 이상)를 하는 것으로 슬럼프를 탈출하려고 하는 경향이 많았다. 또 타자들은 더 많은 배팅 연습으로 슬럼프를 탈출하려고 했었다. 지금은 한국 프로야구에서도 메이저리그와 비슷한 생각을 하는 선수와 스태프가 많아졌다.

슬럼프 탈출에는 여러 가지 방법이 존재하지만 너무 한 가지만 강조하는 것은 매우 위험해 보인다. 특히 투구와 배팅의 많은 양은 부상의 위험이 따르기 때문이다.

서건창은 웨이트 트레이닝장에서의 모습과 야구장에서 자신에 몸의 움직임을 체크해 가면서 야구를 하는 모습 등이 아직도 더 발전하고 꾸준히 좋아질 수 있는 선수라고 생각된다. 더불어 많은 어린 유소년 야구선수들에게 좋은 몸과 함께 기술이 뛰어난 선수의 본보기를 보여주고 있는 듯해 뿌듯하다. 앞으로 국가대표 내야를 책임질 서건창의 좋은 성적을 기대한다.

http://mksports.co.kr/view/2017/151676/

10. "뭐든 먹어치운다" 손아섭이 진화하는 이유 (2017.03.02)

롯데 자이언츠 손아섭과 직접 같은 팀에서 연습과 경기를 한 것이 이번 WBC 대표팀까지 3번째가 되었다. 손아섭은 보면 볼수록 매력이 넘치는 선수라는 생각이 든다. 2014년 아시안 게임, 2015년 프리미어12, 2017년 WBC 대회에서 만난 손아섭은 항상 일관된 모습으로 연습과 훈련에 임하는 자세가 매우 인상적이었다.

손아섭은 뭐든지 먹어치우는 괴물과 비슷한 속성이 있는 선수다. 나쁜 의미가 아닌 자신의 발전을 위해 내 몸에 좋은 트레이닝은 무엇인지, 자신의 현재 몸 상태에서 필요한 것이 무엇인지 항상 고민하고 주변 트레이너들에게 조언을 구한다. 이렇게 매일매일 연습을 하니 현재 대표팀에서 좋은 활약을 펼치는 원동력이 아닐까 싶다.

프랭크 어깨 터치 / 종료자세

그림 2-47 코어 운동

프랭크 대각선 버티기 준비자세 / 프랭크 대각선 버티기 종료자세

그림 2-48 코어 운동

자신의 약한 부분이 코어라는 것을 느끼고, 이를 향상시키기 위해서 방에서 또는 트레이닝장에서 지속적으로 노력하는 모습이 보였다. 또 스프린터(전력질주) 동작에서 몸의 중심이 좌우로 많이 움직임이고 있어 힘의 전달이 잘 안된다는 것을 알게 된 후 운동장에서 매일 조금씩 연습을 하더니 그에 따라 몸의 움직임도 좋아졌다. 주변 선수들은 처음에 "아섭아 너 뛰는 게 그게 뭐야. 이상하잖아"라고 웃으면

서 핀잔을 줬는데 손아섭은 "변화할 때는 적응이 될 때까지 뭐든 이상한 거예요"라고 대수롭지 않게 받아넘기면서 계속 연습을 했다. 이 말에서 손아섭의 흔들리지 않는 내공이 느껴졌다.

또 다른 사례가 있다. 일본 오키나와에서 한화 김태균과 손아섭이 같은 조로 트레이닝장에서 운동을 했다. 김태균이 사이드 런지(다리를 좌우로 벌리고 앉았다 일어나는 동작)를 하는 것을 보고 "이 동작은 어디에 좋은 거예요?"라고 물어서, 고관절의 유연성을 좋게 하는 운동이라고 설명해 주었다. 팁으로 허리만 조금 더 곧게 펴고 움직이면 매우 좋은 운동이라고 했더니 그 자리에서 따라 하면서 운동을 했다. 그러고 나서 운동장에서 게임 전 연습을 하는데 또 김태균 뒤에서 사이드 런지를 했다. 손아섭은 "이 운동을 하면서 정말 고관절이 부드러워졌어요"라고 함박웃음을 지었다. 이 정도면 손아섭이 김태균한테 따로 트레이닝 비용을 지불해야 하지 않을까?

보통 운동선수가 자신이 해왔던 트레이닝 방법, 기술의 방법을 바꾸기는 쉽지 않다. 변화가 생기는 초기에 자신이 현재 가지고 있는 것을 잃어버리는 느낌이 나기 때문이다. 그러나 잃어버리는 느낌 때문에 변화하지 않는다면 그때 당장은 잃지 않겠지만 결국, 시간이 지나면 도태되어 잃어버리게 된다. 또 자신의 것으로 완전히 만드는데 생각보다 긴 시간이 필요하다. 이런 시간을 기다리는 손아섭의 도전, 변화하려는 모습이 앞으로 얼마나 더 발전하게 될지 기대가 된다.

http://mksports.co.kr/view/2017/143722/

11. 오재원, WBC 대표팀의 코어 전도사(2017.02.22)

WBC 대표팀이 소집되고 이틀째 운동을 무사히 마무리했다. 2017년 첫날에 비해 선수들의 움직임이 조금씩 민첩해지는 모습이 보였다. 역시나 좋은 기능을 가지고 있는 선수들이라 그런지 적응력이 매우 좋아 보였다. 운동장 훈련을 마치고 웨이트 트레이닝장에서 오재원(두산)이 일일 트레이너를 자처하고 나서 양의지(두산), 김태군(NC)의 코어(일반적으로 복근이라고 생각하면 쉽다) 트레이닝을 도왔다.

무릎 꿇고 팔 내리기 준비자세

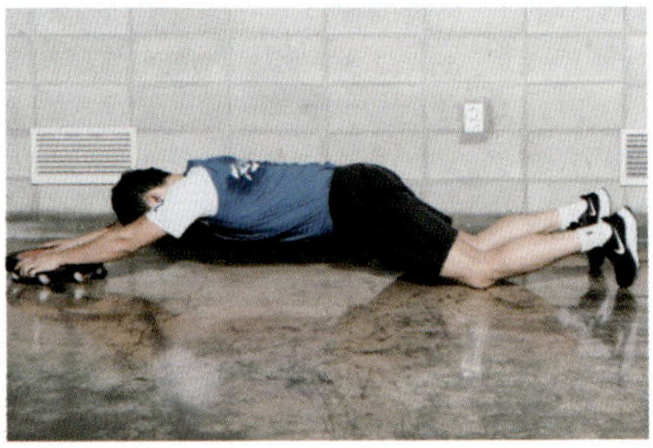

무릎 꿇고 팔 내리기 종료자세

그림 2-49 코어 운동

ABP 팔 내리기 준비자세

ABP 팔 내리기 종료자세

그림 2-50 코어 운동

야구에 있어 신체의 코어(core)는 매우 중요한 위치다. 아니 야구뿐만 아니라 스포츠 또는 생활의 모든 면에 있어서 가장 중요하다고 할 수 있겠다. 그래서 이름도 코어라고 부른다. 사람이 움직일 때 최초 움직임의 시작 위치가 코어다. 달리기, 던지기, 배팅이 손과 발에서 시작되지만 이런 기술적 움직임이 시작되기 위해서는 코어가 안정적으로 먼저 힘을 발휘해 줘야 가능한 일이다.

운동 중에 코어가 힘을 발휘하지 못하게 되면, 상체와 하체가 분리되는 현상이 나타나면서 힘의 연결이 끊어지게 된다. 이렇게 되면 던질 때 어깨, 팔꿈치 부상이 발생되기 쉬우며, 또는 직접적으로 허리에 부상을 당할 수도 있다. 또한 운동 중에 코어가 힘을 발휘하지 못한다면 경기력이 떨어져 파워가 약해지는 결과를 가져오기도 한다.

이런 중요성을 알아서일까? 웨이트 트레이닝장에서 오재원이 그동안 배웠던 코어 운동을 김태군, 양의지에게 지도하고 시범을 보이면서 자세를 가르쳐 주는데, 트레이너 못지않은 지식과 자세를 가지고 있었다. 코어 운동을 지도 받는 양의지, 김태군 또한 모두 좋은 자세를 가지고 있어서 역시 수준급 선수들의 몸 컨트롤 능력은 뛰어나다는 생각이 들었다. 오재원이 운동 중 잘못된 자세를 가르쳐 주었으면 더 이상 가르치지 못하게 막으려고 했으나, 굉장히 정확하게 알고 있어서 그냥 지켜보았다.

시즌 중 각각 다른 팀에서 운동하던 선수들이 만난 WBC 대표팀은 각자가 알고 있는 서로의 운동 방법을 공유하고, 가르쳐 주는 문화 속에서 조금 더 팀워크가 강해지고 있는 것 같은 느낌이 들었으며, 선수 개인도 하루하루 조금씩 강해지는 느낌이 들었다.

http://mksports.co.kr/view/2017/123897/

12. '대표팀 분위기메이커' 박석민의 컨디션 관리 (2017.02.14)

2017년 WBC 야구 대표팀이 소집되고 13일 첫 훈련을 시작했다. 김인식 감독과 코칭스태프 그리고 선수들은 약간 긴장된 표정으로 첫날 연습을 했다. 그중 내야수 박석민은 대표팀의 분위기메이커 역할을 자처하면서 운동장의 분위기를 밝게 생동감 있게 만드는 역할을 했다. 다소 무거울 수 있었던 대표팀 첫날 훈련 분위기가 활기차게 느껴졌다.

첫 훈련은 선수단 전체의 컨디션을 체크하고 확인하는 것으로 운동을 시작했다. 훈련의 순서는 스트레칭, 캐치볼, 수비, 배팅, 달리기, 웨이트 트레이닝까지 모두 정상적으로 진행됐다. 이날 훈련의 중점은 각자 동계훈련과 스프링캠프에서 하던 연습을 이어서 하는 것을 직접 보면서, 선수들의 몸 상태를 점검하는 것이었다. 다행히 대표팀에 합류한 선수 중 부상 또는 컨디션 저하로 움직임에 문제가 있는 선수는 없었다. 이런 모습에 김인식 감독도 선수들에게 "우리는 강한 대표팀"이라는 사실을 강조하고 훈련을 시작했다.

선수들은 단체로 스트레칭이 포함된 준비 운동을 한 후, 각자의 포지션에서 수비 훈련을 가볍게 하면서 호흡을 맞추는 훈련을 했다. 역시 수비 도중에도 박석민은 야구장 분위기를 흥겹게 만드는 언어와 몸짓이 돋보였다. 기술 훈련을 마치고 달리기 훈련으로 넘어왔을 때 박석민의 또 다른 면을 볼 수 있었다. 박석민은 대표팀 트레이닝 파트에서 짠 달리기 스케줄보다 두 배의 스케줄을 스스로 더 달리는 것을 보고, 역시 현재 박석민의 위상을 만든 원동력이 아닐까 하는 생각이 들었다. TV 경기 중계에서 눈에 띄던 몸 개그를 자주 하던 것과는 사뭇 다른 그의 모습에 나머지 선수들의 운동도 더 자세히 지켜보게 됐다.

박석민은 달리는 밸런스가 좋았고, 몸의 컨트롤 능력도 좋은데 왜 그런 몸 개그가 나올까 하는 의문이 들었다. 본인도 자주 넘어지는 정확한 이유는 모르겠지만 연습을 하루 동안 지켜본 결과 아마도 경기 중 과한 승부욕 때문에 몸을 던지는 허슬플레이에 의해 나타나는 현

준비자세 종료자세

그림 2-51 발목 이용한 달리기

준비자세 종료자세

그림 2-52 정강이 이용한 달리기

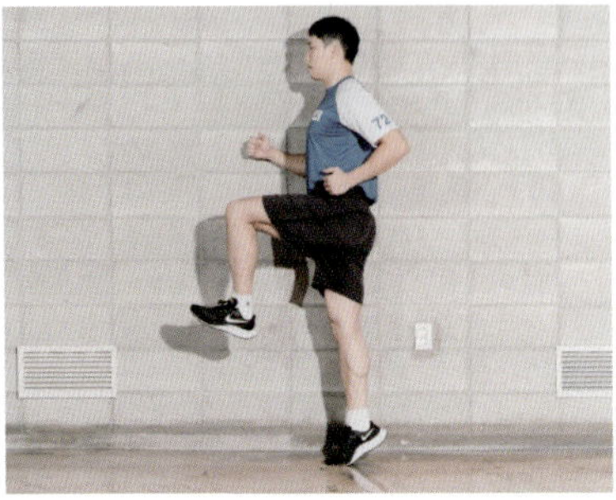
준비자세

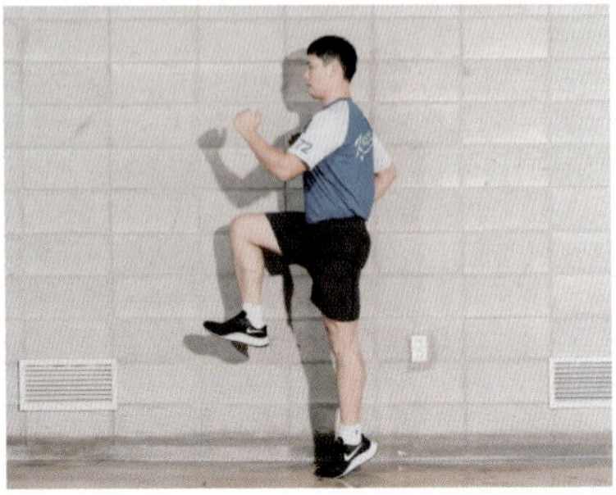
종료자세

그림 2-53 무릎 이용한 달리기

상이 아닐까 하는 생각이 들었다. 아무래도 승부욕이 강하다 보면 자신의 몸을 잘 보호하기보다는 경기에 집중하기 때문이다. 선수에게 부상만 일어나지 않는다면 팬의 한 사람으로서 열심히 뛰는 모습은 나쁘지만은 않을 것 같다.

야구선수에게 있어서 달리기는 아주 중요한 부분 중에 하나다. 얼마나 많이 달리는 것이 중요한 것이 아니라 얼마나 좋은 자세로 달리는지가 훨씬 더 중요하다. 달리기 자세는 투구, 배팅, 수비 동작과 동일한 모습을 가지고 있는 경우가 많다. 일반적으로 달리는 동작이 좋은 선수들이 치고, 던지는 모습도 좋다. 반대로 달리는 모습이 나쁜 선수들은 기술에서도 나쁜 모습이 나온다. 이러한 이유를 알아서일까 박석민이 다른 훈련에 비해 달리는 것에 조금 더 집중을 하는 모습이 인상적이었다.

http://mksports.co.kr/view/2017/102921/

13. '파워러너' 이대형-손아섭의 도루왕 경쟁(2016.05.20)

이대형(kt)과 손아섭(롯데)이 2016년 5월 각각 15개와 14개로 도루 부문 1위, 2위를 달리고 있다. '슈퍼 소닉'이라는 별명을 갖고 있는 이대형은 지난달 KBO 4번째로 통산 450도루를 돌파한 현역 최고의 준족이다. 2007년부터 4년 연속 도루왕을 차지했던 그는 6시즌만의 타이틀 홀더 복귀에 도전하고 있다. 손아섭은 2013년 36도루를 뛴 적이 있지만, 사실 도루 타이틀을 겨룬 이렇다 할 경험은 없다. 그러나 특유의 허슬플레이로 올해는 개막 초반부터 이 부문 선두 경쟁에 나섰다.

탄탄한 타격 실력으로 출루율을 확보하고 있는 두 타자의 도루왕 도전을 지켜보는 것도 이번 시즌의 흥미진진한 볼거리로 기대하고 있다.

야수의 경우, 팀의 거포 중심타자나 포수를 제외하고는 단거리 달리기 능력이 매우 중요한 경기력이다. 선수가 빠르다는 것은 분명히 상대 투수와 수비수들에게 부담을 준다. 그렇다고 모든 선수가 최고의 빠른 속도를 가질 필요는 없다. 각자의 포지션에 맞게 발이 빠른 선수, 힘이 있는 선수로 나눌 수 있으며 경기에선 두 유형의 선수가 모두 중요하다.

아무래도 체지방량이 많은 선수들이 발이 느린 편이다. 빠른 주루 능력을 갖기 위해서는 손아섭과 이대형처럼 체지방은 적고 근육량은 많은 것이 유리하다. 달리기 속도를 결정하는 중요한 능력 중 하나가 파워이기 때문이다. LG 시절 지켜봤던 이대형은 대부분의 마른 체형 선수들과는 다르게 하체와 허리 근력이 팀 내에서 몇 손가락 안에 들

정도로 파워가 좋았다. 선수 본인과 팀에서 빠른 발을 필요로 하는 선수라면, 평소 최대 파워와 스피드를 위한 운동에 노력해야겠다.

그렇다면 주력의 유지에 도움이 되는 시즌 중 몸 관리 방법에는 어떤 것이 있을까.

MLB의 경우 한 시즌 166경기를 뛰는 동안, 한 팀의 (평균적인 타격을 가진) 주전 타자라면 타석에서 1루까지 대략 300번의 베이스러닝을 반복한다는 통계가 있다. 이중 절반 정도는 여러 가지 이유로 (자신의) 최대 스피드의 90% 이상 속도로 달리기 어렵다.

그러나 야수는 한 경기에서 최소 1회 이상은 (안타가 못되더라도) 1루까지 최대 속도로 달리는 습관을 가지는 것이 필요하다. 그래야 시즌 동안 달리는 스피드가 떨어지지 않고 수비와 베이스러닝 중 갑작스러운 스피드 증가 때문에 일어날 수 있는 부상을 예방할 수 있기 때문이다.

주전 야수의 경우에는 경기 전 8번 정도 90% 이상의 주력을 쏟는 전력 달리기를 하면서 경기를 준비하는 것이 좋다. 30m 거리를 5회, 50m 거리를 3회 정도 최대 스피드를 내서 달리는 훈련은 경기 전의 적절한 몸풀기가 될 수 있다.

너무 많이 달리는 것도, 또 너무 달리지 않는 것도 시즌을 완주해야 하는 선수들에게는 적합하지 않다. 일반적인 훈련 가이드라인 안에서 선수들 각자가 스스로의 체력에 맞는 강도와 달리는 횟수로 적절한 나만의 훈련법을 찾아내는 것이 최선의 경기를 준비하는 과정이 되지 않을까 생각해본다.

http://mksports.co.kr/view/2016/361889/

4장

투수의 부상 예방을 위한 운동재활

야구에서 투수의 부상이 가장 많은 포지션이다. 그중 어깨와 팔꿈치 부상을 합치면 50%가 넘어간다. 선 자세에서 불과 몇 초 만에 150km 이상의 볼 스피드를 만들어 내기 위해서는 몸에 무리가 올 수밖에 없다. 그중 어깨와 팔꿈치는 부상의 중심에 서 있는 관절이다. 사람의 어깨는 움직임의 범위가 가장 큰 관절이다. 움직임의 범위가 커서 회전도 많이 일어나지만 또한 그 큰 움직임으로 인해서 관절의 불안정성도 가지고 있게 된다. 이런 이유로 부상에 노출되는 빈도수가 많아진다. 사람의 팔꿈치는 구부리고 펴는 것만 가능한 관절이다. 투수의 몸중 어깨, 고관절, 흉추의 회전이 적절하게 이루어지지 않으면 그 회전을 팔꿈치가 감당하게 되어 부상을 만들어 낸다. 또한 코어의 근력이 없어 상하체의 힘 전달이 되지 않을 경우도 부상의 원인이 된다. 따라서 투수가 부상을 예방하고 경기력을 향상시키기 위해서는 발끝에서 손끝까지 철저하게 관리가 될 때만 좋은 경기력을 발휘할 수 있다.

1. 류현진①, 부상의 시작은 발가락이었다?(2015.08.07)

한국 야구팬에게 류현진(28 · LA다저스)은 특별한 스타다. 한국 프로야구가 키우고 수출한 '코리안 특급.' 리그의 자부심까지 짊어지고 태평양을 건너간 그의 활약은 더욱 뿌듯한 감동을 준다.

지난 2013년 겨울 류현진의 트레이닝을 도울 기회가 생겼다. 깜짝 놀랐다. 트레이너로서 십수 년간 수많은 국내 프로야구선수들의 몸을 만져봤지만, 류현진처럼 부드럽고 밸런스가 좋은 선수는 언뜻 기억이 나지 않을 정도로 드물게 유연하고 균형 잡힌 몸이었다.

그랬던 그가 올해 '빅 리그' 진출 3년 만에 청천벽력 같은 부상 소식을 전했다. 시즌 중 어깨에 칼을 대고 말았다. 남다른 유연성을 뽐내던 특급 투수가 왜 갑자기 수술에까지 이르는 부상을 겪게 된 것일까.

류현진은 지난 2013년 메이저리그 첫해를 특별한 부상 없이 좋은 성적으로 완주했다.

잔부상 치레를 시작한 것은 지난해인 2014년이다. 3월 베이스러닝 중 오른 엄지발가락이 뒤집히는 부상이 있었고 4월에는 왼 어깨 부상으로 약 18일간의 재활 기간 후 복귀했다. 8월 오른 엉덩이 통증으로 부상자 명단에 올랐고, 9월 다시 왼 어깨 부상으로 정규 시즌을 마감했다.

그리고 2015년 3월 시범경기 도중 왼 어깨 통증으로 부상자 명단(DL)에 오른 후, 지난 5월 어깨 수술을 하게 됐다.

류현진 부상 일지

2014년 3월 오른 엄지 발가락 통증(DL 없는 가벼운 부상)

2014년 4월 왼 어깨 부상(18일 만에 복귀)

2014년 8월 오른 엉덩이 부상(18일 만에 복귀)

2014년 9월 왼 어깨 부상(25일 만에 복귀)

2015년 3월 왼 어깨 부상(시범경기)

2015년 5월 어깨 수술(관절와순파열)

그의 부상 추이를 찬찬히 되돌아봤다.

지난 시즌 초 오른 엄지발가락 통증 이후 류현진은 이탈 없이 정상적인 선발 로테이션을 소화했지만, 나는 이때의 짧은 부상 기간이 결국 모든 부상 릴레이의 시작이 아니었을까 의심하고 있다.

오른 발가락이 아프게 되면 공을 던지는 동작에서 오른발에 체중이 정상적으로 실리지 않게 되어 상체 의존도가 높은 투구를 하게 될 우려가 있다. 한 달 뒤 어깨 부상이 이어진 것은 바로 이런 연유로 안타깝게도 투구의 밸런스가 미세하게 깨지고 있었다는 추측을 하게 한다. 또한 8월 발생한 오른 엉덩이 부상 역시 오른 발가락 부상 후 빠른 복귀로 인해 투구 중 엉덩이의 사용이 많아지게 되면서 일어날 수 있는 재부상이다.

투수의 투구는 지면에서부터 발목, 무릎, 허리, 몸통, 어깨, 팔꿈치, 손목으로 도미노 같은 모습으로 이어지는데, 부상으로 이런 흐름이 깨어지게 되면 인접 관절에 과부하를 만드는 원인이 되어 다른 관절의 부상이 생기게 된다.

투수에게 하체의 역할은 매우 중요하기 때문에 하체에서 발생한

작은 부상을 면밀하게 살피고 철저하게 관리하지 않으면 이후 더 큰 부상을 가져오는 원인이 될 수 있다.

과연 메이저리거의 몸은 다르구나 감탄하게 했던 유연한 선수, 류현진이 미국에서의 재활 과정을 씩씩하게 이겨내고 다시 마운드로 돌아올 날을 기다린다.

http://mksports.co.kr/view/2015/757635/

2. 류현진②, 수술 그 이후 부활까지 필요한 단계들 (2015.08.14)

2015년 류현진(28 · LA다저스)이 수술대에 올랐다. 처음에는 왼 어깨 청소(clean up; 복귀까지 약 4개월 전후) 수준의 수술일 것으로 전해졌지만, 결과적으로 슬랩(관절와순파열, SLAP : 복귀까지 약 1년)이라는 수술을 했다.

현대 의학에서 어깨의 슬랩(SLAP) 수술은 어려운 수술은 아닌 것으로 알려져 있다. 하지만 지금 수술의 성공 여부를 논하는 것은 큰 의미가 없다. 류현진은 일반인이 아니라 '빅 리그' 마운드에서 위력적인 속구를 뿌리던 우리들의 '괴물' 투수니까.

수술의 진정한 성공 여부는 그가 재활 마지막 단계에서 마운드에 섰을 때 어느 정도 전성기 구속을 회복했는가를 지켜본 뒤에야 비로소 판단할 수 있을 듯하다. 슬랩 수술을 받은 류현진의 재활 기간과 스케줄을 예상해봤다.

수술 후 재활 과정은 크게 네 단계로 나눌 수 있다.

첫 단계는 초기 재활 과정으로 수술 부위의 통증과 유연성 및 운동감각을 회복하는 시기다. 이때 가장 중점을 두어야 할 부분은 유연성의 완전한 회복일 것 같다. 투구 동작은 특히 어깨에 과도한 스트레스를 발생시키므로 조금이라도 스트레스를 완화하기 위해서는 유연성이 꼭 필요하다.

두 번째는 중기 재활 과정으로 수술 부위 및 몸 전체의 밸런스를 맞추고 근력을 향상시키는 단계다. 윈 어깨, 팔꿈치, 고관절을 포함한 몸 전체의 움직임과 근력의 향상을 통해 다시 건강한 몸으로 회복하는 과정이다. 이때의 포인트는 밸런스의 회복이라고 할 수 있다.

세 번째 단계는 후기 재활 과정으로 근파워, 스피드 향상과 기술적 감각 적응을 시도한다. 즉 근파워와 스피드를 끌어올리고 이렇게 만들어진 몸으로 투구라는 감각을 익히는 과정이다. 여기서 중요한 훈련은 근파워 강화 트레이닝이다. 체력과 컨디션을 끌어올리는 결정적인 단계이기 때문이다.

재활의 마지막 단계는 기술 향상 과정이다. 마운드에 적응해 투구를 기술적으로 완성하고 과거 수술에 대한 불안감(트라우마)을 지우는 단계다. 이때 투구 동작의 교정을 통해 최적의 투구 밸런스를 잡아

류현진의 예상 재활 단계와 중점 관리 사항

1. 초기재활(2015년 8월까지): 통증회복, 유연성, 운동감각 회복
2. 중기재활(2015년 11월 말까지): 어깨와 몸의 밸런스 회복, 근력향상
3. 후기재활(2016년 2월 중순까지) 근파워, 스피드 향상, 투구 감각 회복
4. 기술향상(2016년 3월~복귀 전까지): 마운드 적응 및 정신적 불안감 회복

주게 되는데, 이 단계의 성패는 정신적인 안정에 달려 있다고 해도 지나치지 않다.

지금까지의 경험으로 보면 후기 재활 과정까지는 대체로 순조롭게 이루어지는 편이다. 야구선수가 수술 후 복귀까지 가장 큰 어려움을 겪는 시기는 막판의 기술 향상 단계다. 투구 강도가 점점 세지면서 이런저런 문제점들이 발견되곤 한다.

선수들에게 수술은 힘든 시련이지만, 그 이후의 재활은 더 큰 고통이다. 힘들고 어려운 과정을 슬기롭게 이겨내기 위해서는 지루하더라고 차근차근 단계를 밟아서 다음 단계로 넘어가야 한다.

이미 이룬 것들도 비범한 투수 류현진이 이 모든 과정을 근성 있게 이겨내고 내년 메이저리그 마운드에서 더욱 특별하고 더욱 감동적인 부활투를 펼쳐주기를 기대해본다.

http://mksports.co.kr/view/2015/781303/

3. '팔꿈치 부상' 김광현의 복귀 전략(2016.08.05)

SK팬들이 애타게 기다리고 있는 에이스 김광현(28)의 공백이 한 달을 넘기고 있다. 김광현은 지난달 2일 잠실 LG전 도중 왼쪽 팔꿈치 통증으로 강판했고, 정밀검진 결과 왼 팔꿈치 굴곡이 미세하게 손상됐다는 진단을 받고 전반기를 마감했다.

약 2주 정도의 재활을 진행한 뒤 18일 캐치볼을 시작했지만 다시 팔꿈치의 통증을 느껴 한차례 ITP(Interval Throwing Program: 점진적 거리 증가 던지기 프로그램)를 중단하면서 복귀가 더뎌졌다. 4일 불펜 피칭을 했다는 소식이 전해졌는데 아직 마운드 복귀 시점은 좀 더 지켜봐야 할 것 같다.

후반기 들어 KIA에 4위를 내주고 순위 싸움이 힘들어진 SK에겐 김광현의 복귀가 더없이 간절하다. 그러나 장기적으로 봤을 때는 완전한 재활을 진행한 뒤 복귀하는 것이 팀과 소중한 에이스 모두에게 더 나은 일이라고 믿는다.

김광현을 마운드에서 끌어내렸던 팔꿈치 통증의 원인은 무엇일까. 정밀검진 소견에서 왼 팔꿈치 굴곡근의 미세 손상으로 나왔다면 팔꿈치 주변에 있는 인대 등의 부상은 아닌 것으로 판단된다. 이렇듯 팔꿈치 자체에 큰 문제가 없는데 반복적으로 부상과 통증이 재발하는 경우에는 두 가지 정도의 문제 가능성을 생각할 수 있다.

하나는 투구 동작의 변화에 따른 팔꿈치 스트레스 증가에 의한 부상 가능성이다. 투구 동작의 변화는 기술적 문제이기 때문에 이 부분에 대한 언급은 제외하고, 또 다른 원인으로는 관절 움직임의 제한에 의한 문제 가능성을 생각해 볼 수 있다. 만약 좌측 어깨 및 고관절의 회전 범위가 줄어들었다면, 감소된 회전 범위의 제한에 의해 팔꿈치가 과도하게 사용되면서 부상의 원인으로 작용할 수 있다.

야구와 골프가 모두 편측 회전을 기본으로 하는 유사한 운동으로 볼 수 있는데, 인체 중 회전을 할 수 있는 관절은 어깨와 고관절밖에 없다. 어깨와 고관절의 회전 범위가 줄어들 경우 인접 관절 또는 다른 관절에 부상을 유발하는 것이 부상의 일반적인 패턴이다. 야구와 골프 선수의 부상 패턴이 비슷한 이유는 회전이 경기력에 매우 중요한 부분을 차지하는 스포츠이기 때문이다.

회전력을 유지해서 경기력을 끌어올리고 부상을 예방하기 위해서는 어깨와 고관절의 회전 범위를 항상 유지하는 것과 이 회전 범위를 유지한 채 회전 근력을 가지는 것이 매우 중요하다. 골프에서 어깨와 고관절의 회전력이 부족한 아마추어 선수들이 프로선수에 비해 손목 또는 팔꿈치 부상을 많이 겪는 것도 같은 맥락이라고 볼 수 있다.

이런 연관성을 고려해 볼 때 현재 김광현은 팔꿈치 자체에 문제가 크지 않기 때문에 어깨와 고관절의 회전력을 세밀하게 관리하고 회복하는 것이 정상적인 컨디션으로 복귀하는 데 큰 도움이 될 것이라고 생각한다.

선수는 '예상보다' 복귀가 늦어지면, 심리적인 문제를 겪기 쉽다. 시즌 성적과 팀 사정에 압박감을 느끼면서 부상이 완전하게 회복되지 않은 상황에서 ITP 진행에 조바심을 내기도 한다. 팀 트레이너가 제시하는 차근차근한 복귀 프로그램은 더디게 느껴질 수도 있다. 그러나 그 스케줄을 믿고 천천히 한 단계씩 밟아갈 때 오히려 몸이 더 빠르게 회복될 수 있다는 생각이 필요하다.

이제 20대 후반의 김광현이 리그의 에이스 역할을 해야 할 기간은 아직도 길다. 팀과 한국 야구를 위해서라도 꼭 건강하고 완전한 복귀를 이뤄내기를 야구팬의 한 명으로서 참을성 있게 기다리고 싶다.

http://mksports.co.kr/view/2016/557900/

4. 젊은 투수들의 팔꿈치 부상, 무엇이 문제일까 (2016.03.18)

아직 2016 시즌이 개막하기도 전에 여러 팀들이 소중한 투수 자원들의 팔꿈치 부상 이탈을 지켜봤다.

넥센은 한현희(23)에 이어 조상우(22)까지 수술대에 올랐다. 롯데 조정훈(31)은 세 번째 팔꿈치 인대접합 수술을 받았고 스프링캠프 막판에는 한화 임준섭(27)의 수술 소식이 들렸다.

이처럼 젊은 투수들의 잇단 팔꿈치 부상과 수술 소식은 팬들의 마음을 무겁게 한다. 입단한 지 얼마 되지 않은 젊은 투수들의 팔꿈치 부상이 잦아지고 있는 원인이 무엇인지 생각해 볼 필요가 있다.

먼저 아마 야구선수 때부터의 체계적인 관리 시스템이 부족하기 때문이라고 짐작된다. 선수의 부상 관리를 위해서는 코치, 트레이너를 비롯해 멘탈 코칭을 해주는 여러 조력자들의 도움이 필요한데 아마 야구팀에서는 이런 세심한 관리를 받기 어렵다. 특히 트레이너의 부재와 함께 다른 전문가들의 관찰과 도움 역시 턱없이 부족한 것이 선수들의 부상을 많이 발생하게 하는 원인으로 생각된다. 팔꿈치 부상은 피로도와 관련이 높으니 투구 수 제한과 투구이닝 제한 등 시스템적인 부분도 당연히 필요하다.

프로야구팀에서의 경험을 떠올려 보면 한해 입단하는 신인 투수들의 대부분이 팔꿈치 부상을 가지고 있었다. 오히려 팔꿈치가 깨끗하게 건강한 투수의 입단이 거의 없다고 말하는 것이 더 맞을 정도로 우리 아마 투수들의 유병률은 심각하게 높은 편이다. 이런 이유로 단장, 스카우트 팀장, 수석코치, 수석 트레이너 등과 함께 부상 선수의 관리 방법에 대해 많은 논의를 했다. 각각의 전문가들이 모여 아이디어를 내고 해결책을 마련하는 것이 필요했다.

미국에서도 최근 증가하는 투수들의 팔꿈치 부상으로 구단과 선수, 트레이닝 전문가들의 고민이 깊어지고 있는 것으로 알고 있다. 그 결과, 팔꿈치 부상을 최소화하기 위해 다음과 같은 몇 가지 안전 기준을 마련해 지키려는 노력도 늘어나고 있다.

팔이 피곤하거나 아픈 상태에서는 절대 투구 금지, 투구 수 제한과 연간 투구를 하는 기간 제한, 올바른 투구폼 익히기 등이다. 고관절의 좋은 움직임을 확보하여 하체를 이용한 투구를 익히는 것도 팔꿈치 부상 예방을 위한 효과적인 노력이 된다. 다만 고관절의 움직임을 좋게 만들기 위해서는 적절한 움직임과 올바른 운동법이 필요한데 이런 코칭과 도움을 아마 야구에서는 쉽게 받기 어려운 실정이다.

아마 선수 때 부실하게 관리돼 팔꿈치 부상을 안고 올라오는 투수들이 프로 입단 초기에 부상 이탈 → 수술 수순을 겪는 안타까운 상황을 줄이려면 일찌감치 아마 시절에 팔꿈치 부상 예방이 절실하게 필요하다. KBO와 대한야구협회(KBA)가 공조해 선수들의 부상 예방을 위한 도움을 아마 팀들에게 나누는 기회가 늘었으면 하는 소망이 있다. 우리 야구의 미래를 풍성하게 할 젊은 투수들의 '쉼표 없는 성장'을 응원해야 하니까.

http://mksports.co.kr/view/2016/203904/

5. 한화 이태양의 선택, '토미존 수술'과 그 이후 (2015.09.04)

2015년 한화 이태양(25)이 일본에서 오른 팔꿈치 토미존 수술(팔꿈치 인대접합 수술)을 받았다. 그는 류현진을 메이저리그로 떠나보낸 한화 팬들이 현재의 이글스 마운드에서 가장 사랑하는 투수 중 한 명일 것이다. 지난해의 떠오르는 태양 같았던 등장에 이어 올해 최고의 활약을 기대했던 한화 팬들에게 그의 시즌 중 수술 소식은 큰 충격이었다.

투수가 선수 생활을 시작해서 은퇴할 때까지 한 번쯤 수술을 겪는 것은 어떻게 보면 일반적이라고 할 만큼 흔한 사례다. 미국에서도 투수의 팔꿈치 부상과 수술적 해결에 대해 많은 관심을 기울이면서 지속적인 연구를 하고 있다. 투수가 뚜렷한 이유 없이 10km 이상 구속이 떨어지거나, 갑자기 제구력이 망가지면 팔꿈치 부상을 의심해 보고 인대 부상을 확인해 수술을 고려해야 한다는 연구들이 많이 있다.

이런 임상과 연구 결과에 비춰 볼 때, 이태양의 빠른 수술 결정은 올바른 선택이라는 생각이다. 이태양은 최고 구속이 150km를 넘는 투수였으나 부상 후 130km 중반밖에 나오지 않았다. 투구 중 통증이 심해지면서 정상적인 투구를 할 수 없는 지경에 이르러 수술을 결정했다고 한다. 지금은 성공적인 수술 후 구단의 관리하에 순조롭게 재활을 진행하고 있다고 하니 1년의 재활 기간을 차근히 밟아내는 일만 남았다.

야구선수의 팔꿈치 토미존 수술 후 재활 과정은 크게 4가지 단계로 나누어진다. 9월 초인 현재 이태양은 중기 재활 과정에 해당할 텐데 향후 마운드 복귀까지 어떤 재활 과정이 있는지 살펴봤다.

팔꿈치 부상은 팔꿈치만의 문제가 아닌 다른 몸의 문제가 팔꿈치에서 발현된 경우가 매우 많다. 예를 들면 견갑골의 기능부전, 고관절의 가동성, 골반의 안정성, 몸의 유연성, 근력 균형, 투구 밸런스에서의 문제들이 팔꿈치 부상의 원인이 될 수도 있다. 그래서 의사들은 야구선수의 팔꿈치 부상이란 '오디오의 스피커와 같이 선수들의 몸의 상황을 알려주는 신호'라고도 한다(조선대 의대 문영래 교수). 오디오에

이태양의 재활 과정 예상

1. 초기재활(2015년 4월~7월 중순): 수술부위 유연성 회복 및 인대안정화 기간
2. 중기재활(2015년 7월 중순~10월 중순): 기초근력 향상 및 전신의 기능회복
3. 후기재활(2015년 10월 중순~12월 중순): 가벼운 던지기(soft toss → long toss)
   (12월 중순~2016년 2월 중순): 마운드 적응 및 투구 강도 올리기
4. 기술향상(2016년 2월 중순~4월 중순): 연습경기 및 실전경기 적응

서 소리가 나지 않을 때는 스피커 자체의 문제일 수도 있지만, 혹시 다른 부분의 문제 때문에 소리가 나지 않는지 근본적인 원인을 찾아서 해결해보는 것이 더욱 중요할 것이다.

2015년 메이저리그 명예의 전당에 헌액된 애틀랜타 브레이브스의 레전드 투수 존 스몰츠(48)는 "내가 명예의 전당에 들어가는 최후의 토미존 수술 경험자이길 바란다"며 야구판의 토미존 수술 증가에 대한 우려를 나타내기도 했다.

이유가 어떻게 됐든 역시 수술은 '최후의 선택'이어야 한다. 팔꿈치에 스트레스를 주는 다른 원인들을 찾아서 모두 회복시키고 향상시켰는데도 여전히 팔꿈치의 문제가 해결되지 않을 경우에만 비로소 수술을 고려하는 것이 선수의 미래를 생각하는 좋은 결정이 될 것 같다.

류현진은 팔꿈치 토미존 수술 이후 에이스로 성장했다. 이태양도 어려운 결정이었던 수술 이후 성실한 재활 과정을 거쳐 리그를 대표하는 에이스로 돌아오기를 기대해본다.

http://mksports.co.kr/view/2015/851622/

6. 박종훈, 2년 연속 10승 비결은 '고관절 내회전 능력' (2019.01.26)

SK와이번스 박종훈은 지난 시즌 두 시즌 연속 두 자릿수 승수를 달성했다. 특히 지난 시즌은 14승을 거두며 팀 내 최다승 투수로 우뚝 섰고, KBO 리그를 대표하는 잠수함 투수로 자리매김했다.

한국에서도 이제 보기 힘든 스타일의 투수인 박종훈은 상무 전역 후인 2015시즌부터 풀타임 1군 선수로 활약 중이다. 그해 6승을 거뒀고, 2016년 8승, 2017년 12승, 2018년 작년 시즌 자신의 커리어 하이 14승을 달성했다.

최고의 성적을 거둔 데에는 여러 가지 요인이 있겠으나, 신체적인 장점을 찾아보면 고관절에서 그 특징을 찾을 수 있다.

투수가 공을 던진다는 것은 발끝에서 시작한 움직임이 무릎, 고관절, 허리, 몸통 어깨, 팔꿈치, 손목을 지나 손끝에서 공이 떠나게 된다. 어느 한 곳 중요하지 않다고 할 수 없으나, 그래도 가장 중요한 곳을 고르라고 하면 고관절과 허리일 것이다. 다른 관절도 중요하지만 고관절과 허리가 중요한 것은 하체에서 올라온 큰 힘을 상체로 전달하는 역할을 하기 때문이다. 따라서 고관절의 움직임과 힘이 좋지 않을 경우 하체와 상체의 연결이 끊어지게 된다.

이렇게 상, 하체의 연결이 끊어지는 투구 형태를 갖는 투수를 야구인들은 상체와 하체가 따로 노는 투수라고 한다. 인체에서 고관절은 많은 움직임을 만들어 내는 관절로써 매우 자유로운 움직임을 만들어 낸다. 투수의 고관절 움직임 방향 중 특히 중요한 움직임은 내측회전(internal rotation)이다. 투구 중 축발의 내측으로 회전이 안되면 골반이 일찍 열려서 고관절과 허리에 힘을 모을 수가 없다. 따라서 고관절의 내측회전 유연성과 근력이 좋은 투수가 좋은 공을 던질 수 있다.

이런 관점에서 박종훈은 투구 중 우측 고관절의 내측회전이 매우 잘 되는 선수라 할 수 있다. 공을 던지고 나서 무릎이 펴진 채 좌측 고관절 쪽으로 회전이 잘 된다. 이러한 이유로 박종훈이 지속적인 성적을 거두고 있다고 판단된다.

투수들에게 고관절 내회전이 잘 될 수 있는 운동을 소개하도록 하겠다. 인체가 힘을 잘 쓰는 것은 고관절에 힘을 잘 모으는 동작이 우선되어야 한다. 힘을 잘 모으기 위해서는 고관절의 꼬임(coiling)이 잘 돼야 한다. 잘 꼬이기 위해서는 하체가 힘을 주는 방향과 상체가 힘을 주는 방향이 반대로 되었을 때 가장 잘 꼬이게 된다. 하지만 이러한 꼬임 중에도 특히 하체의 밸런스는 잡혀 있어야 한다. 오늘 소개한 운동을 매일 조금씩 한다면 아마도 좋은 꼬임을 가진 투수가 될 수 있을 것이다.

http://mksports.co.kr/view/2019/54675/

ABP 자세에서 한쪽발 내회전 준비자세

ABP 자세에서 한쪽발 내회전 종료자세

그림 2-54 고관절 내회전 운동

7. '어깨수술' 안영명, 이후 재활운동의 초점(2016.07.24)

한화 투수 안영명(32)이 지난 19일 일본에서 오른 어깨 수술을 받았다고 한다. 지난해 한화 선발진의 주축으로 활약했던 안영명의 시즌 중 수술은 팀 한화에 큰 타격이지만, 무엇보다 선수 개인에게 이제 매우 힘든 재활의 시간이 시작됐다.

안영명의 수술은 우리가 야구판에서 자주 듣는 어깨 수술과는 조금 다른 수술이었다. 야구선수들은 어깨 부상으로 슬랩(SLAP), 회전근개 손상(cuff injury) 수술을 많이 하지만, 안영명은 어깨 웃자란 뼈를 잘라내는 수술(견봉하 감압술)을 했다. 다른 어깨 수술에 비해 조금 더 빠른 복귀가 가능한 것이 일반적이다.

류현진(LA다저스)이 받은 슬랩 수술의 경우 정상적인 복귀까지 1년 이상의 시간이 필요하나, 견봉하 감압술을 받은 경우는 보통 약 4개월 전후에 복귀가 가능하다. 부상 과정이 다르듯 수술 방법도 다르게 진행되며 재활 운동의 방법도 조금은 다른 형태가 필요하다. 슬랩의 경우에는 어깨 자체 손상된 연골 및 관절의 회복에 조금 더 초점을 맞춰서 재활운동을 진행하지만, 견봉하 감압술의 경우에는 견갑골(어깨 날개뼈)의 정 위치를 잡게 하는 것이 조금 더 중요하다고 할 수 있다.

손상이 일어나는 현상의 첫 번째는 뼈가 웃자란 것이며, 두 번째는 견갑골이 앞쪽으로 이동하여 생기는 문제라고 할 수 있다. 수술적 방법으로 웃자란 뼈는 깎았기 때문에 구조적인 문제는 해결이 되었고 이후 재활운동에서 중점을 두고 진행해야 할 것은 견갑골을 안정시키는 것이다.

등 뒤의 근육이 약해서 견갑골을 잡는 힘이 약해지면 견갑골이 가슴 쪽으로 움직이게 되어 어깨뼈와 충돌을 일으키게 된다. 견갑골의 안정에 도움을 주는 운동 동작으로 가장 효과적인 것인 견갑골을 조여주는 자세로 상체를 앞으로 숙이거나, 엎드려서 W, T , Y자 형태로 팔을 들어 올리는 운동이다. 등 뒤 견갑골의 간격이 벌어지지 않게 평상시에 좋은 자세를 유지하는 것과 견갑골을 모아주는 근육을 트레이닝 시킴으로써 공을 던지는 동작에서 견갑골이 선수의 몸통에 잘 붙어서 활주를 하게 만들어 주는 것이 이 수술의 재활 운동으로 매우 중요한 부분이다.

야구에서 선수의 부상은 어느 정도 필연적이다. 발생하지 않는 것이 가장 좋지만, 어쩔 수 없이 발생하는 부상과 수술 등의 문제에서 야구에 종사하는 우리들이 할 수 있는 가장 좋은 대처는 무엇일까. 부상을 최대한 예방하는 것이 최선, 그다음으로는 정확한 수술과 수술 후 완벽한 복귀를 위한 재활 및 트레이닝 방법일 것이다.

KBO에 좋은 투수가 점점 줄어든다고 팬들과 야구인들의 걱정이 깊다. 투수의 부상 예방, 재활 트레이닝 및 체력 향상을 위한 운동 수행력 트레이닝에 조금 더 많은 관심과 투자가 필요하다는 생각이 든다.

http://mksports.co.kr/view/2016/528242/

8. 고관절 통증 후 복귀하는 윤길현, 구위 회복까지 (2016.06.17)

지난달 29일 고관절 통증으로 엔트리 말소됐던 롯데 윤길현(33)이

주말 홈 SK전에서 돌아온다는 소식이다. 한참 순위 싸움이 한창이었던 롯데에서 지난 보름여 동안 그의 공백이 느껴질 때가 참 많았다. 애를 태웠던 롯데 팬들에겐 단비 같은 소식일 듯하다.

윤길현은 고관절에 염증으로 인한 물이 차는 부상이었다. 사실 투수에게 있어 고관절 부상은 크게 흔한 편은 아니니다. 하지만 투수의 구위를 떨어뜨릴 수 있는 중요한 관절이기 때문에 완전한 회복과 세심한 관리가 필요한 부상 위치다. 투수가 고관절 부상 후 정상적인 구위를 회복하기 위해서는 어떤 준비가 필요할지 살펴본다.

투구 동작에서 하체의 이용은 꼭 필요하다. 부상을 예방하고 구위를 향상시키기 위해서는 하체의 충분한 활용이 절대적으로 중요하다. 하체에서 회전을 할 수 있는 관절은 고관절 하나밖에 없다. 발목, 무릎 관절은 주로 앞뒤로 움직이는 역할을 하지만, 유일하게 고관절은 회전의 역할을 가지고 있다. 따라서 투구 동작에서 가장 중요한 회전은 고관절이 담당을 한다.

투구 중 하체를 사용하지 못하는 투수들의 공통점은 고관절의 회전력을 충분히 이용하지 못하는 경우가 많다. 이 부위의 부상으로 염증과 물이 찰 경우는 고관절의 회전 범위가 줄어들게 된다. 선수들은 일반적으로 통증에 집중하는 경향이 많아 통증이 없어지면 회복이 됐다고 생각한다. 그러나 고관절 통증이 회복되었다면, 이제 회전 범위를 확인하는 것이 중요하다. 통증은 털어냈으나 고관절의 회전 범위가 회복되지 않았을 경우는 구위 회복이 안 되거나 혹은 하체를 이용하는 투구를 하지 못해 어깨나 팔꿈치에 2차적인 부상을 만들 우려도 있기 때문이다. 고관절 부상 투수의 건강한 복귀를 위해서는 염증을 회복시키고 그 후 고관절의 회전 범위를 확인하는 것과 운동 중

회전 범위 내에서 근력을 정상적으로 발휘할 수 있는지 확인하는 것이 필요할 것이다.

운동 중 고관절의 회전 범위와 회전 범위 안에서 근력이 만들어져 있는지를 확인하는 방법 중의 한 가지는 사이드 런지 동작에서 고관절을 내회전시키는 운동을 통해 확인하는 것이다. 이 동작(사진)은 고관절의 유연성 및 근력 회복에 좋은 운동법이기도 하다.

투수들이 운동을 할 때 많이 놓치는 것 중 한 가지가 기능적 유연성이다. 투수들은 기능적 유연성과 근력 트레이닝을 동시에 하기보다 근력 강화에 집중하는 경향이 강하기 때문에 기능적 유연성이 떨어지는 것을 알아차리지 못하는 경우가 많다. 이런 경우 통증과 부상은 없지만 투구 중 회전력이 줄어들면서 공의 구위가 떨어지거나 회복되지 못하는 결과로 이어질 수 있다.

투수는 파워를 만드는 것이 중요한 포지션인데, 특히 투구 동작은 회전력을 이용해 파워를 만드는 것이 포인트다. 역도선수처럼 힘을 향상시켜 파워를 만드는 것이 아니라 회전력을 통해 파워를 만든다

ABP 자세에서 한쪽발 내회전 준비자세

ABP 자세에서 한쪽발 내회전 종료자세

그림 2-55 고관절 내회전 운동

는 핵심에 대한 고민이 필요하다. 그 고민의 중심에는 고관절의 회전 범위가 있을 것이다.

http://mksports.co.kr/view/2016/434154/

9. '햄스트링 부상' 송승준의 완벽한 복귀를 위한 준비 (2016.04.21)

롯데 에이스 송승준(36)이 지난 15일 마산 NC전에서 테임즈를 상대로 투구하던 중 왼쪽 햄스트링(왼 허벅지 뒤쪽의 근육) 부상을 당했다. 통증을 느낀 후 다시 마운드에 서서 던지기 위해 노력해보았으나, 정상적으로 투구를 계속하기에는 역부족으로 느꼈는지 결국 마운드에서 내려가 팬들을 안타깝게 했다. 이제 30대 중반을 넘긴 고참 투수가 된 송승준의 회복과 복귀를 위한 준비에 대해 이야기해 보려 한다.

2009년부터 2013년까지 5시즌 연속 160이닝 이상을 던졌던 송승준은 최근 두 시즌 동안 120이닝 정도로 투구이닝이 줄었다. 2014년부터 나타난 반복적인 하체의 잔부상들이 투구 이닝 수를 줄어들게 한 원인이 아니었을까 생각해본다. 이번 부상은 근육이 늘어난 수준이라 2주 정도의 회복 기간이 지나면 복귀가 가능하다는 소식이 들린다. 최초 알려졌던 것보다 큰 부상이 아니라 참 다행한 일이다. 그러나 최적의 복귀 시점을 잡기 위해서는 끝까지 신중하게 선수의 몸 상태를 살펴보는 게 중요할 것이다.

일반적으로 선수는 부상으로 전력에서 이탈하게 되면 자신의 몸 상태와는 크게 상관없이 빨리 복귀하기를 바라는 경우가 많다. 선수

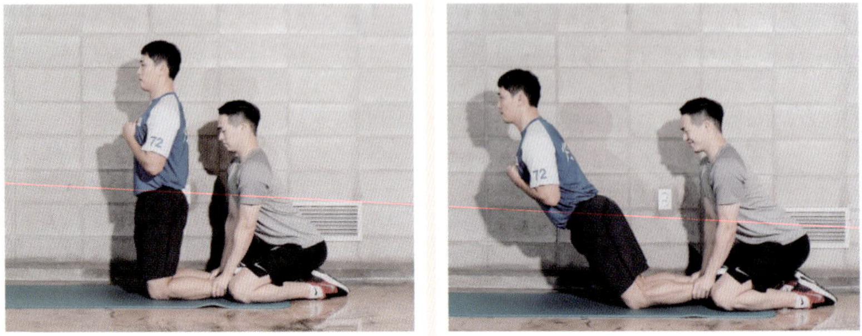

준비자세 종료자세

그림 2-56 노르딕 햄스트링

들의 조급함에 맞서 장기적인 계획을 가지고 선수의 재활과 복귀를 준비하는 것은 구단과 트레이닝 파트의 몫이 된다. 그래서 한창 시즌 중에 팀 전력의 향방을 가르는 주력 선수의 부상에 대처할 때는 구단과 트레이너들이 때론 쉽지 않은 결정을 해야 할 때가 생기곤 한다.

이번 송승준의 부상 상황처럼 투수가 투구 중 디딤 발(오른손 투수 송승준의 왼발)의 햄스트링에 통증이 발생하게 되면 오른 다리에서 왼 다리로의 원활한 체중이동이 힘들어진다. 만약 완전하게 회복되지 않은 상태에서 투구를 할 경우 오른 어깨와 팔꿈치에 부담을 전달하게 돼 2차적인 부상이 발생할 수도 있다. 공을 던지는 순간의 왼 발목, 무릎, 고관절에서의 적절한 체중 분산은 투수의 투구 밸런스와 안정을 만드는 매주 중요한 요소다. 미국에서 진행됐던 연구 중에는 '투구 시 하체에서 엉덩이와 복부(코어) 쪽으로 전달되는 연결고리가 정상적으로 밸런스가 잡히지 않으면 에너지의 20%가 줄어들고, 밸런스가 깨진 상태에서 동일한 힘을 손에 전달하기 위해서는 어깨의 회전 속도를 34% 높여야 한다'는 결과가 있다. 하체 밸런스가 무너졌을 때 어깨와 팔꿈치에 부담을 주는 원인이 될 수 있다는 얘기다.

야구팀에서 선수의 부상은 어쩔 수 없이 닥치는 일상이다. 각 선수들이 부상의 고리를 끊어 내고 완전하게 복귀하기 위해서는 팀 닥터, 트레이너, 피칭 코치(혹은 타격코치), 전력분석팀의 협업이 필요하다. 머리를 맞대고 서로의 노하우를 공유하여 선수의 완벽한 회복과 복귀를 어떤 방식으로 도울 것인지 고민하고 의견을 나누는 과정이 이상적이다. 프로야구 팀에서 일하던 때를 돌아보면 이러한 노력이 잘 이루어졌을 때 선수의 경기력이 가장 잘 회복됐던 것으로 기억된다.

구단의 전력 향상과 장기적인 팀의 건강한 운영을 위해서는 이런 협의체 또는 팀 구성이 필요하고 이 팀을 지속적으로 지원하는 구단의 의지가 필요하다. 에이스 한 명이 만들어지는 데는 참 오랜 시간이 걸리지만, 그 에이스를 잃는 데 걸리는 시간은 찰나일 수도 있으니까.

선수층이 두텁지 못하다는 안타까움을 나누고 있는 우리 구단들이 더 세심한 신경을 기울여야 할 부분이 바로 이런 과정이 아닐까 생각해 본다.

http://mksports.co.kr/view/2016/288853/

5장

야수의 부상 예방을 위한 운동재활

메이저리그 야수의 부상을 살펴보면 햄스트링 부상, 어깨 부상, 허리 부상, 옆구리 부상, 팔꿈치 부상, 손목을 포함한 전완부, 발목 순서대로 생긴다. 주로 부상이 생기는 기전은 달리기, 투구, 배팅 동작에서 많이 발생된다. 야수의 부상을 예방하기 위해서는 골반과 코어의 밸런스를 통해 주변 근육과 관절의 텐션을 관리하는 것이 좋다. 햄스트링 부상이 단순하게 달리는 동작에서 생기는 것이 아니라 타격, 투구에 의한 골반의 안정성이 떨어져도 생길 수 있기 때문이다.

1. 하체부상 '전이패턴' 추신수, 완벽한 재활이 필요하다 (2016.05.26)

메이저리거 추신수(33 · 텍사스)가 24일 또 부상자명단(DL)에 오르게 됐다. 오른쪽 종아리 부상에서 회복돼 40여 일 만에 21일 휴스턴 애스트로스전에 복귀했지만, 주루 도중 왼쪽 햄스트링 통증으로 교체되더니 결국 이튿날부터 더 이상 경기에 나서지 못했다.

당황스럽고 안타까운 소식이다. 지난 2014시즌부터 추신수는 반복적인 하체 부상으로 정상적인 기량을 펼치지 못하고 있다. 왜 이런 현상이 장기간 되풀이되고 있는지 분명히 원인이 있을 것이다.

추신수의 부상은 2014년 이전에는 왼 팔꿈치와 옆구리 부상이 종종 생기는 정도였다. 그러나 2014시즌 급격하게 하체의 문제로 옮겨가면서 잦은 DL의 심각한 그림으로 번졌다. 상체 부상에서 하체 부상으로 옮겨가고 있는 것이다. 당연한 이야기겠지만, 많이 뛰는 선수들은 그렇지 않은 선수들에 비해 하체 쪽에 부상이 많이 생기게 된다. 빠른 베이스러닝과 슬라이딩, 넓은 수비 범위는 하체 부상을 만들어내는 원인을 제공하게 된다. 추신수 역시 많은 활동량과 근성 넘치는 플레이를 펼치다 보니 하체 부상의 위험성이 높아졌을 것이다.

▶ 추신수 발목, 종아리, 햄스트링 부상일지

- 2014년 5월 왼 발목 부상(시즌 중 통증을 안고 경기 출장)
- 2014년 9월 18일 왼 발목 관절경 수술(시즌 조기 마감)
- 2016년 4월 11일 오른 종아리 좌상(40일 만의 복귀)
- 2016년 5월 21일 베이스러닝 도중 왼 햄스트링 좌상(3~4주 예상)

선수에게 있어 부상은 필연적인 것이다. 파워 넘치는 플레이에는 부상의 그림자가 항상 따라다닌다. 결국 경기 중 발생한 부상을 어떻게 치료하고 어떻게 효과적인 재활을 해내느냐가 중요하다.

추신수의 부상은 왼 발목에서 오른 종아리 좌상으로, 그리고 왼 햄스트링 손상으로 전이되고 있는 패턴이 보인다. 전형적으로 부상 관리에 실패한 결과로서 팀 트레이너와 메디컬 팀의 관리도 경각심을 갖고 돌아볼 필요가 있는 부분이다. 메이저리그 팀의 트레이닝 파트는 한국에 비해 크게 발전된 것은 사실이지만, 그들도 늘 완벽할 수 없다. 선수의 부상 관리는 그만큼 어려운 과제, 끝없는 노력과 주의를 요하는 미션이니까.

하체 쪽에서의 부상이 이렇게 왼쪽에서 오른쪽으로 다시 왼쪽으로 옮겨 다니는 것은 선수의 몸 전체 밸런스를 잡지 못하고, 그때그때 발생된 문제에 대해서만 해결을 하고 마무리 지을 때 나올 수 있다.

또 다른 추측은 30대 중반을 넘기고 있는 추신수가 혹시 근력 트레이닝에 너무 집중한 나머지 유연성 회복이 부족한 운동을 하고 있는 건 아닐까 하는 것이다. 특히 미국의 트레이닝 추세는 아무래도 파워를 향상시키는 데 집중돼 있어서 추신수도 (근육의 유연성이 회복됐다고 판단하고) 관절의 유연성 및 안정성이 충분히 확보되지 않은 상태에서 근파워 트레이닝을 진행했다면, 이번 부상의 원인 중 하나로 작용했을 가능성이 있다. 재활 트레이닝은 통증 회복, 유연성 및 안정성 회복, 근파워 향상의 순서대로 진행되는 것이 정석이다.

한국팀에서 경험해 본 바, 외국인 선수들과 국내 선수들은 부상에 대한 대처가 다른 경우가 많다. 한국 선수들은 크고 작은 통증을 참고 뛰는 것이 아마추어 때부터 익숙하기 때문에, 작은 통증도 관리받으며 뛰는 미국 선수들과는 확실히 다른 부분이 있다. 신중해야 하는 재활 과정에서 세심하게 들여다볼 필요가 있다.

신체의 전반적인 밸런스 회복과 조급하지 않은 차근차근한 재활은 추신수가 그라운드로 돌아오기 전 꼭 밟아야 하는 스텝이다. '추추 트레인'이 다음번에 돌아올 때는 꼭 완벽한 재활과 안정적인 복귀가 이루어지기를 응원해본다.

http://mksports.co.kr/view/2016/377538/

2. 부상 추신수의 '베이비스텝'을 응원한다(2016.04.15)

이제 막 시즌이 시작했는데 텍사스 레인저스의 추신수(34)가 '15일 부상자 명단(DL)'에 올랐다. 메이저리그의 '코리안 파워'를 이끄는 큰형 타자의 갑작스런 부상 이탈이라 우리 야구팬들을 더욱 안타깝게 했다.

추신수는 지난 7일(현지시간) LA 에인절스와의 경기 때 네 번째 타석에서 사구를 맞았다. 걱정스러운 장면이었지만, 경기 후 "변화구를 맞아서 괜찮다"는 추신수의 씩씩한 인터뷰가 전해졌고 다음날 경기에도 선발 출전, 5타석(4타수1안타)을 정상대로 소화하면서 다행히 괜찮은 줄 알았다. 그러나 사구를 맞은 지 이틀 뒤였던 10일(한국시간) 경기를 앞두고 추신수는 오른 종아리 통증으로 선발 라인업에서 빠졌다. 경기 전 수비훈련 도중 통증을 호소한 것으로 알려졌는데 진단 결과는 오른 종아리 염좌라고 한다.

일반적으로 선수가 공에 의한 타박상을 당했을 때 타박의 위치가 위험할 경우에는 경기에서 제외하거나 운동을 멈추게 하는 것이 가장 좋은 방법이다. 종아리 타박상은 종아리 근육의 미세 손상으로 이어져 곤란한 2차 부상으로 이어질 우려가 있다. 미세 손상은 사나흘만 지나도 회복되는 것임을 고려할 때 이번 추신수의 경우는 혹시 사구를 맞은 후의 대처와 관리가 조금 부족했던 것이 아닌가 하는 생각도 든다. 이튿날 경기를 뛴 뒤 부상 소식이 나온 것이 너무 안타깝다.

복귀까지 약 4주 안팎의 진단이 나온 것을 보면 이번 추신수의 종아리 염좌는 2도 손상쯤으로 보인다. 보통 1도 손상의 경우는 복귀까지 1~2주가 걸리고, 3도 손상의 경우는 약 8주 이상의 재활을 고려하는 것이 메이저리그의 일반적인 복귀 매뉴얼이다.

투구를 몸에 맞은 이번 추신수의 경우는 다르지만, 선수들이 그라운드에서 종아리 부상을 당하는 경우는 준비운동이 충분하지 못하거나 차가운 날씨에 운동할 때, 또는 예전의 부상 부위 회복이 완전하지 않아 유연성이 부족하거나 아킬레스의 경직이 있는 경우에 잦다. 급출발과 급정지, 혹은 점프를 많이 하는 선수도 종아리 부상에 쉽게 노출된다. 이와 같은 종아리 부상의 위험요소를 잘 인지하고 세밀한 관리로 예방하는 것이 필요하다.

야구선수들의 종아리 부상은 특히 베테랑들에게 많다. 예전에는 종아리 부상이 은퇴에 이르게 하는 심각한 고민으로 여겨지기도 했

준비자세 종료자세

그림 2-57 발목 점프

다. 회복이 잘 되지 않고 반복적으로 재부상이 생기면서 선수의 달리기 스피드를 떨어뜨리기 때문에 베테랑 선수들에게는 '호환마마'보다 무서운 부상이었다.

이제는 스포츠의학과 재활기술의 발달로 정상적인 복귀가 그리 어렵지 않은 부상이다. 그러나 세심한 관리가 매우 중요한 부상이며 '회복이 쉽지 않다'는 선수들의 선입견과 두려움은 여전하다. 선수들이 이 부상에 특히 부담스러움을 느끼는 이유는 종아리에 가해지는 체중의 무게를 직접적으로 느끼기 때문인 것 같다.

달릴 때 한쪽 발에 가해지는 무게는 자기 체중의 5~6배라고 한다. 체중이 95kg이라는 추신수라면 약 500kg에 달하는 무게가 한쪽 종아리에 실리는 셈이다. 종아리를 다친 선수가 완전하게 회복되지 않은 상태에서 빠르게 달렸을 때 쉬이 재부상이 생기는 원인은 바로 이런 무게를 견뎌내기 힘들기 때문이다.

'추추트레인'을 빨리 그라운드에서 보는 것도 중요하지만, 철저한 치료와 재활을 통해 스피드와 파워를 온전히 회복하고 복귀하기를 바라는 마음이다. 말끔한 회복을 위해서는 재활의 일반적인 과정보다 조금 여유를 가지는 것이 필요할 수 있다. 미국에서는 재활을 할 때 '베이비 스텝'이라는 말을 사용한다. 완벽한 회복까지 추신수의 '베이비 스텝'을 응원해본다.

http://mksports.co.kr/view/2016/274352/

3. '강정호 부상(왼무릎 정강이뼈 골절)' 한 달 후, 그리고 반년 후 복귀까지(2015.10.16)

지난달 18일(한국시간) 피츠버그 강정호(28)가 홈 PNC파크에서 벌어진 시카고 컵스전에 선발 유격수로 출전했다가 2루에서 더블플레이를 시도하던 중 상대 주자 크리스 코글란의 과격한 태클에 왼무릎을 다쳤다. 부상 부위는 왼무릎 정강이뼈 골절, 내측 측부인대 부분파열, 반월상 연골 파열이었고 곧바로 수술을 했다.

3군데 부상에서 눈여겨 볼 부분은 반월상 연골 파열이다. 반월상 연골은 체중이 실리는 동작에서 압력을 분산 시켜주는 역할을 하는 구조물이며, 반월상 연골의 회복이 향후 강정호가 파워 및 스피드를 회복하는 데 중요한 역할을 하게 될 것이다.

온 국민을 충격에 빠뜨렸던 강정호의 부상 이후 한 달이 지났다. 현재의 상태와 앞으로의 재활과정을 예상해봤다.

강정호는 현재 초기 재활 과정을 보내고 있다. 이 시기는 수술 부위가 완전하게 회복되도록 하는 시간으로 의료진의 도움을 받아 가

강정호의 예상 재활진행 과정

1. 초기 재활 과정: 9월 18일부터 11월 중순까지 — 수술 부위 회복
2. 중기 체력향상 과정: 11월 중순부터 내년 1월 중순까지 — 수술 부위 움직임 및 기초근력 향상
3. 후기 운동기능 향상 과정: 내년 1월 중순부터 3월 중순까지 — 스피드, 민첩성, 파워 향상

면서 조심스럽게 움직이는 단계다. 마음이 급하고 답답하더라도 주의 사항을 잘 지켜야 하는 가장 중요한 시기다.

중기 체력 향상 과정에서는 근지구력, 근력, 균형성 등을 향상시키기 위해 트레이너들과 가벼운 웨이트 트레이닝부터 시작해 점진적으로 예전의 근력을 회복하기 위한 운동을 한다. 이 단계에서 주의할 것은 트레이닝의 우선순위인데 유연성→근지구력→근력의 순서로 진행하는 것이 필요하다.

후기 운동기능 향상 과정은 부상 전의 스피드(주력)와 몸의 파워, 그리고 기술적 감각을 되찾는 시기로 이런 운동기능들이 향상되기 위해서는 중기 체력 향상 단계에서 체력적 능력을 극대화하는 것이 필수적이다. 주력과 파워가 부상 전으로 돌아가지 못하는 경우는 거의 대부분 중기 체력 향상 단계가 부족했던 데 원인이 있다.

강정호는 현재 야구선수들의 부상과 회복에 관한 많은 경험을 축적한 메이저리그에서 재활을 진행하고 있기 때문에 최상의 상태에서 섬세한 관찰 속에 재활 트레이닝을 하고 있을 것이다. 그가 성공적인 재활을 하기 위해서 가장 기억해야 할 것은 몸에서 일어나는 아주 사소한 증상이라도 여과 없이 트레이너에게 전달해 정확한 프로그램을 받는 것이다.

의욕이 넘치는 선수들은 빨리 복귀하고 싶은 마음에 좋지 않은 무릎 상태를 트레이너에게 좋다고 전달하는 경우도 있다. 그 결과, 운동 프로그램이 엉뚱하게 나오게 되면 향후 스피드와 파워를 향상시키는 단계에서 낭패를 볼 수 있다.

강정호의 복귀를 기대할 수 있는 시점(2016년 3월~5월)은 내년 리그를 시작하는 시점과 비슷하게 겹치는 데, 그맘때쯤이면 선수도 우리도 애타게 조바심을 낼 것 같다. 그러나 빨리 뛰고 싶은 욕심에 몸이 채 완전히 회복되기 전에 성급하게 그라운드에 나섰다가는 재부상의 위험이 생기고 스피드와 파워를 예전처럼 되찾기 힘들어질 수도 있다.

강정호는 조급함을 버리고 차근차근 복귀를 준비해야겠고, 우리는 그런 그를 차분히 기다려주고 끝까지 응원해야 '한국의 자랑' 강정호를 한 달 전 그대로의 모습으로 다시 만날 수 있을 것이다.

http://mksports.co.kr/view/2015/987063/

4. SK 최정, 발목 부상 후 빠른 복귀의 '득과 실' (2015.08.28)

SK 최정(28)은 지난 11일 부산 롯데전에서 1루 주자로 나갔다가 귀루하던 도중 오른 발목을 접질렸다.

야구선수들의 발목 부상은 최정의 경우처럼 베이스를 밟다가 발생하는 일이 일반적이다. 최정의 부상 장면을 세심히 들여다보니 왼발과 오른발의 간격이 너무 멀었던 것이 문제가 된듯했다. 움직일 때 왼발과 오른발의 간격이 지나치게 넓어지면 체중 이동이 수월하지 못해 자세가 잘못돼도 바로잡기 어려운 상황이 되고 만다. 부상의 우려가 커지는 셈이다.

최정이 1루로 귀루하는 움직임에서 조금 더 짧은 스텝을 했더라면, 불상사를 피할 수 있지 않았을까 하는 아쉬움이 든다. 경기 도중의 발목 부상을 예방하기 위해서는 특히 뛰다가 멈추는 동작에서 스텝을 작게 하여 움직임을 편안하게 하는 것이 좋다.

베이스러닝 중에 부상이 많은 이유는 베이스의 생김새와도 관련이 있다. 베이스는 윗부분이 약간 둥근 모양이라 미끄러지기 쉽다. 미끄러지지 않기 위해서는 베이스의 윗부분이 아닌 모서리를 발바닥의 중간으로 밟아야 한다. 타격을 할 때 공의 움직임을 끝까지 놓치지 않아야 하는 것처럼 주루 때도 베이스를 끝까지 정확하게 보고 밟는 것이 중요하다.

선수들에게는 잘못된 작은 버릇 하나하나가 치명적인 부상, 사고의 원인이 될 수도 있다. 평소 바른 동작에 집중하며 훈련하는 것이 필요하겠다. 좋은 동작을 반복 훈련하면 경기 중 부상 위기가 닥쳤을 때 대처하기가 쉬울 뿐 아니라 게임의 흐름에도 도움이 된다. 그래서 "훈련은 양적으로 하는 것보다 질적으로 하는 것이 중요하다"는 말이 크게 와닿는다.

최정이 발목을 다친 직후, '정밀검사 결과 복귀까지 약 1개월이 필요하다'는 기사가 나왔는데 막상 열흘 만에 1군에 돌아왔고 이번 주부터는 지명타자로 선발 라인업에 나서고 있다. 복귀 후 안타가 없어 맘고생을 하더니 27일 잠실 LG전에서 2타점 역전 결승 2루타를 때려내면서 3타점 경기를 했다. '역시 최정'이라는 감탄을 하게 했지만, 한편으로는 과연 어떤 치료를 했기에 이렇게 예상보다 빠르게 1군에 복귀할 수 있었는지, 혹시 SK만의 특별한 재활 방법이라도 있었던 것인지 궁금해진다.

개인적으로 세상에 '특별한 치료'가 있다고 믿는 편은 아니다. 그동안의 경험과 이론적인 판단으로는 그렇다. 물론 사람에 따라 조금 빠르게 회복되는 경우는 있지만, '유별나게 빨리' 부상에서 좋아지는 것은 거의 불가능한 일이라고 생각하는 쪽이다.

그래서 최초 알려진 부상 진단에 비해 복귀 시기가 훨씬 당겨진 최정의 모습에 많이 놀랐다. 시즌 종반 치열한 포스트시즌 싸움 속에서 급박한 SK의 팀 사정을 생각할 때, 혹시 최정이 남은 통증을 참고 서둘러 돌아온 부분은 없는지 조금 걱정이 되기도 하는데 선수와 팀의 신중한 결정이었을 것이다.

걷고 뛰는 선수에게 발목은 매우 중요한 부위다. 작은 발의 면적으로 체중을 지지하는 데다 방향을 급격하게 바꾸어 가면서 뛰는 것만으로도 부담이 큰데, 발목 부상까지 가진 상태에서 운동을 하게 되면 허리, 무릎까지 부상의 여파가 번질 수 있다.

발목 부상의 재활은 상당히 힘든 과정이다. 재활 운동의 강도가 힘든 게 아니라 뛰고 싶은 충동을 억누르며 운동의 난이도를 조심스럽게 한 단계씩 높여야 하는 점이 힘들다. 야생마처럼 운동장을 누비던 선수가 갑자기 노인처럼 조심스럽게 운동해야 한다니 답답해서 미칠 지경이 된다.

내가 프로야구팀에서 재활 선수를 관리할 때 가장 힘들었던 부분은 (선수가) 재활 기간을 지키면서 재활 과정을 밟아가게 만드는 것이었다. 선수는 몸이 조금만 회복되어도 무조건 경기를 뛰고 싶어 한다. 엔트리에서 제외되는 데 대한 불안감이 크고 성적에 대한 조바심도 강하다. 그들의 이런 감정적인 부분을 컨트롤하고 적절한 선택을 하는 것은 스텝의 몫이 된다.

재활 후 복귀 시기를 결정할 때는 전문적인 스탭이 선수의 뛰는 모습을 객관적으로 보고 판단하는 과정이 필요하다. '팀이 급하기 때문에' 혹은 '선수 본인이 괜찮다고 해서' 등의 이유로 복귀가 결정되는 것은 결국 팀에게도, 선수에게도 리스크를 높인다.

정상적인 몸 컨디션을 가지고 있는 선수도 좋은 성적을 내는 것은 쉽지 않은 일인데 부상에서 회복하지 못했다면 더욱더 어려운 일이 아닐까. 한 명의 선수가 슈퍼스타로 성장하는 데는 엄청난 시간이 걸리지만, 잊히는 것은 순간인 프로 무대. 오래 살아남아야 하는 선수들은 위기에 닥칠수록 멀리 보면서 긴 승부를 하는 것이 중요하겠다. 진정한 재활의 완성은 적절한 복귀 시기의 판단일 테니까.

http://mksports.co.kr/view/2015/827554/

5. '이승엽 없던 열흘'의 이유, 햄스트링 부상(2015.08.21)

지난 8일 '국민타자' 이승엽(39 · 삼성)이 오른쪽 햄스트링(허벅지 뒤쪽) 부상으로 엔트리에서 제외됐었다. 불혹의 나이에도 여전히 감동의 야구를 펼쳐 보이고 있는 그의 부상은 많은 팬들의 걱정을 샀지만, 다행히 열흘 만에 돌아와 다시 묵직한 존재감을 뽐내고 있다.

야구팬이면 꽤 익숙한 단어일 정도로 '햄스트링 부상'은 야구판에서도 발생 빈도가 높은 편이다. 사실 햄스트링 부상은 2000년대 이전까지만 해도 타자들의 은퇴를 부르는 아주 무서운 부상으로 알려지기도 했다. 그 이유는 최초의 부상 후 약 70%까지는 회복이 잘 되지만, 그 이상 빠르게 뛰려고 하면 자꾸 통증과 부상 재발이 되풀이되기 때문이다. 예전 지도자와 선수들은 햄스트링 부상을 조금 가볍게 생각하는 경향이 있어 완전하게 회복이 되지 않은 상태에서도 게임에 출전해 부상이 반복되는 일이 적지 않았다. 그러나 회복의 과정만

알면, 햄스트링 부상은 그렇게 무서운 부상이 아니다. 주로 타자들에게 나타나는 햄스트링 부상의 원인과 해결 방법에 대해 설명해 본다.

햄스트링 부상은 정도에 따라 3단계로 나누어 볼 수 있다. 1단계는 근육의 20~30% 정도 손상으로 복귀까지 약 2~3주 정도 필요하다. 근육의 40~60% 정도가 손상된 2단계는 약 4~6주의 복귀 기간이 소요되며, 3단계는 근육의 70% 이상이 손상된 경우로 2~3개월 정도의 회복 기간이 필요하다.

열흘 만에 돌아온 이승엽은 다행히 1단계 이하의 경미한 통증이었던 듯하다. 그런데 일반적으로 햄스트링 부상은 빠르게 달리는 육상선수, 축구선수들에게 자주 생기는 것인데 왜 한국을 대표하는 홈런 타자인 이승엽까지 괴롭히게 됐을까.

이는 햄스트링을 다칠 수 있는 위험 요소가 상당히 다양한 곳에 존재하기 때문이다. 햄스트링 부상은 선수 개인 근육의 생김새, 유연성 부족, 골반의 불균형 및 코어의 안정성 부족, 피로의 누적, 과거의 햄스트링 부상 경험, 또는 준비 운동이 부족했을 때나 허벅지 앞과 뒤의 근력에 불균형이 생겼을 때, 햄스트링 최대 근력이 부족할 때 등에도 발생할 수 있다.

예를 들어 이승엽 같은 파워히터의 경우, 스윙 스피드도 햄스트링 부상의 원인이 될 수 있다. 햄스트링(허벅지 뒤쪽)은 골반의 아래쪽에 붙어 있는 근육이다. 스윙을 할 때 앞쪽(왼손타자 이승엽의 오른쪽) 햄스트링이 강력하게 회전축을 잡아주는 역할을 하기 때문에 큰 힘이 들어가게 된다. 올 시즌 타격 상승세인 이승엽이 배트 스피드가 빨라져 홈런과 장타가 많아지면서 오른쪽 햄스트링에 스트레스가 쌓였을 가능성도 생각해 볼 수 있다.

때론 지나친 의욕과 성실함 역시 햄스트링 부상의 원인이 되기도 한다. 햄스트링은 잘 하고자 하는 마음에 너무 많은 훈련량을 소화하면서 몸에 피곤이 누적돼 다칠 수도 있는 부위다. 많은 훈련량이 좋은 기술을 만들기는 하지만. 특히 베테랑 선수들의 경우 양적인 훈련 강도보다 몸이 건강하게 버텨낼 수 있는 질적인 훈련 강도를 높이는 방법에 주력할 필요가 있다.

지난해 인천아시안게임 야구 대표팀에서 일하면서 삼성 류중일 감독의 소신을 지켜봤다. 부상 중인 선수를 게임에 출전시키지 않는다는 뚜렷한 철학을 갖고 있는 사령탑이었다.

아픈 선수를 게임에 내보내지 않는다는 것이 어찌 보면 당연하고 쉽게 들리는 말이지만, 매일매일의 승부가 절실한 현장의 프로야구 감독에겐 상당히 힘든 결정이다.

이렇게 기다려 주는 감독과 함께 권오경 트레이너, 김현규 트레이너 등 풍부한 경험과 선진 기술을 가진 트레이너 진용을 갖춘 삼성에서는 선수들이 부상했을 때 완전한 회복 후의 복귀, 건강한 관리가 이루어지고 있는 것 같다. 이는 삼성이 4년 연속 정규시즌 · 한국시리즈의 통합 우승을 달성한 강한 구단으로 성장하는 데 밑거름이 됐으리라 생각해본다.

http://mksports.co.kr/view/2015/803575/

6. SK 나주환, 종아리 부상 복귀 전략은?(2017.09.22)

지난 14일 SK와이번스 내야의 핵 나주환(33)이 오른쪽 종아리 부상으로 팀에서 이탈하게 됐다. 22일 현재 상황으로는 SK의 와일드카드전 진출 가능성은 높지만 나주환의 포스트시즌 출장 여부는 확실하지 않다. 공수의 핵인 나주환의 이탈은 팀 전력의 약화 가능성이 높다.

나주환은 타석에서 상대 투수가 던진 공에 종아리를 맞은 뒤 베이스러닝을 하다가 부상이 발생했다. 이 칼럼에 취지에 맞게 필자는 발생된 부상 원인에 대한 이야기보다 앞으로 선수가 어떻게 복귀를 하는 게 좋은지를 알아보려고 한다.

예전 선수들에게 있어 종아리 부상은 매우 무서웠다. 선수 생명을 마감해야 하는 부상으로 인식됐기 때문이다. 일반적으로 종아리 부상이 생기고 3~4일 또는 일주일 정도면 통증이 없어지고 걷는데 불편함이 없기 때문에 부상을 가볍게 보는 경향이 있었다.

하지만 전체 재활 기간으로 보면 초기에 빨리 회복되는 경향이 있고, 후기 쪽으로 갈수록 더디게 회복이 진행된다. 이런 이유 때문에 프로스포츠에서 2000년대 초반만 해도 부상 재발이 많은 부위가 종아리다. 지금도 다른 부위보다는 재부상의 위험이 많은 부위이기는

한발 뒷꿈치 들기 준비자세

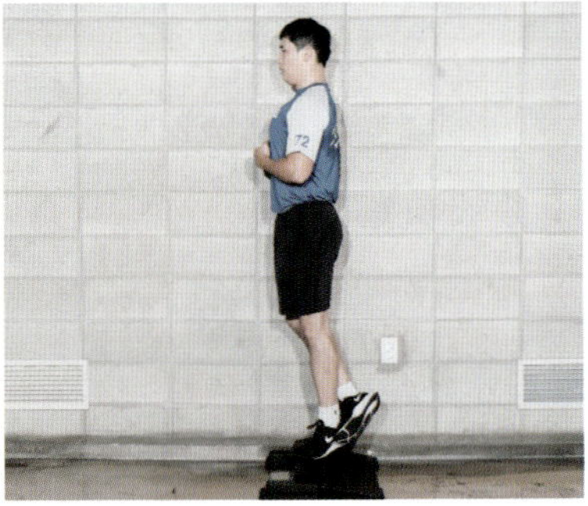

한발 뒷꿈치 들기 종료자세

그림 2-58 종아리 강화 운동

하다. 부상 재발이 없이 복귀를 한다고 해도 완전하게 회복되지 않으면 달리는 스피드와 파워가 떨어지는 현상이 나타나기도 한다. 이런 이유에서 선수의 그라운드 복귀는 신중하고 확실한 회복을 검증하는 것이 필요하다.

스포츠 재활에 있어 초기에는 가동성, 안정성, 근 신경 통제 운동이 이루어져야 하며, 중기에는 근력, 근지구력, 심폐지구력이 회복되어야 하고, 스포츠 재활 후기에는 스피드, 민첩성, 빠른 움직임 및 점프 능력을 향상시키는 과정을 거쳐야 완전하게 복귀하게 된다.

종아리 부상의 회복 여부를 확인하는 방법은 여러 가지가 있지만 가장 간단하게 확인할 수 있는 것은 줄넘기가 있다. 줄넘기 동작은 다리 중에서도 종아리의 근육을 많이 사용하는 동작이다. 또 한 가지 좋은 방법 중에 하나는 종아리(발목)를 이용해서 점프를 높게 하는 트레이닝을 하는 것이다. 〈그림 2-58〉처럼 무릎을 최대한 구부리지 않은 상태에서 높이 뛰는 동작의 트레이닝을 하게 되면 종아리의 근력과 스피드가 만들어져 파워를 회복할 수 있다. 물론 발목(종아리) 점프 동작은 재활의 마지막 단계에서 최종적으로 부상의 회복을 확인하는 방법으로 사용해야 한다. 재활의 최종 단계에서 50m 직선 달리기, 8자 달리기 180도 방향 전환 달리기, 앞으로 달리기와 뒤로 달리기를 혼합한 민첩성 운동이 회복을 확인하는 것이 좋은 방법이다.

인체에서 종아리는 걷고, 뛰는 데 있어 매우 중요한 역할을 하는 부위이다. 일반적으로 걸을 때 3~4배, 달릴 때 5~6배의 체중이 다리 쪽에 들어간다. 야구처럼 자신의 최대 달리기 스피드를 요구하는 종목에서는 종아리의 정상적인 회복은 경기력에 매우 중요한 역할을 한다. 따라서 정상적인 종아리 근력과 파워 스피드를 확인하고 복귀를 할 수 있게 구단, 특히 코칭스태프에서는 트레이너, 퍼포먼스 코치들에게 충분한 시간을 주어야 한다.

아무래도 코칭스태프 입장에서는 와일드카드 및 포스트 시즌 경쟁과 성적이 중요하기 때문에 선수가 필요할 수밖에 없어 빠른 복귀를 원한다. 하지만 꼭 그게 최선은 아니다. 구단과 팬들은 와일드카드 경쟁과 포스트 시즌도 중요하지만 나주환이 건강하게 그라운드에 복귀하여 오랫동안 그라운드를 달리는 모습을 보고 싶어 하기 때문이다.

http://mksports.co.kr/view/2017/637771/

7. 한화 선수들의 햄스트링 부상, 무엇이 문제인가? (2017.08.11)

한화 이글스는 햄스트링 부상이 큰 고민이다. 올 시즌 햄스트링 부상을 당한 선수 10명이나 돼, 다른 시즌에 비해, 또 다른 팀에 비해 매우 많다.

이상군 감독대행이나 트레이너들은 부상 선수 때문에 고심이 많을 것이다. 하지만 햄스트링 부상 문제가 이상군 감독대행과 트레이너들의 관리 부실에서 발생됐다고 볼 수 없다. 선수들의 기술적인 슬럼프는 어느 정도 관찰할 수 있기에 대처 방법을 강구할 수 있지만 부상의 전조증상을 찾아내는 것은 너무나 어려운 일이기 때문이다.

햄스트링 부상은 자신이 가진 최대 스피드로 달리는 동작에서 발생된다. 햄스트링은 최대 스피드에서 늘어나면서 힘을 발휘하는 근육으로 다른 근육에 비해 더 큰 스트레스를 받게 된다. 더 큰 스트레스를 받는다는 것은 근육의 건강함을 더 완벽하게 갖추어야 부상을

- ☐ 1. 유연성 감소
- ☐ 2. 근력 약화
- ☐ 3. 햄스트링 근육의 피로
- ☐ 4. 허벅지 앞쪽과 허벅지 뒤쪽의 근력 비율 문제
- ☐ 5. 골반의 뒤늘어짐
- ☐ 6. 이전 햄스트링 부상 병력
- ☐ 7. 코어 근력의 약화
- ☐ 8. 달리는 자세의 문제(햄스트링을 많이 사용하는 뒷 동작이 큼)
- ☐ 9. 나이가 증가하면 위험 요인
- ☐ 10. 갑작스런 강력한 방향 전환
- ☐ 11. 충분하지 않은 준비운동

표기해 보세요. 표기가 많을 경우 부상의 위험이 높아짐

그림 2-59 햄스트링 부상 원인

예방할 수 있다는 이야기가 된다. 선수가 정지된 동작에서 최고의 스피드로 끌어올린다는 것은 부상의 위험이 따르는 동작으로 어떻게 보면 부상은 필연적인 것이기도 하다. 하지만 이번 한화의 부상은 너무 많은 선수에게 나타나고 있어 그 원인을 분석해 봤다.

메이어스(Mayers)의 연구 발표에 의하면 일반적인 스포츠에서의 햄스트링 부상은 5가지 원인을 관찰할 수 있다. 첫째, 이전의 햄스트링 부상이 있었던 선수는 재부상의 위험이 매우 높다. 따라서 부상을 당하지 않게 관리하는 것이 필요하고, 부상 후 완벽한 재활로 복귀하게 하는 것이 가장 중요한 요소다. 둘째, 피로의 누적이다. 위에서 설명한 것처럼 최고의 속도를 내기 위해서는 몸의 근육, 연부 조직, 운동신경들이 모두 건강해야 하는데 피로가 누적되어 있다는 것은 기능을 최대로 발휘할 수 없게 된다. 셋째, 유연성의 감소 및 근육의 경

직이다. 허벅지 주변의 유연성이 떨어지게 되거나 경직이 발생하게 되면 햄스트링에 필요한 산소와 영양분 공급이 원활하지 않게 된다. 넷째, 코어(허리 주변 근육) 및 하체 근력의 약화이다. 시즌을 치르게 되면 체력이 점차적으로 약해지게 되고, 체력의 약해짐은 근력의 감소로 이어진다. 다섯째, 나이를 들 수 있다. 선수의 나이가 많아지게 되는 것은 부상에 노출되는 빈도수가 많아진다는 것이다. 따라서 더 세심한 관리가 필요하다는 것이다.

위에 나열한 햄스트링의 원인을 야구라는 종목에서 찾게 되면 부상 후 완전한 상태로 복귀하지 못한 것, 피로가 누적되는 것, 골반의 틀어짐이 발생되는 타격 및 피칭의 동작이 많아지는 것이 문제가 된다. 골반의 틀어짐은 세 번째 원인인 유연성의 감소와 근육의 경직, 네 번째 부상의 원인인 코어 및 하체 근력의 약화에 직접적인 영향을 미치므로 주의를 해야 한다. 필자가 프로야구팀에 있을 때 한게임에서 내야수 2명이 동시에 햄스트링 부상을 당한 경험이 있었다. 이 부상이 있기 1개월 전에 성적 저하를 이유로 경기 후 케이지에서 2시간 정도 특타를 매일 반복한 일이 원인으로 보인다. 이 특타의 반복은 골반의 틀어짐이 발생하여 햄스트링의 근력 약화와 밸런스를 무너뜨리는 중요한 원인이 됐다.

그러면 햄스트링 부상을 예방하기 위한 방법은 무엇일까? 가장 간단하게 접근하는 방법은 위에 나열한 부상의 원인을 제거하는 것이다. 5가지 원인을 하나씩 분석하여 미리 준비를 하게 되면 완전하게 예방할 수는 없지만 많은 부상자가 한꺼번에 나타나는 현상은 막을 수 있을 것이다.

http://mksports.co.kr/view/2017/538774/

8. '大盜' 박해민처럼…주력을 향상시키는 방법은? (2017.07.19)

후반기를 시작하는 현재 KBO 리그에서 발이 가장 빠른 선수는 단연 삼성 라이온즈 박해민(27)이다. 현재 도루 25개로 이 부문 선두를 달리는 박해민은 2위 KIA 타이거즈 로저 버나디나와 차이가 6개로 특별한 이변이 없는 한 후반기도 독주가 될 가능성이 많다. 도루를 잘하기 위해서는 야구 센스 그리고 주력이 매우 중요한 요소다. 그럼 야구 선수들의 주력을 향상시키기 위한 방법은 무엇이 있는지 알아보자.

박해민은 180cm에 75kg의 몸무게로 약간 마른 체형을 가진 선수이다. 박해민이 야구장에서 달리는 모습을 보면 참 멋있다. 여기서 멋있다는 것은 외모에 관한 뜻이 아니고 달리는 동작이 깔끔하다는 것이다. 예전부터 달리기를 잘하는 선수들의 특징을 보면 탄력(탄성)

마이크로게이트: 3단 뛰기 검사. 사진=TRIUS 스티브 대표 제공

이 있다는 표현을 한다.

단거리 달리기를 잘하기 위해서는 스트라이드(보폭)와 발의 빈도수가 가장 중요한 요소다. 달리는 동작에서 탄력(탄성)이 좋다는 것은 발이 땅에 닿는 시간(ground contact time)과 공중에 떠 있는 시간(air time)의 비율에서 결정된다. 단거리 달리기에서 발이 땅에 오래 닿고 달리는 선수는 스피드와 파워가 떨어지는 선수이며, 발이 땅에 짧게 닿고 공중에 오래 떠 있는 선수는 일반적으로 스피드와 파워가 좋은 선수이다. 앞에서 말한 것처럼 박해민은 그 자신의 달리기 때문에 지금처럼 도루를 잘하고 있는 것 같다.

준비자세

종료자세

그림 2-60 크로스오버 민첩성

사진은 발이 땅에 닿는 시간과 공중에 떠 있는 시간을 검사하기 위해서 적외선 센서를 이용해서 좌우를 측정하는 장비이다. 이런 검사 시스템은 부상 예측에도 많이 사용되기도 하지만, 파워의 발현과 균형을 검사하는 데도 사용된다. 달리는 동안 발이 땅에 닿는 시간이 많아지면 발목, 무릎, 고관절, 허리 등의 부상의 위험이 매우 높아진다. 좌우 밸런스의 문제를 찾아내고 해결하는 것이 퍼포먼스 코치들이 해야 할 업무다. 전문 퍼포먼스 코치가 있다면 이런 문제는 간단하게 해결되지만 전문가가 없다면 이는 어려운 문제가 된다.

만약 전문 퍼포먼스 코치가 없는 아마추어 팀이라면 첫째, 선수에게 캥거루가 뛰는 느낌으로 지면을 짧게 닿고 하늘에 오래 떠 있는 느낌으로 단거리 달리기를 요구한다. 둘째, 단거리를 달리는 동안 머리와 상체의 움직임을 최대한 줄인다. 셋째, 스트라이드를 최대한 늘린다는 생각으로 단거리를 달리게 한다. 넷째, 지면에서 떨어지는 다리의 발목, 무릎, 고관절이 완전하게 펴질 수 있도록 달리기를 지도한다.

위에 단거리 달리기를 잘 할 수 있는 간단한 팁을 작성하기는 했지만 전문가가 있는 것이 가장 좋은 방법이고 이런 간단한 팁은 차선의 방법이라고 생각하면 좋을 것 같다. 단거리 달리기는 단순하게 삼성의 박해민처럼 도루를 하기 위한 것이 아니고, 스포츠에서 가장 중요한 스피드와 파워를 향상시키고 유지하기 위한 필수의 방법이라는 것을 유념해야 한다.

http://mksports.co.kr/view/2017/483584/

9. 外人들 울리는 외복사근 부상, 예방법은?(2017.06.16)

외국인 투수 알렉시 오간도(34 · 한화), 외국인 타자 재비어 스크럭스(30 · NC) · 앤디 번즈(27 · 롯데)가 동일한 부상으로 전력에서 이탈했다. 그들이 공통적으로 당한 부상은 복부 근육 중 하나인 외복사근(옆구리) 손상이다.

위 세 선수와 외국인 선수들에게 유독 많이 발생되는 부상 중 하나가 외복사근 부상이다. 개인적인 견해이기는 하지만 미국(MLB) 선수의 허리 회전이 한국 선수에 비해 상대적으로 강력하기 때문에 외

준비자세

종료자세

그림 2-61 고관절 내회전 유연성 운동

복사근 부상이 더 많이 나타나는 것 같다. 이렇듯 야구선수들에게 외복사근 부상은 흔하게 나올 수 있다. 그렇다면 외복사근 부상은 왜 발생하는가, 또 어떻게 하면 부상을 예방할 수 있을까?

투수와 타자 모두 투구와 타격 동작에서 강력하게 허리가 회전하게 된다. 이 회전력은 발에서 시작돼, 고관절에서 회전이 최대치로 발생되면 옆구리에서는 이를 견뎌주는 역할을 하게 되는데, 이때 외복사근 근력이 약하면 부상이 발생하게 된다. 하지만 단순하게 외복사근 근력이 약해서 부상이 생기는 것이라고 단정하기는 어렵다. 고관절의 회전 범위가 감소해도 같은 부상이 생길 수 있기 때문이다. 따라서 고관절의 유연성(가동범위)을 확인하고 외복사근 근력이 어느 정도인지를 확인하는 게 중요하다. 그래야 어떤 운동을 어떻게 해야 하는지 파악할 수 있다.

고관절 유연성을 확인하는 방법으로 〈그림 2-61〉처럼 앉은 자세에서 90-90도 자세를 상체의 움직임 없이 만들어 내보자. 잘 되면 유연성이 좋은 것이고, 또 이렇게 하면 고관절의 유연성이 좋아진다.

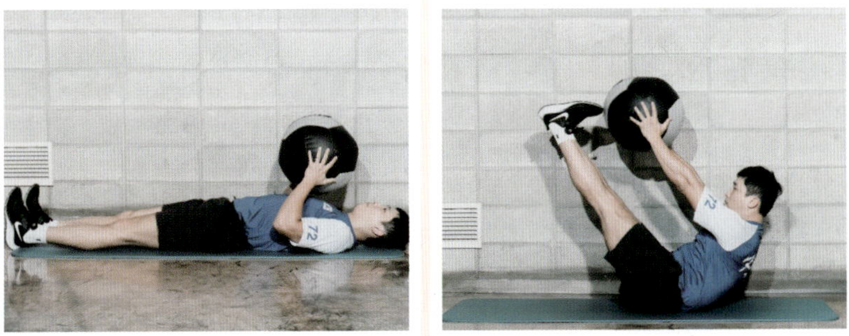

준비자세 종료자세

그림 2-62 V sit up M.B Pull

고관절 유연성 검사와 운동을 할 때 주의할 점은 양쪽 엉덩이가 바닥에서 떨어지면 안 되며, 양쪽 무릎의 안쪽과 바깥쪽이 바닥에 닿아야 하고, 상체는 전방을 향해서 바르게 앉아서 움직여야 한다. 만약 이 동작이 힘들면 〈그림 2-61〉처럼 고관절 유연성 운동을 많이 해서 회복하는 것이 우선적으로 고려되어야 한다.

외복사근 근력 검사는 간단한 동작으로 검사가 가능하다. 〈그림 2-62〉처럼 팔꿈치를 바닥에 대고 엎드린 자세를 만든다. 일명 프랭크 운동으로 잘 알려져 있다. 이 동작에서 몸통과 엉덩이는 움직이지 않게 하고, 오른손과 왼손을 교차해서 앞으로 뻗어주고 다시 처음의 자세로 돌아온다. 이 동작에서 손이 앞쪽으로 최대한 뻗어질 때 가능하면 천천히 움직이는 것이 좋다. 뻗어질 때 2초, 복귀할 때 2초를 유지하면 매우 좋다. 이 동작에서 몸통과 엉덩이가 많이 움직이거나, 손바닥과 팔꿈치가 바닥에서 떨어지지 않거나, 또는 손을 반복하는 운동을 20회 정도밖에 못한다면 옆구리 근력이 약한 것이다.

파워 투수와 파워 타자는 고관절의 유연성과 복부의 근력이 일반 선수 보다 상대적으로 더 중요하다. 큰 파워를 만들어 낸다는 것은 최적의 유연성과 더 큰 근력을 필요로 하기 때문이다. 트레이너들의 부상 관리에 기댈 수밖에 없지만, 선수 스스로 고관절의 유연성과 옆구리 근력 중 무엇이 문제인지를 확인해 보는 습관을 갖는 것도 부상 예방을 위해 필요하다.

날씨가 더워지고, 시즌 중반으로 접어드는 시점인 현재 대부분의 팀에서 부상 선수들이 속출하고 있다. 부상 예방이나 부상 관리가 더욱 중요한 시점이다. 일반적으로 선수들은 경기에 뛰고 싶기 때문에 가능하면 빠르게 복귀를 하고 싶어 한다. 하지만 구단의 미래도 중시

해야 하는 프런트에서는 장기적 관점에서 바라봐야 한다. 프런트와 코칭스태프는 불완전한 선수를 빠르게 복귀시키는 것보다는 완벽하게 회복한 뒤에 쓰는 게 후반기 팀 전력이 더 보탬이 될 것이라 생각한다.
http://mksports.co.kr/view/2017/404526/

10. 하주석 번개 같은 반사 신경, 이렇게 해보자 (2017.05.23)

2017 KBO 리그에서 가장 수비를 잘하는 선수로 많은 전문가들은 한화 이글스의 유격수 하주석(23)을 꼽는다. 이종열 SBS 스포츠 해설 위원에게 하주석의 수비가 왜 좋은지 물어봤더니 "준비 자세, 첫발을 떼는 민첩함, 공에 접근하는 동작, 공을 송구하는 동작 모두 가장 좋다"는 평을 내렸다. 하주석의 이런 동작을 따라 할 수 있는 트레이닝 방법에는 어떤 것이 있을까.

좋은 수비를 하기 위해서는 빠른 발(공에 접근하는 속도)과 강한 어깨가 필요하다는 것은 모두가 동의하는 사실이다. 그렇다면 빠른 발(공에 접근하는 속도)을 만들기 위해서는 어떠한 것이 중요할까.

수비수가 첫발을 빠르게 움직이기 위해서는 자신의 신체 중심을 안정적으로 가지고 있는 게 중요하다. 안정적인 신체 중심을 가지고 있다는 것은 선수의 발바닥 압력이 고르게 퍼져 있는 상태를 말한다. 만약 선수의 기본자세(Athletic Basic Position)가 어떤 것인지 잘 모른다면 스쿼트 동작을 할 때 바닥 쪽으로 반쯤 내려가게 하면 비슷한 동작이 만들어진다. 퍼포먼스 코치(performance coach)가 선수를 지도할 때 선수의 기본자세를 중요시 여기는 이유는 타구에 방향에 따라 선수의 몸을 전후좌우로 빠르게 대처하면서 움직일 수 있는 방법이기 때문이다.

따라서 이처럼 선수가 기본자세를 잡았을 경우 옆에서 퍼포먼스 코치가 선수의 몸을 밀더라도 선수 몸의 균형이 깨지지 않고 밀리지 않을 만큼 중심을 잡고 있다면 아주 안정적인 것이다. 선수의 기본자세 트레이닝은 점프를 하고 처음의 자리에 빠르게 안정적으로 다시 중심을 잡는 트레이닝을 하는 것이다. 이렇게 점프 후에도 중심이 잘 잡힐 경우에는 퍼포먼스 코치가 점프 되어 있는 상태(공중에 떠 있는 선수)의 선수 몸을 밀어 중심을 무너뜨리고(오른쪽 사진), 선수는 중심이 무너지지 않게 안정적인 상태를 유지하여 착지하는 연습을 한다. 이렇게 트레이닝을 하면 선수의 기본자세를 안정적으로 잡을 수 있고, 이렇게 만들어진 안정된 자세는 첫 번째 스텝을 빠르게 움직일 수 있는 최적의 준비 상태가 된다.

위의 설명처럼 선수가 외부에서 밀어내는 동작에도 균형을 잘 잡

양발 준비자세

한발 종료자세

그림 2-63 한 발 균형잡기

는다면 더 향상된 트레이닝을 한다. 〈그림 2-63〉처럼 선수의 기본자세에서 점프를 하여 한 쪽 발로 착지하는 트레이닝을 시킨다. 이때 중요한 점은 한 발로 중심을 잡을 때 최대한 빠르게 중심을 잡는 것과 몸이 움직이지 않는 동작에서 약 3~4초 정도를 멈춘 후 처음의 자세로 돌아오는 것이다. 양쪽 발을 번갈아 가면서 한 번씩 트레이닝을 한 후 균형 잡는 시간이 많이 걸리는 쪽 다리가 균형 능력이 좋지 않으므로, 더 많은 연습을 통해 양측 다리의 균형 잡는 시간이 비슷해지면 좋은 밸런스를 잡을 수 있다. 내야수 같은 경우 우측 발은 가속을 하는 역할을 하고 좌측 발은 감속을 하는 역할을 하게 된다. 한쪽 다리로 균형을 잡는 능력이 부족하면 가속과 감속의 능력이 떨어지게 되는 결과를 가져온다. 선수의 기본자세에서 한발로 빠르게 중심 잡는 트레이닝을 해보자. 아마도 포구와 송구 능력이 나날이 좋아지게 될 것이다.
http://mksports.co.kr/view/2017/343402/

11. 우타자 강정호의 '왼 어깨 부상'과 복귀 전략 (2016.09.01)

피츠버그 강정호(29)가 15일 부상자리스트(DL)에 올랐다. 지난 20일(한국시간) 마이애미와의 홈경기 도중 슬라이딩을 하다가 왼 어깨를 다쳤다. 경기 후 MRI 정밀검사 결과 왼쪽 어깨 인대가 늘어났다는 소견이 나왔다고 한다. 2루에서 아웃되는 상황을 중계 화면으로 봤을 땐 큰 문제는 없어 보이고 경기 후 통증을 느꼈다고 하는 인터뷰도 나와서 큰 부상은 아닐 것으로 생각하고 있다. 하지만 강정호가 워낙 통증에 예민하거나 엄살을 피우는 선수가 아니기 때문에 은근히 걱정이 커지기도 한다.

야수들에게 투구하지 않는 쪽의 어깨 부상은 매우 빈번하게 일어나는 현상이다. 정도의 차이는 있어도 아마 대부분의 팀에서 절반 이상의 야수들이 던지는 반대편의 어깨에 약간의 불안정성을 가지고 있을 것이다. 그럼 왜 야수들에게 투구하지 않는 쪽 어깨의 불안정성이 나타날까. 이유는 여러 가지가 있겠지만 경기 중의 슬라이딩 동작, 혹은 배팅 시의 과도한 팔로스루가 가장 빈번한 원인으로 꼽힌다. 이 두 가지 원인 중에도 슬라이딩 중에 생기는 부상은 조금 더 큰 부상으로 이어질 수 있다.

야수들은 주루나 수비 중 공을 잡기 위해 자주 슬라이딩이 필요하지만, 사실 슬라이딩 기술에 대한 체계적인 훈련은 잘 이뤄지지 않는 듯한 경우가 많다. 슬라이딩 동작에서 부상을 예방하기 위해서는 팔이 아닌 가슴으로 체중을 지탱하면서 미끄러지는 훈련이 필요하다. 배구의 슬라이딩 리시브, 디그 동작을 연상해 보면 좋을 것 같다. 이

준비자세 종료자세

그림 2-64 정중신경 스트레칭

턱걸이 준비자세 턱걸이 종료자세(최대 반복)

그림 2-65 턱걸이

런 슬라이딩의 기술을 훈련하는 것이 경기 중 부상을 예방하는 매우 중요한 요소라고 생각된다. 강정호는 원래 슬라이딩 자세가 매우 좋은 선수 중 한 명이다. 그러나 부상을 당한 날에는 슬라이딩을 조금 급하게 시도한 것이 불운한 결과를 냈던 것 같다.

현재 복귀를 위해 재활 훈련에 들어간 강정호는 천천히 움직임을 크게 하면서 적응을 해나가고 있다는 소식을 전해 들었다. 공을 던지지 않는 어깨의 부상 회복에 있어 가장 중요한 요소는 배팅 동작이 된다. 배팅 시 발에서 전달된 힘이 몸통을 통해 양손의 배트에 전달되기 위해서는 어깨의 정상적인 힘 전달이 필요하다. 어깨가 완전하게 회복되지 않아 어깨라는 연결고리가 끊어지게 되면 타자의 힘 중 상당 부분을 잃게 된다. 그럼 이 연결 고리를 어떻게 확인할 것인가.

부상 전에 진행했던 웨이트 트레이닝 중 벤치 프레스 및 상체의 웨이트 트레이닝을 움직임을 제한하지 않은 상태에서 하는 것이 필요하다. 움직임을 제한하게 되면 그만큼의 유연성과 근력을 잃기 때문에 정상적인 범위에서 웨이트 트레이닝을 하는 체크가 필요하다. 두 번째로는 부상 전과 같은 배팅 동작에서 불편감이 없어야 한다. 만약에 불편감이 나타나게 되면 움직임의 경로를 바꾸어서 배팅을 하게 되므로 스스로의 타격 기술이 변하게 되기 때문이다. 전문적인 트레이너가 없는 아마추어 선수라면 이와 같은 두 가지 운동을 통해 스스로의 몸이 완전해졌는지를 확인하고 경기에 나가는 것이 필요하다.

올해 많은 한국 선수들이 메이저리그에 진출했지만 부상이라는 암초를 만나서 매우 힘들어하고 있다. 최고의 기량을 가진 선수들이 정상적인 기량을 발휘하지 못하고 있는 것은 부상과 컨디션 유지가 힘들어서가 아닐까 한다. 팀에서 트레이너는 어머니의 역할(따듯함)과 같고 코치는 아버지의 역할(엄격함)과 닮았다는 생각을 자주 한다. 우리 한국 선수들이 아무쪼록 섬세하고 살뜰한 스태프들의 도움 속에 더 건강한 도전을 계속하기를 바라는 마음이다.

http://mksports.co.kr/view/2016/619586/

12. '프리미어12' 대표팀 최고 신체밸런스 나성범 (2015.11.21)

'프리미어12' 대표팀에서 만난 NC 나성범(26)은 지독한 '연습벌레'로 보였다. NC의 중심타자지만, 이번 대회 주전으로 뛰지 못하면서 벤치를 지키는 일이 많아 조금 풀이 죽어 있을까 마음이 쓰였는데 경기 중간에도 케이지에서 배팅 훈련을 하면서 컨디션과 감각을 유지하기 위해 항상 준비하는 자세를 볼 수 있다.

대표팀에서 함께 운동하면서 눈에 띄는 몇몇 선수가 있는데 나성범도 그중의 한 명이다. 운동장에서의 신체적 밸런스가 뛰어나고 운동신경이 매우 좋아 보였다. 그래서 그에게 '밸런스 나'라는 별명을 지어주기도 했다. 이렇게 좋은 밸런스가 어떻게 생겼는지 궁금해 나성범의 몸 관리 방법에 대해 몇 가지 질문을 해 보았다.

시즌 중 베스트 컨디션을 유지하기 위해 나성범은 적절한 휴식을 우선으로 하는 규칙적인 생활을 하고 좋은 식단으로 식사를 관리한다고 한다. 많은 게임을 치르다 보니 시즌 중 체력적으로 어려움을 느낄 때가 간혹 있었다. 이번 겨울 훈련에서는 트레이너들과 함께 체력을 강화하기 위한 집중 프로그램을 준비 중이라고 한다.

그가 중점을 두는 운동은 코어(배와 엉덩이) 트레이닝이며 코어 운동을 통해서 파워를 향상시키고 유지하기 위해 이와 관련한 운동 프로그램을 진행하고 있다. 야구에서 '타격과 투구는 팔과 손으로 하는 것이 아니라 코어의 힘으로 파워를 만들어 낸다'는 연구들이 많은데 좋은 프로그램을 수행하고 있는 듯하다.

나성범은 스스로의 장단점을 파악하고 이를 보완하기 위해 열심히 노력하고 있었다. 본인의 체력적 장점으로 파워를 꼽았고 단점으로는 부족한 유연성을 들었다. 유연성을 보완하기 위해서 꼬박꼬박 폼롤러 자가 이완과 스트레칭을 하고 난 뒤에야 비로소 운동을 시작하는 습관을 가지고 있었다. 야구를 잘하는 선수들은 보통 자신의 강점과 약점을 잘 파악하고 있으며 약점을 해결하기 위해 지속적으로 노력하기 때문에 좋은 결과를 얻는 것 같다.

현재 나성범은 시즌 중 피로가 누적되는 것을 해결하는 방법을 찾고 있다. 시즌 중의 피로 누적은 모든 선수에게 공통된 문제다. 일반적으로 나성범처럼 훈련을 열심히 하는 선수들이 피로가 더 누적되는 경우가 많다. 몸에서 나타나는 피로의 증상에 따라 운동량과 운동의 강도 조절이 필요한데, 열심히 하는 선수들은 스스로 너무 많은 운동량을 기본으로 잡아 항상 부족함을 느끼곤 한다. 이로 인해 피로 누적이 커지는 경우가 흔하다. 비시즌에는 많은 양의 훈련, 강도 높은 운동이 필요하지만 막상 시즌에 들어가면 감각이 떨어지지 않게 하는 정도의 운동이 좋고 체력적인 부분도 향상을 욕심내기보다 유지에 목표를 둔 트레이닝이 적절하다.

'11.19도쿄대첩'에서 나성범은 9회 역전 결승타를 친 이대호의 대주자로 도쿄돔을 밟았다. 비록 타석에는 서지 못했지만, 이날의 감격은 도쿄돔에 있던 우리 '팀 코리아' 모두의 것이었다.

나성범은 1군에서 풀타임으로 이제 고작 세 시즌을 보낸 선수다. 3년 밖에 안 된 선수가 이토록 빠르게 성장하고 KBO에서 자신의 능력을 한껏 발휘하는 것을 보면 앞으로 무한한 발전이 기대된다. 아직 젊은 타자인 그가 가까운 미래에는 이대호(소프트뱅크), 김현수(두산)처럼 '국대 중심타자'로 우뚝 설 것을 믿고 응원한다.

http://mksports.co.kr/view/2015/1106941/

13. 강민호의 팔꿈치 부상 치례로 본 포수라는 직업 (2015.09.24)

지난 13일 부산 한화전에서 롯데 강민호(30)는 타격 중 우측 팔꿈치 통증으로 교체된 뒤 나흘을 쉬었다. 야구선수에게 팔꿈치는 가장 잦은 부상 부위 중 한 곳이지만, 강민호와 같은 포수의 팔꿈치 부상은 다른 포지션 선수들의 팔꿈치 부상과 조금 다른 특징을 가질 수 있다.

스카우트들이 눈여겨보는 포수의 능력은 포구, 송구, 타격, 파워, 달리기, 스피드 등이다. 팔꿈치 손상은 이 가운데 포수의 송구와 타격에 절대적인 영향을 미치기 때문에 그 관리가 몹시 중요하다. 포수가 팔꿈치 부상을 당하기 쉬운 원인으로는 우선 다음 두 가지를 생각해 볼 수 있다.

첫째는 송구 동작의 특성이다. 쪼그려 앉아 공을 받아내는 포수는 송구 때 하체의 힘을 많이 이용하기 어렵다. 이 때문에 송구 동작의 팔꿈치 의존도가 다른 포지션에 비해 훨씬 높다. 송구 중의 빠른 스텝과 좁은 보폭, 빠른 팔 동작 때문에 송구 밸런스가 조금만 깨져도 팔꿈치 부상에 노출되기 쉽기 때문이다.

두 번째는 체력 소모를 꼽을 수 있다. 9회 정규이닝을 뛴다고 가정할 때, 내야수와 외야수는 약 1,000칼로리, 포수는 약 1,100칼로리를 쓴다. 투수는 약 1,440칼로리를 소모하는 것으로 계산된다. 그러나 투수는 완투하는 경우가 극히 드물고 3~4명이 나누어 던지기 때

사이드 셔플 준비자세　　사이드 셔플 종료자세

그림 2-66 사이드 셔플

문에 실질적으로 체력 소모가 가장 많은 포지션은 포수가 될 때가 많다. 한 경기 동안 투수가 150구를 던진다고 하면 포수는 무거운 장비를 착용한 채 150번 앉았다 일어나야 한다. 반팔만 입고 경기에 나서도 더운 한여름에 무거운 장비를 착용하면 마치 사우나에 앉아서 경기를 하는 느낌일 것이다. 경기 중 이렇게 과도하게 체력을 소모하면, 전신 반응과 민첩성, 순발력, 집중력 등이 떨어지면서 경기력도 함께 떨어지는 결과를 가져온다. 어쩌면 다른 포지션에 비해 포수 출신의 강타자가 나오기 힘든 원인이 여기에 있는지도 모르겠다.

포수의 팔꿈치 부상을 예방하기 위해서는 좋은 송구 밸런스와 유연성, 순발력, 파워 등을 지속적으로 유지하는 것이 무엇보다 중요하다. 여기에 과도하게 소모되는 포수의 체력 회복을 돕기 위해 메이저리그에서는 주전 포수를 주 1회쯤 선발에서 빼주는 경우도 흔하다.

강민호처럼 우투우타인 경우, 오른 팔꿈치가 아프면 타격에서 이상적인 인아웃 스윙이 힘들어진다. 통증으로 우측 팔꿈치를 몸통 방향으로 넣기 어렵기 때문이다. 트레이너로서의 경험상 야수의 팔꿈치 부상은 가벼운 경우, 먼저 투구 때 통증이 생긴다. 부상이 조금 더 진행되면 타격 동작에서 통증을 느끼게 되는데 아웃인 스윙으로 변하면서 폼이 무너지는 경우가 많다.

강민호, 조인성(한화), 홍성흔(두산), 진갑용(삼성) 등 우리나라의 대표적인 포수들은 반복적인 팔꿈치 부상과 수술로 팀 전력에서 빈번한 이탈을 겪었다. 포수 자원의 희소성과 포수 육성의 어려움이 점점 더 심각해지고 있는 야구판에서 이제 포수의 부상 관리는 개인의 문제에 그치지 않는다. 팀과 프런트 차원에서 체계적이고 섬세한 관리로 포수들의 부상 이탈을 방지하는 시스템이 필요할 것이다.

http://mksports.co.kr/view/2015/920655/

14. '성실한 준비운동', 손아섭의 트레이닝 노하우 (2015.11.06)

'프리미어12' 국가대표팀에서 만나는 야구선수들은 과연 KBO 최고의 선수들답게 대부분 스스로의 몸을 만들고 관리하는 노하우를 갖고 있다. 롯데 손아섭(27) 역시 자신만의 방법을 철저하게 지키면서 몸을 관리하고 있었다.

그는 시즌 중 주당 약 2~3회 정도의 웨이트 트레이닝을 한다. 상 · 하체를 구분해 꼼꼼하게 운동하지만, 트레이닝 강도는 너무 세지 않도록 조절한다고. 즉 동계훈련 때 웨이트 트레이닝의 강도를 강하게 올리고, 시즌 중에는 체력이 떨어지지 않을 만큼만 유지하는 트레이닝 테마를 갖고 있었다. 그리 크지 않은 체구의 손아섭이 강한 파워를 낼 수 있는 요인은 바로 체계적인 트레이닝의 효과가 아닌가 싶다.

손아섭은 경기 전 몸 상태를 체크하기 위해 트레이너실을 방문하여 스트레칭 및 필요한 간단한 치료를 받은 뒤 운동을 시작하는 스타일이다. 자신의 몸 컨디션을 향상시키기 위해 필요한 스트레칭을 조언받고, 규칙적으로 운동하는 모습이 프로다워 보였다. 몸이 재산인 프로선수라면 스스로의 몸을 전문가에게 맡기고 조언을 받는 것이 아주 좋은 습관일 수 있다.

일본 프로야구에는 운동장에 나오기 전 선수들이 항상 트레이너실에 들러 몸 상태를 체크받고 필요한 조언을 받도록 규칙으로 정한 구단들도 있다. 선수가 스스로의 몸 상태를 잘 알 수도 있지만, 반대로 자신의 몸이기 때문에 문제가 발생했을 때 오판을 하는 경우도 적지 않기 때문에 전문가의 조언과 관리를 받는 것이 바람직하다.

손아섭은 준비운동(warm up)을 하는 동안 스트레칭과 동작에 집중한다. 본인의 부족한 부분을 채우기 위해 몸이 움직이는 것을 느끼고 스스로 교정하는 동작들을 시도하는 모습이었다. 사실 선수들 중에는 준비운동을 조금 가볍게 생각해서 소홀한 동작으로 그냥 시간을 흘려보내는 경우들이 종종 있는데 참 안타까운 일이다.

보통 좋은 기술을 가진 선수들을 보면 기본적인 달리기 동작부터 매우 좋아 보이는 경우가 많다. 달리는 동작과 야구 기술 동작의 숙련도가 거의 비슷한 페이스를 보이는 경우가 많기 때문이다. 따라서 좋은 달리기 동작을 만들기 위해서 준비운동에서부터 집중하는 것이 중요하다고 할 수 있겠다.

야수들은 기술 훈련을 마치고 러닝을 하러 온다. 아무래도 많은 선수들이 조금 지쳐서 오게 된다. 기술 훈련 중 집중해서 치고, 던지고, 받고 베이스러닝을 한 후이기 때문에 어쩔 수 없다는 생각이 든다. 이렇게 피곤한 상태에서도 손아섭은 러닝을 시작하면 또다시 집중하면서 빠르게 단거리 달리기에 몰두하는 모습이었다. 야수에게 순발력이란 배팅과 베이스러닝, 수비에서 고루 절대적으로 필요한 능력이기 때문에 몸에 부상이 없는 한 최고의 속도를 내서 달리는 것이 매우 중요하다. 이를 잘 알고 있는 손아섭은 러닝 시 전력 질주의 원칙을 매우 잘 지키고 있었다.

선수는 언제나 운동을 열심히 하는 모습이 좋아 보이지만, 때론 운동의 테마를 잡아서 체력 조절과 안배를 하는 것도 필요하다. 트레이너실을 찾은 대표팀의 터줏대감 투수 정대현은 "선수의 몸은 휴대폰의 배터리 같아서 너무 많이 사용하면 오래 쓰지 못한다"는 말을 했다. 베테랑의 연륜이 느껴지는 조언이었다.

언제나 의욕이 넘치는 손아섭이 오랜 기간 좋은 선수로 남기 위해서 늘 기억해야 할 부분일 수 있다. 과도한 훈련은 자칫 부상을 일으키는 원인이 될 수도 있기 때문이다.

http://mksports.co.kr/view/2015/1059108/

6장

야구팀의 선수 부상 및 컨디션 관리 시스템

프로야구단에서 성적을 올리기 위해서 엄청난 투자들을 하고 있다. 좋은 야구장, 전력 분석, 데이터 분석 등 여러 가지 장비를 구입하고 설치한다. 그런데 정작 중요한 선수들의 부상, 체력 및 컨디션에 대한 정보는 기록하지 않고 있다. 경기 결과에 대한 기록도 중요하긴 하지만 경기 결과는 선수들의 부상, 체력, 컨디션의 지표에 의해 만들어지는 최종 산물이다. 따라서 부상, 체력, 컨디션의 데이터를 어떻게 수집하고 어떻게 해석할 것인지가 필요하다. 또한 이런 데이터를 수집하기 위해서는 모든 자료를 수치화하는 전문 인력 채용이 중요하다. 아무리 좋은 장비를 구비해도 운영한 전문 인력이 없다면 무용지물이 된다. 구단의 재산인 선수의 부상과 체력 컨디션 정보가 앞으로 팀 성적에 지대한 영향을 미칠 것이다.

1. 선수를 아프지 않게 관리하는 것이 구단의 능력이다 (2016.04.29)

프로야구는 근 반년이 넘는 페넌트레이스를 달려야 하는 마라톤이다. KBO는 팀당 144경기를 치르고, 메이저리그는 무려 162경기를 뛴다. 포지션에 따라 차이가 있지만, 각 팀 대부분의 주전 야수들은 시즌 동안 거의 매일 경기를 치러야 한다. 주전 선수들이 얼마나 라인업에서 버텨주느냐가 각 팀의 성적을 좌우하는 만큼, 모든 구단들은 시즌 내내 선수들의 컨디션과 경기력을 유지하는 데 많은 관심과 노력을 집중하고 있다.

이 노력의 훼방꾼은 부상이다. 선수들의 부상은 팀의 경기력과 성

| 야구선수 팔 부상에 대한 위험 요소의 MLB 피치 스마트 목록 |

1. 피로한 상태에서의 피칭
2. 연중 너무 많은 이닝을 던지기
3. 매년 야구 종료 후 휴식시간을 충분히 보내지 않음
4. 많은 투구 후 휴식을 충분하기 취하지 않음
5. 연속일 투구
6. 게임피칭을 하지 않을 때의 많은 연습투구
7. 여러 팀에서 동시에 게임 출장
8. 다른 신체 부위에 부상을 입은 상태에서 피칭
9. 적절한 강도의 컨디셔닝 트레이닝 루틴을 따르지 않음
10. 쇼케이스에서 안전한 던지기를 지키지 않음
11. 어린 나이에 커브볼과 슬라이더 던지기
12. 스피드건의 잦은 사용

그림 2-67 부상 예방을 위한 가이드라인

적에 돌발변수가 되는데 스타선수들의 어마어마한 몸값과 맞물려 선수들의 돌발 부상은 프로구단들의 막대한 재정적 손실로도 계산되고 있다. 미국의 정형외과 의학저널인 'The American Journal of Orthopedics'에 보고된 'Conte팀'의 연구에 의하면, 메이저리그의 경우 2015 시즌 중 발생된 선수들의 부상으로 인해 리그 전체에 약 7888억 원 정도의 손실이 발생했다고 한다. 실로 막대한 금액이다.

잠시 KBO로 눈을 돌려 2016 시즌을 기준으로 전체 연봉 상위 10명의 선수가 전체 일정 중 10%(14.4경기)만 부상으로 결장한다고 가정하면, 약 9억 원의 손실이 발생할 것으로 어림셈할 수 있다. 즉 부상 관리에 실패하는 구단들은 팀 전력과 재정적 손실을 피할 수 없기 때문에 더욱 선수들의 세심한 부상 관리에 관심과 투자를 보태야 하는 현실이다.

그러나 안타깝게도 각종 매체를 통해 분석되고 제공되는 많은 경기력 관련 데이터들 중에 부상 관련 데이터의 종류와 수는 상대적으로 제한적이다. 투수의 경우 흔히 투구이닝과 투구 수가 선수의 부상 가능성 및 부상 원인 분석에 대표적으로 인용되거나 활용되고 있지만, 이 두 가지 요인은 사실 투수의 부상을 예측하는 데는 제한적이라는 연구가 있다. 지난해 미국의 스포츠의학 전문저널인 'The Journal of Sports Medicine And Physical Fitness'에 보고된 워털루대학 Karakolis 교수팀의 연구에서는 '신인급 메이저리그 투수의 투구 이닝을 제한하거나, 선수의 적응을 위해 점차적으로 투구 이닝을 증가시키는 방법은 부상을 예측하는 데 한계가 있다'고 했다. 단순한 투구 이닝의 수치가 아닌 투구 이닝 동안 나타나는 신체적 변화를 확인해 부상 예측에 관련된 정보를 얻어야 한다고 강조하는 이 연구에서는 '비시즌에 이러한 기능들을 발달시키고 시즌 중에 유지할 수 있는 방법'을 적용하는 것이 부상 방지를 위해 더욱 효과적인 방법이 될 수 있다고 했다. 또한 선수들은 모두 각각 다른 신체적 특성과 투구 패턴을 가지고 있어서 같은 구속이라도 각 선수들의 팔이나 어깨가 받는 부하에는 차이가 나타날 수 있으며, 시즌 중 각 선수들의 신체적 변화 또한 차이가 있을 수 있음에 주목했다.

메이저리그의 경우, 최근 컨디셔닝 분야에서 부상과 관련된 관점이 점차적으로 변화되고 있다. 기존에는 경기력 향상 및 부상 선수의 안전한 회복과 빠른 복귀에 대한 비중이 높았다면 최근에는 부상 방지를 위한 위험요소 및 예측 요소를 찾아 관찰하고 그에 대한 데이터를 기반으로 한 평가 및 분석에 관한 비중이 점차적으로 증가되고 있다. 또한 부상 예방과 재부상 방지를 다음 과제로 인식하고 이에 대한 투자를 증가시키고 있다. 소설 '머니볼'의 주인공 캐릭터로서 세이버매트릭스로 대표되는 데이터 기반의 팀 운영을 신봉한 오클랜드 어슬래틱스 단장 빌리 빈은 "선수들의 건강을 유지하는 것이 성공을 위한 첫 번째 요인(predictor)이 될 것"이라면서 "부상 방지와 의학적 치료를 위한 데이터 기반을 구축하는 것이 메이저리그가 진행할 다음 영역이 될 것"이라고 내다본 바 있다.

이처럼 컨디셔닝 분야에서는 부상 및 재부상 방지를 위한 데이터 구축이 중요한 사항으로 떠오르고 있다. 미국 노스캐롤라이나의 스포츠 피트니스 트레이닝센터인 Athletic Lab의 Mike Young 코치는 "부상과 관련성이 높고 현장에서 이용될 수 있는 평가 기준을 수집하는 것이 부상 방지를 위한 데이터 수집에 중요한 요소"라고 했다.

따라서 시즌 동안 선수들의 경기력 및 피로도의 변화를 효율적으로 평가할 수 있는 의미 있는 측정 자료가 지속적으로 수집돼야 한다. 이를 통해 시즌 중에는 훈련을 통한 기능 향상이라는 목적보다는 선수들의 피로도를 정확하게 분석하고 그에 맞는 훈련량, 훈련 강도, 훈련 방법 등에 변화를 주는 시스템이 구축돼야 시즌 내내 선수들의 건강을 보다 효율적으로 유지할 수 있을 것으로 생각된다.

'10개 구단의 시대', 늘어난 경기 수로 인한 변화들에 대해 KBO 각 팀들은 어떤 관점과 철학으로 팀 운영과 선수 관리에 몰두하고 있을까. 오늘을 돌아보고 내일을 예측하기 위한 각 구단의 진지한 고민이 필요한 시점인 것 같다.

http://mksports.co.kr/view/2016/310272/

2. '피할 수 없는' 투수의 부상 이탈, 최선의 대비는? (2016.03.10)

드디어 '야구의 계절'이다. 이번 주 KBO의 2016 시즌 시범경기가 개막했다. 겨우내 착실하게 전력을 다듬은 10개 팀들이 힘차게 시즌을 출발했다.

아무래도 팬들의 가장 뜨거운 관심과 기대는 각 팀 마운드에 쏠린다. '야구는 투수놀음'이라는 말도 있듯이 야구에서 투수의 경기 기여도는 절대적이니까. 즉 좋은 시즌 성적을 거두기 위해서 각 팀의 가장 중요한 과제라면 역시 투수들의 부상과 체력을 적절하게 관리하는 일을 빼놓을 수 없다.

프로야구팀에서 일하던 시절, 가장 어려웠던 임무 중의 하나는 선

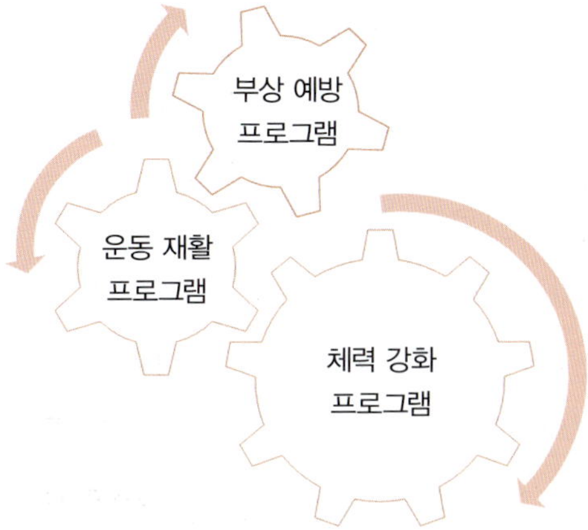

그림 2-68 부상 예방을 위한 가이드라인

수들의 부상을 예방하고 예측하는 일이었다. 아무리 선수들이 체력과 컨디션 관리를 잘 하더라도 불의의 부상을 백 퍼센트 막을 수 없는 것이 괴로운 현실이었다. 보통 한 팀의 1군 엔트리에는 12명 안팎의 투수가 포함되는데, 한 시즌을 치르다 보면 개막 초반 엔트리에서 대략 3~4명은 부상으로 이탈했던 것 같다. 물론 내가 일했던 팀에서의 경험이지만, 어깨너머로 관찰했던 다른 팀들의 사정도 비슷했다는 느낌이다.

그럼 투수의 부상을 예측하여 대비하고 관리하기 위한 방법에는 무엇이 있을까. 크게 세 가지로 구분해 볼 수 있다.

첫 번째는 새로운 시즌이 시작되기 전 부상의 가능성이 높은 선수의 부상 및 체력적 상황을 고려하여 '투수 부상 예측 리스트'를 확보하는 것이다. 이를 파악하기 위해서는 팀 닥터 또는 전문의와 함께 모든 투수들에 대한 정밀 검사를 하는 것이 필요하다. 부상 여부와는 상관없이 모든 선수들을 정밀 검사하는 것은 자동차가 고장이 아니더라도 주기적으로 정기검사를 받는 것과 같다고 볼 수 있다. 이런 자료를 토대로 선수의 연간, 월간, 주간, 일일 최대 투구 수를 설정하여 한 시즌을 운영할 필요가 있다.

두 번째는 선수 각자에게 맞는 운동 프로그램을 마련하는 것이다. 선수 개개인마다 체력적 특성과 위험한 부상의 특징이 존재하기 때문에 일괄적인 트레이닝 및 재활 프로그램이 아닌 개인화된 프로그램을 짜주는 것이 트레이너와 구단의 과제다. 과거에는 이런 방식이 거의 힘들었지만, 요즘은 많은 팀들이 이런 시스템을 적용하고 있다.

세 번째는 최후의 수단이기는 하지만 꼭 필요한 수술은 피하지 않는 것이다. 수술을 권하는 것은 아니지만 필요한 수술을 뒤로 미루게 되면 선수와 팀에게 좋지 않은 결과를 가져올 수 있다. 부상 상태에서 지속적으로 공을 던지게 되면 수술 부위뿐만 아니라 주변 조직을 손상시키기 때문에 수술 후 선수의 회복 속도와 복귀 가능성이 낮아질 위험이 있다. 또한 팀의 입장에서는 부상의 위험을 안고 있는 선수를 팀 전력으로 끼워 맞춰 운영하다 보면 언제 터질지 모르는 '시한폭탄'을 안고 시즌을 치르는 격이 될 수도 있다.

이와 같은 세 가지 투수 관리 방법이 매끄럽게 운영되지 못할 경우 예상치 못한 투수의 부상 발생에 적절히 대처하지 못하면서 선수와 팀이 함께 어려움을 겪을 수도 있다는 생각이다.

부상의 위험에 노출되어 있는 투수들의 리스트를 작성해보고 중복된 포지션에 얼마나 많은 선수가 있는지와 이탈의 우선순위를 생각해 보고 관리하는 연습이 필요할 것 같다.

http://mksports.co.kr/view/2016/182956/

3. 이대호가 본 일본과 한국, 트레이닝 파트의 차이 (2015.11.27)

우리 한국이 감격의 초대 챔프에 오른 '프리미어12' 대회에서 일본과의 경기를 지켜보면서 세 가지 놀라운 점이 있었다. 첫 번째는 오오타니 쇼헤이의 '괴물투'였고, 두 번째는 일본의 대부분 투수들이 구속 150km를 거뜬히 넘고 있다는 것이었으며, 세 번째는 야수들의 몸이 10여 년 전과 다르게 매우 커지고 강해졌다는 것이다. 예전에 가까이서 만나 본 일본 타자들은 파워와는 거리감이 있는 마른 선수들이 많았으나, 이번 대회에서 만난 일본 선수들은 신체적 조건이 매우 뛰어난 선수들이 많았다.

10년 전에 오키나와에서 만난 한 일본인 인스트럭터가 이런 말을 했던 기억이 난다. "일본의 기술과 한국의 체력을 합칠 수만 있다면 메이저리그와 상대해도 이길 수 있을 것이다."

현재 우리 야구선수들을 일본 선수들과 비교했을 때 어떤 강점이 있을지 궁금해서 이대호(33 · 소프트뱅크)와 트레이닝 파트에 대해 이야기를 나누어 보았다.

일본 구단들은 치료 및 재활을 담당하는 전문 트레이너가 7~8명 정도 되며, 한 명의 트레이너가 3~4명의 선수를 개인 트레이너처럼 담당한다고 한다. 한국은 1군에 2~3명의 트레이너가 있으며, 1명의 트레이너가 10명에 가까운 선수를 관리해야 하므로 세심하고 충분하게 선수 한 명 한 명을 관리하는 것이 쉽지 않은 실정이다. 또한 훈련 파트 업무도 같이 해야 하는 고충도 있다. 이 부분에서 이대호는 한국의 트레이너들이 많은 선수들을 담당하는 업무량으로 인해 "고

생은 많지만 선수 관리의 효율성은 떨어지는 것 같다"고 했다.

트레이닝 파트에서도 일본의 경우에는 투수를 훈련시키는 트레이너와, 야수를 훈련시키는 트레이너가 구분돼 있어 선수들의 컨디션을 체계적이고 전문적으로 돌볼 수 있다고 한다. 현재 일본은 트레이닝 파트에 많은 노력을 기울이고 있으며, 선수들의 훈련 참여도, 적극성, 컨디션 등을 세밀하게 관찰하고 자료를 작성하여 코칭스태프에게 보내면 코칭스태프는 이 자료들을 적극적으로 참고하여 규칙적인 트레이닝을 몸에 익히는 데 도움을 준다고 했다.

반면 한국은 한 명의 트레이닝 전문가가 20여 명의 선수들을 돌보고 있으며, 코칭스태프도 트레이닝 파트의 전문성을 인정하기보다는 훈련 형태를 코칭스태프가 원하는 형태로 주문하는 경우가 많다. 트레이닝 파트의 전문성을 인정해 주지 않게 되면 선수들의 컨디션 관리가 체계적으로 이루어지기 힘들 수 있다.

이대호는 한국의 트레이닝 파트의 두 가지 아쉬운 점을 이야기했는데, 첫 번째는 트레이너의 숫자가 부족해서 세심한 관리가 아쉬운 점이고, 두 번째는 트레이닝 파트와 치료 및 재활 파트의 업무 분업화가 이루어지지 않아서 "전문적인 도움을 기대하기 어렵다"고 했다. 그러나 일본에 비해 한국의 트레이너들이 적은 수에도 불구하고 모든 일에 열정을 가지고 일한다는 것을 강조했다. 앞으로 KBO와 각 구단의 투자가 뒷받침된다면 선수들의 부상 예방과 체력 강화가 조금 더 잘 이루어져 좋은 선수들이 많이 나올 수 있을 것이라는 생각이 든다.

이번 '프리미어12' 대회에서 일본을 이기고 우승을 한 것이 매우 기쁘기는 하지만, 잘 성장한 일본의 특급 에이스들은 조금 부러웠다. 야구에 몸담고 있는 많은 관계자들이 앞으로 더 많이 해야 할 일들을 확인한 것 같다.

http://mksports.co.kr/view/2015/1125948/

4. 투수관리, 숫자·컨디션 파트와 친해야 한다 (2019.01.04)

이제 타고투저의 두 번째 이야기를 하려고 한다.

타고투저를 바라보는 시각은 자신의 직업이나 생각에 따라 매우 다양할 것이다. 크게 기술 파트에서 바라보는 시각, 장비를 만들거나 개발하는 파트에서 바라보는 시각, 트레이너처럼 신체를 단련하고 체력을 만든는 파트에서 바라보는 시각으로 나눠 볼 수 있다.

필자가 지금부터 설명하려고 하는 것은 체력과 컨디셔닝 파트에 국한된 이야기다.

과연 타고투저는 왜 생기게 됐고 없어지지 않고 있는 것일까? 이전 칼럼(2018년 12월24일, 타고투저 현상, 결국은 투수 관리의 문제)에서도 언급했듯이 투수의 몸 관리 방법의 문제가 첫 번째라고 생각한다. 타자는 배트라고 하는 장비의 도움을 받으면서 야구를 할 수 있다. 하지만 투수는 자신의 신체 이외에는 사용할 수 있는 장비가 없다. 단순하게 야수와 투수가 똑같이 몸이 좋지 않다고 가정해보자. 경기력에 더 치명적인 포지션은 장비를 사용할 수 없는 투수다. 따라서 투수의 부상, 체력, 컨디션 관리는 야수와는 다르게 더 정교하고 섬세해야 좋은 결과를 만들 수 있다.

투수를 관리하는 정교하고 섬세한 관리 방법은 무엇일까? 아마도

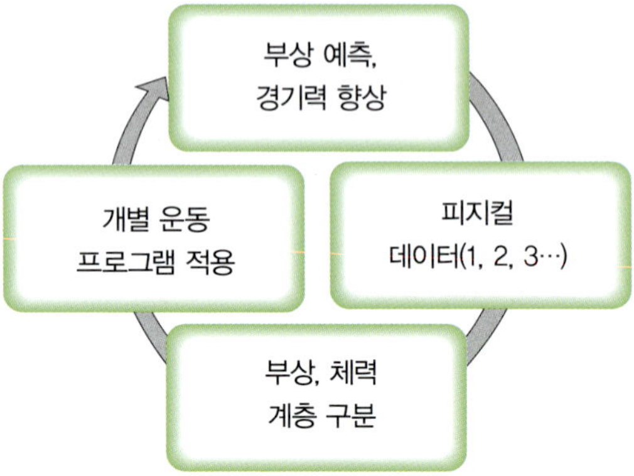

그림 2-69 피지컬 데이터 수집 목적과 사용주기

'빅데이터'를 이용한 숫자를 수집하고 분석하는 방법일 것이다.

필자가 근무하던 팀에서는 보고서를 서술형으로 작성하게 되어 있었다. 예를 들면 '이 선수의 컨디션은 좋은 편이다' 또는 '약간 좋지 않다' 등과 같은 표현을 사용하는 방법이었다. 하지만 이렇게 서술형으로 작성하다 보면 아무래도 작성자의 생각(주관)이 많이 들어가 정확한 본질이 무엇인지 알 수 없게 되는 경우가 많다. 서술형은 표현에 따라서 읽는 사람에게 전달되는 결과가 완전하게 달라지기도 하기 때문이다. 결국 선수들의 부상, 체력, 컨디션의 지표들을 숫자로 기록을 하고, 보관을 해야 전달 과정에서의 왜곡을 막을 수 있다.

메이저리그에서 부상 및 컨디션 리포트를 볼 수 있는 기회가 있었는데 거의 모든 데이터는 숫자로 되어 있고, 담당 피지컬 코치의 의견은 아주 작은 부분만 작성하게 되어 있어서 매우 인상적이었다. 그 이유는 사람(피지컬 코치)의 지식과 경험에 의해 변화될 수 있는 것을 예방하기 위함이라고 했다.

피지컬과 컨디셔닝 파트에서의 데이터는 가능하면 모든 자료를 숫자로 수집하고 기록해야 한다. 이렇게 수집한 데이터로 선수를 크게 부상 선수와 체력 관리 선수로 구분하고, 구분대로 선수의 개별적 재활운동 또는 체력 관리 프로그램을 만드는 기초자료로 제공해야 한다.

특히 투수의 데이터를 활용한 지속적인 관리는 부상 예방과 체력 향상을 통한 경기력 향상으로 이어지게 될 것이다. 선수의 부상과 체력을 예측한다는 것은 쉬운 일이 아니다. 하지만 투수의 구위를 향상시키기 위해서는 실패하더라도 지속적으로 연구해서 만들어 내야 한다.

KBO 리그에서도 일본의 오타니 쇼헤이(LA에인절스) 같은 선수를 보고 싶다. 프로야구의 주인공이 될 아마추어 투수들에게 지속적인 투자와 관리가 필요한 시점이라고 다시 한번 강조해본다.

http://mksports.co.kr/view/2019/8382/

5. 2018 KBO 리그, 주전 선수 부상 극복 방법은? (2018.04.17)

2018 KBO 리그가 이제 18경기 정도 진행되고 있는 가운데 각 팀별로 주전 선수들의 부상이 두드러지게 나타나고 있다. 프로 스포츠에서 부상이라는 것은 필연적이기 때문에 완벽하게 부상을 막는다는 것은 불가능하다. 선수 부상을 크게 나누어 보면 몸 안에서 이루어지는 부상원인(내적)과 환경에 의해 나타나는 부상원인(외적) 두 가지로 구분할 수 있다.

넥센 히어로즈 박병호 종아리 부상, 두산 베어스 이용찬 옆구리 부상, 삼성 라이온즈 윤성환 팔꿈치 부상, 구자욱 허리 부상 등은 일반적으로 내적 문제에서 발생되었다고 할 수 있다. 넥센 서건창의 타박에 의한 종아리 부상, NC 손시헌의 사구에 의한 머리 부상, KIA 이범호의 사구에 의한 손가락 타박상 등은 사람의 힘으로 막을 수 없는 외적인 부상들이다.

이 두 가지 부상 관리에 있어서 공통점은 완전한 회복 후에 복귀가 필요하다는 것이다. 복귀 후 재부상을 입는 선수 일반적인 원인은 완전하지 않은 상태에서 연습 및 경기에 출장하는 것이 큰 원인 중에 하나다. 경기 복귀 전 투구, 배팅 및 달리기 능력은 부상 이전 능력을 완전하게 회복하는 것을 확인하는 것이 필수다. 경기 복귀 기간을 결정하고 선수 컨디션을 맞추는 것이 아니라 선수가 완전하게 회복한 것을 데이터로 확인해야 한다. 팀과 구단은 이런 시스템을 구축해 주어야 한다. 선수와 코칭스태프는 선수의 경기 출장이 하루가 급하기 때문에 초조해진다. 프런트는 동반자적 입장에서 한 시즌 좋은 전력을 가지고 운영할 수 있게 균형을 잡아주어야 한다.

부상을 일으키는 원인 중 내적 부상 요인을 살펴보면 체력 또는

내적 요인

1. 체력 및 기술 부족
2. 주의집중 부족, 과긴장
3. 과훈련의 정신적, 육체적 피로
4. 불안정한 자세
5. 불완전한 상태에서 훈련 및 경기

외적 요인

1. 운동시설, 장비, 용구의 문제
2. 운동장의 불규칙한 바닥상태
3. 다른 선수의 반칙
4. 기온과 체온의 변화
5. 지도자의 잘못된 훈련

그림 2-70 부상을 일으키는 내적, 외적 요인

기술 부족, 주의집중 부족 또는 지나친 긴장, 과도한 훈련으로 인한 육체 정신적 피로, 불완전한 상태에서의 훈련과 경기 출장으로 인한 재부상, 불완전한 자세 등이 부상 원인이다. 외적 부상 요인에 의한 부상은 운동시설 장비 및 용구의 결함, 운동장 또는 체육관 등의 불규칙한 표면, 다른 선수의 반칙이나 폭력행위, 계절 운동시간에 따른 기온과 체온의 변화에 의한 영향, 지도자의 무리한 훈련과 잘못된 지도 방법이 부상 원인이다.

위에 내적 부상과 외적 부상을 구분하여 나열하였다. 부상의 원인을 찾기 위해서는 각각의 항목을 따로 측정하고 평가해야 한다. 이렇게 측정된 결과들은 선수들의 부상 원인이 무엇인지 진단해 줄 수 있고 예방해 줄 수 있는 방법을 찾게 해준다.

각 팀 트레이너들과 트레이닝 코치들이 선수들 부상 예방과 체력 향상을 위해 많은 노력을 하고 있다. 하지만 그에 비해 성과가 적은 것은 내적, 외적 요인들을 데이터화하여 분석하고 해석할 수 있는 전문가가 팀에 없기 때문이다. 데이터의 분석과 평가가 없다면 문제를 찾는 것은 불가능하며, 부상 예방과 회복을 위한 방향성을 잡는 것 또한 불가능해진다. 선수들의 연봉은 높아졌으나, 그 높은 연봉에 맞는 관리 시스템은 예전과 큰 차이가 없다. 야구의 지속적인 흥행을 위해서 좋은 선수들을 야구장에서 팬들이 오랫동안 계속 볼 수 있도록 체계적인 관리 시스템을 구단들은 갖추어야 될 것이다.

http://mksports.co.kr/view/2018/244940/

6. 프로야구선수 부상과 체력 빅데이터 구축 필요성 (2017.12.11)

2017년 치열했던 페넌트 이스와 한국시리즈는 KIA타이거즈의 우승으로 막을 내렸다. 이제 2018년을 준비하는 비시즌을 맞이하여 선수들은 개인적으로 훈련을 시작하는 시기가 되었다. 2018 시즌 개인 성적과 팀 성적은 올겨울 얼마나 준비를 잘 하느냐에 따라 결정될 것이다. 개인의 준비는 선수가 하게 되는 책임이 있고, 각 팀은 팀에서 해야 할 준비가 잘 되고 있는지 점검해 볼 일이다.

선수 관리를 관리할 때 팀의 역할은 큰 그림을 만들어 가이드라인을 주는 것이 아닐까 생각된다. 선수마다 개인의 특징이 또렷하기 때문에 모든 선수를 하나의 틀에 넣기에는 어려움이 있다. 하지만 이런 상황에도 팀의 운영 방향과 맞는 방향성은 전달하는 것은 필요한 일이다. 예를 들자면 그 팀이 만들고자 하는 팀의 색깔이 파워를 원한다면 비시즌 파워를 만들어 오게 하는 프로그램을 제공하고, 빠른 야구를 원하는 팀이라면 스피드를 빠르게 만들 수 있도록 방향을 제시해 주어야 할 것이다. 이런 준비가 내년 시즌 팀 운영에 큰 도움이 될 것이다.

현대 사회는 IT 및 빅 데이터를 기반으로 하는 사회로 빠르게 변하고 있다. 선수의 부상 및 체력 관리 역시 종이가 아닌 데이터를 수집하여 분석하고 선수의 미래를 예측하는 것이 중요한 요인이 되었다. 시즌을 치르다 보면 모든 감독과 팀이 부상의 공포에 떨고 있는 것이 현실이다. 선수의 부상을 예측할 수 있다면 아마도 시즌을 운영하기 매우 수월할 것이다. 그러면 선수의 부상을 어떻게 예측할 것인

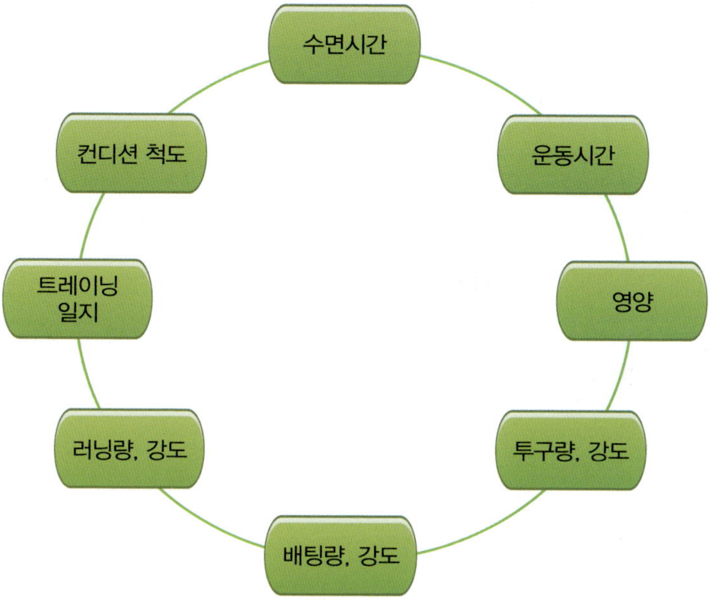

그림 2-71 선수 개인별 데이터 수집 자료

가? 선수의 부상 정보를 데이터화하여 내년 시즌을 예측하는 시스템을 가동하면 가능한 일이다. 부상이 발생되고 재활에 매달리는 것은 최선의 방법은 아니다. 부상을 예측하기 위한 데이터를 구축하고 관리 시스템이 절실하게 필요한 시대가 되었다.

선수의 부상을 예측하기 위해서는 선수의 성향(성격), 부상력, 관절의 가동범위, 단일 관절의 근력, 근신경 통제능력을 수치화하여 데이터를 수집하여 분석하게 되면 부상을 예측할 수 있다. 선수의 체력을 평가하기 위해서는 유연성, 근력, 평형성, 파워, 스피드 등의 검사와 평가를 통해서 생물학적 나이가 아닌 신체적 나이를 평가해서 관리하는 것이 부상을 예측하고, 시즌 중 선수의 체력 상태를 파악할 수 있는 중요한 요인들이다. 현재 프로야구팀의 트레이너들은 위의 모든 것을 현장에서 진행하고 있다. 하지만 이런 정보를 데이터화하고 분석하는 것은 진행하지 않고 있다. 구단이 의지를 가지고 있다면 데이터를 수집하고 정리하는 프로그램과 이 결과를 분석해 내는 전문가를 양성하는 것이 팀의 미래를 위한 준비가 될 것이다.

현재 구단의 선수 관리 및 육성을 보면 좋은 선수를 선발하는 것만 관심이 있고 이 선수를 어떻게 육성할 것인지는 아직 관심을 갖지 않는 것 같다. 좋은 선수는 태어나기도 하지만 팀의 육성 시스템에 의해 만들어지기도 한다. 신인 선수를 육성하는 것은 스카우트, 코칭스텝, 선수 트레이너, 퍼포먼스 코치들의 지식과 경험을 모아서 시스템으로 만들어낸다. 특히 지금처럼 프로와 아마추어의 실력 차이가 커지는 상황에서는 프로팀의 선수 육성 시스템이 더욱더 중요하다고 생각된다. http://mksports.co.kr/view/2017/817709/

7. 체력 향상 트레이닝이 부상을 예방한다(2017.06.20)

한국 프로야구가 양적으로, 질적으로 많이 발전했다. 팀의 트레이너 시스템 역시 수적이나 장비 면에서 등 많은 발전이 있었다. 하지만 아쉬운 부분이 있어 그 이야기를 하려고 한다.

팀별로 조금씩 다르기는 하지만, 일반적으로 병원과 주치의가 연결된 메디컬 팀이 있고, 이 메디컬 팀은 의학적 검사를 통해 부상을 진단하는 역할을 하며, 부상 선수를 회복시키는 것이 주요 업무이다.

야구팀에서 부상의 진단 및 회복은 중요한 부분이다. 하지만 회복

이후 체력을 강화시키는 부분 역시 매우 중요한 부분이다. 최근 10여 년간 재활 운동 및 부상 진단 시스템은 많이 발전했다. 하지만 재활운동 이후 선수들의 체력을 향상시키기 위한 퍼포먼스 향상 시스템 준비는 미국에 비해 걸음마 수준이다.

부상 선수가 회복되었다면 강화를 위한 트레이닝이 필요한데 국내에는 강화에 대한 전문가가 그리 많지 않다. 아니 정확히 말하면, 전문가는 많은데 부상을 회복시키는 전문가(트레이너)와 체력 강화를 시키는 전문가(퍼포먼스 코치)를 구분하지 않는다. 일반적으로 트레이너는 부상 회복의 관점으로 선수를 바라보기 때문에 재활운동을 기반으로 일을 하게 되고, 퍼포먼스 코치는 체력을 증가시키는 목적으로 트레이닝을 진행하기 때문에 선수를 관리하는 목적이 다르다. 이 두 전문가의 전문성이 융합되어야 부상을 회복하고 회복된 선수가 이전의 체력 이상의 수준으로 강화된다. 현재 프로야구팀의 시스템은 이 두 가지 조직을 구분하지 않고 두 가지 일을 한 명의 트레이너가 같이 하고 있어 전문성을 발전시키기 어려운 실정이다. 팀별로 트

스포츠 사이언스팀

｜선스트레이너｜	｜피치컬 코치｜
응급처치	부상 예방(교정운동)
약물 복용	수동적, 능동적 스트레칭
물리치료기구	근력 트레이닝
스포츠 마사지	기능성 트레이닝
운동재활(교정운동)	파워 트레이닝

그림 2-72 선수 트레이너와 피지컬 코치의 업무

레이너의 수가 보통 7~9명까지 늘어났기 때문에 업무의 구분을 통해 전문성을 발전시키는 변화가 필요한 시기다.

미국 메이저리그의 예를 들면, 부상 선수의 최초 관리는 의사가 진단과 치료를 하게 되며, 그 후 트레이너 파트에서 몸을 회복시키는 초기 재활 과정을 진행한다. 이후 퍼포먼스 코치 주도 아래 선수를 부상 이전의 체력 상태로 만드는 트레이닝 과정을 거친다. 이렇게 회복한 선수는 기술 코치가 기술적 문제를 교정해 그라운드에 복귀하게 된다. 일반적인 순서가 그렇다. 류현진(30)이 뛰고 있는 LA다저스에도 네일(Neil Rampe)이라는 수석 트레이너와 브랜든(Brandon McDaniel)이라는 수석 스트랭스 코치가 자신의 전문 분야에서 소통을 하면서 선수를 관리하고 있다.

한 사람에게 여러 가지 일을 시키는 것이 그 사람을 잘 활용하는 것처럼 보일 수 있다. 그러나 깊이 들여다보면 여러 가지 일을 하게 되면서 전문성은 없어진다는 점도 고려해야 한다. 한국과 미국의 직접적인 비교는 어렵지만 재활과 강화라는 측면에서 비교해 보면 현재 한국 프로스포츠에서는 재활보다는 강화를 시키는 전문 분야가 절실하다. 한국의 야구선수들의 체력이 예전에 비해 떨어진 것이 대형 선수가 사라진 큰 이유이라고도 볼 수도 있다. 과거에 비해 현재의 선수들이 체격은 커졌지만 체력(내구성)은 많이 떨어지는 것이 현실이기 때문이다. 재활도 필요하지만 다치지 않게 체력을 강화시키는 예방적 강화가 더 중요하다는 생각이 든다.

http://mksports.co.kr/view/2017/412131/

8. 피칭 후 아이싱은 필수적인 요소인가(2017.06.06)

야구에서 투수가 경기의 승패를 좌우하는 비율이 약 80% 정도 된다고 한다. 야구는 투수놀음이라는 말이 그냥 나온 게 아닌 것 같다. 때문에 투수의 부상을 예방하는 것은 팀의 승패에 있어 중요한 부분이다. 단순히 부상 회복 차원이 아닌 컨디션을 향상시키고 유지하는 것이 매우 중요하다.

이제 일상적으로 접할 수 있는 피칭 후 아이싱(얼음찜질)이 부상 예방에 중요한 방법으로 알려져 있다. 하지만 얼음찜질이 능사는 아니다. 미국의 경우를 보면 아이싱을 선호하는 선수와 선호하지 않는 선수가 갈린다. 그럼 아이싱은 언제 해야 할까.

| 아이싱의 적용 |

얼음이 염좌를 포함한 급성 부상 직후에 붓기와 통증을 크게 줄이는 것으로 나타났지만, 경우에 따라 염증을 줄이면 실제로 치유를 방해할 수 있으므로 올바른 방법으로 얼음을 사용하는 것이 중요

- 얼음의 영향: 순환, 대사 활동 및 염증을 감소시키고 피부를 마비
- 얼음의 장점: 통증, 부기, 염증 및 근육 경련/경련을 줄인다. 운동 후 또는 통증을 유발하는 활동에 가장 적합
- 얼음의 위험: 장기간 사용하면 동상을 유발
- 냉찜질 요법을 적용하는 방법: 얼음 주머니, 얼음 목욕/얼음 월풀, 얼음 마사지

| 아이싱의 적용 방법 |

- 하루에 2~3회 (최소); 시간당 최대 한 번
- 일반적으로 세션당 20~30분
- 얼음은 통증, 부기, 염증 또는 경련이 있는 한 치료에 계속 유용
- 48시간 후에 열로 전환하거나 얼음과 열을 번갈아 바꿀 필요

그림 2-73 급성 부상 후 얼음찜질 사용법

앞서 나온 얘기이지만 스포츠 선수들에게 아이싱은 매우 보편화되어 있다. 아이싱은 급성 부상 후에 부종(관절 및 근육의 부어오름)이 생기거나 통증이 나타날 때 한다. 타박 및 발목 염좌 등 급성기 부상에서는 매우 중요한 회복 방법 중에 하나다.

국내에서도 아이싱에 대한 의견이 각각 달라 프로구단마다 트레이너마다 조금씩 다른 방법들을 적용한다. 위에 언급했듯이 아이싱은 급성 손상에 사용하는 것으로 선발투수, 중간 투수의 피칭 후에 하는 아이싱은 이론적으로 볼 때, 맞지 않는다. 왜냐하면 피칭 후에는 급성 손상이 생기는 것이 아니라 만성적인 손상이 생기기 때문에 부종이 생긴다든지 발목 염좌처럼 통증이 강하게 나타나지 않기 때문이다. 이런 이유 때문에 필자는 팀에서 트레이너 생활을 하는 동안에도 투수들에게 아이싱을 권하지는 않는 쪽이었다. 하지만 선수가 원한다면 못하게 하지는 않았다. 아이싱을 한다고 해서 어깨나 팔꿈치가 나빠질 것은 없기 때문이다. 물론 팀 차원에서 이런 부분들을 결정해서 팀의 시스템으로 만드는 것도 필요한 부분이라는 생각이 든다.

투수 어깨에 아이싱을 할 때에는 선수의 상태에 따라서 다른 방법들이 필요하다. 만약 어깨의 가동범위가 많이 부족한 선수는 가능하면 아이싱을 하지 않는 것이 좋다. 아이싱을 하게 되면 근육이 수축을 하게 되어 근육의 길이가 더 짧아지기 때문이다. 이럴 때는 아이싱을 하는 것보다는 피칭 후 스트레칭을 해주는 것이 더 효과적이다. 반대로 어깨의 불안정성(헐거움)이 심한 선수들은 경기 후 아이싱을 하는 것보다는 가벼운 어깨 강화 운동을 통해서 느슨해진 어깨를 잡아주는 것이 다음날 어깨 컨디션이 더 좋아진다. 선수의 상태에 따라서 필요한 방법을 선택해 준다면 더 좋은 컨디션으로 경기에 나갈 수 있을 것이다.

그럼 아이싱을 하는 시간은 어느 정도가 적당할까. 일반적으로 약 15분 전후로 하는 것이 좋다고 한다. 하지만 부위에 따라서 시간은 달라져야 한다. 손가락 같은 부위는 냉각 효과가 금방 나타나기 때문에 조금 짧은 것이 좋고, 허벅지, 엉덩이같이 큰 곳은 아무래도 냉각 효과가 깊숙이 들어가기 위해서는 시간이 더 필요하다. 아이싱의 적정 시간은 부위에 따라서 10분에서 30분까지 하는 것이 이론적으로는 올바른 방법이다. 급성기 부상 후에는 2시간 간격으로 2일에서 3일을 지속적으로 하는 것이 부종과 통증을 줄일 수 있어 초기 재활이 순조로워진다. 무분별한 아이싱이 아닌 선수의 상태에 따른 선택을 해보자. 작은 것이 변하게 되면 큰 것이 변화하게 된다.

http://mksports.co.kr/view/2017/377494/

9. 타고투저 현상, 결국은 투수관리의 문제(2018.12.24)

2018년은 SK와이번스의 한국시리즈 우승으로 막을 내렸다. 비시즌 12월은 선수들이 몸만들기를 하면서 2019년을 준비하고 있는 시기다.

최근 4~5년 동안 프로야구에서 화두로 떠오른 것은 역시 타고투저에 대한 문제다.

타고투저를 바라보는 시선은 다양하나, 간략하게 나누면 3가지 항목으로 요약된다. 첫 번째 투수 요인, 두 번째 타자 요인, 세 번째 장비를 포함한 환경의 요인으로 구분해 볼 수 있다. 최근 KBO에서 내놓은 대안은 스트라이크존의 변경, 공인구의 반발계수 낮추기 등 주

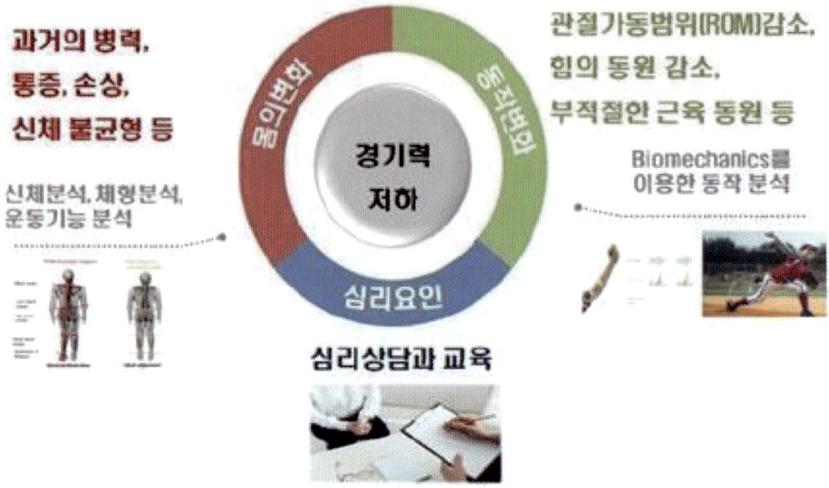

그림 2-74 경기력 저하 평가 방법

로 환경, 외부적인 요인을 해결하기 위한 방법으로 접근하고 있다.

하지만 필자는 타고투저의 한 축인 투수의 부상, 체력, 기술 향상을 위한 통합적인 관리가 더 본질적인 접근이라고 생각한다.

2001년부터 현재까지 프로야구 투수들은 많은 변화를 겪어왔다. 가장 두드러진 변화는 투수의 체력이 2000년 초반에 비해 많이 약해졌다는 것이다. 체격은 좋아졌으나, 근력, 순발력, 민첩성 등은 오히려 약해졌다. 차체는 커 졌으나, 엔진의 배기량은 오히려 줄어든 격이다.

이런 문제는 엘리트 스포츠에만 나타나는 현상은 아니다. 일반 학생들도 체격은 좋아지고 체력은 계속 떨어지고 있다는 연구들이 많이 나오고 있다. 선수의 경기력 저하가 일어나는 과정으로 체력 감소 → 불균형 및 부상 → 경기력 저하로 이어지는 것이 일반적이다. 현재 투수들의 구속을 보면 150km 이상을 던지는 투수를 보기 힘들다.

2000년 초반에는 한 팀에 거의 10명 정도를 기본적으로 보유하고 있었다. 구속은 그 선수의 체력을 대변하는 기준이 되기도 한다. 빠른 구속은 순발력과 파워를 가지고 있는 선수만이 가능하기 때문이다.

투수들의 구속 저하는 프로야구가 만든 문제는 아니다. 하지만 프로야구의 토양인 아마추어 야구의 발전을 위한 구체적인 방안을 모색하는 것이 필요하다. 부상을 예방하기 위한 프로그램은 많지만 더 적극적으로 예방하는 부상 예방 프로그램과 체력 향상을 위한 운동 프로그램은 많지 않다. 강한 체력은 부상을 예방하고 경기력을 향상시키는 기본 항목이다.

야구에 맞는 피지컬 트레이닝을 개발하고 공유하는데 많은 지원이 필요하다. 류현진처럼 많은 메이저리거를 배출하기 위해서는 만들어진 선수만 관리하는 것이 아닌 조금 부족한 선수에게 도움을 주어 최고의 선수로 만들어 주는 역할이 필요하다.

다음은 좋은 밸런스와 파워를 만들기 위한 운동으로 측면으로의 이동(스트라이드)을 위한 것이다. 투구 중 측면 이동이 잘 될 경우 구속 증가와 부상을 상당수 예방할 수 있다.

아마추어 팀에 트레이너가 없다면 다음의 동작을 따라서 매일매일 한다면 좋은 밸런스와 파워를 만들 수 있다.

http://mksports.co.kr/view/2018/800685/

10. 부상 방지 위한 투수들의 어깨관리 루틴(2018.04.25)

대부분의 투수들은 부상 없이 경기를 뛰는 게 한 시즌을 치르는 동안 가장 힘들다고 얘기한다.

투수의 부상 부위 중 어깨와 팔꿈치는 전체 부상의 50% 이상을 차지할 만큼 빈번하게 발생한다. 한 시즌 부상 없이 좋은 컨디션을 유지, 관리하기 위해 많은 요소들이 필요하지만 그 중에서도 투수들에게는 어깨 부상 예방을 위한 관리가 매우 중요하다.

투수들이 부상을 당하게 되면 가장 먼저 나타나는 증상은 통증이다. 통증이 발생되면 관절의 가동범위가 줄어들게 되며, 반복적으로 관절의 가동범위가 줄어들게 되면 어깨 관절의 유연성이 현저히 떨어지게 된다.

이런 원인 때문에 시즌 중 투수의 어깨 관절 가동범위를 기록하면서 선수의 컨디션을 확인하는 것은 매우 중요한 일이다. 미세한 변화지만 어깨 관절 내측회전이 줄어들게 되면 공을 릴리스할 때 공을 누르는 것이 안 돼 공이 높게 들어가는 원인이 되기도 하고, 팔꿈치가 아래쪽으로 떨어지는 원인이 되기도 한다. 그래서 팔꿈치의 높이가 낮은 투수나 볼이 높게 제구 되는 선수들은 어깨 유연성 검사를 필히 받아야 한다.

인체에서 회전을 많이 하는 대표적인 관절이 어깨다. 어깨 관절이 회전력을 잃어버리게 되면 다른 인접 관절이 회전을 대신해야 한다. 보통 이런 인접 관절은 팔꿈치일 경우가 많아서 팔꿈치 부상을 가지고 있는 선수들은 어깨 관절 유연성이 떨어져 있을 가능성이 높다. 이러한 이유로 어깨 가동범위를 검사, 관리하고 유지하는 것은 투수에게 있어서 선택이 아닌 필수의 과정이라고 생각해야 한다.

투수의 경기 전 어깨 관리 루틴은 5분 정도 가볍게 자전거 또는 러닝머신에서 몸에 열을 내고 스트레칭 매트에서 큰 볼을 이용하여

투수 어깨 부상 관리 루틴. 사진 = 김병곤 제공

네발기기 자세로 상완삼두근 스트레칭을 30초 전후 지속적으로 한다. 그리고 벽에 옆으로 서서 팔꿈치를 구부린 자세에서 외전 스트레칭 동작을 30초 정도 지속적으로 한 뒤 스트레칭 매트에 옆으로 누워서 슬리퍼 스트레칭을 30초 정도 지속적으로 한다. 벽에 옆으로 서서 던지는 손을 올려 단축된 신경을 스트레칭한다.

만약 어깨의 유연성이 많이 떨어져 있는 경우 스트레칭 시간을 50초까지 늘려주고, 세트 수도 증가시켜주면 좋다. 이렇게 스트레칭이 끝나면 견갑골 안정성 운동으로 Y자 운동을 반복하여 견갑골 주변 근력을 강화시켜 준다. 트레이닝장에서 준비가 끝나면 야구장으로 나가서 동적인 스트레칭과 러닝을 하면서 마운드에 올라갈 준비를 하면 된다.

팀에 트레이너가 있는 프로야구선수들은 트레이너의 도움을 받아야 하고, 트레이너가 없는 아마추어의 경우 담당 코치가 경기 전 위와 같은 프로그램을 활용하기를 권장하길 바란다. 그러면 부상을 예방하고 경기력을 유지하는 데 많은 도움이 될 것이다. 관절의 가동범위는 시시각각 줄어들기 때문에 관리도 매 시간 반복적으로 꾸준하게 하는 것이 최선의 방법이다.

http://mksports.co.kr/view/2018/264097/

11. '체지방률 0%?' 그라운드의 '몸짱' 못 된다 (2016.04.01)

드디어 4월의 첫날, 우리가 기다리던 프로야구 시즌이 시작됐다. 10개 구단 모두 겨우내 준비한 노력의 결과를 보여주어야 한다는 긴장과 기대가 교차할 것이다. 그들 앞에 펼쳐진 레이스는 짧지 않다. 약 6개월의 대장정을 좋은 컨디션으로 완주해내기 위해 야구선수들에게 필요한 적정한 체중과 체지방량은 어느 정도일까.

점점 더 파워의 중요성이 강조되고 있는 야구에선 축구, 혹은 경기 중 더 많이 달려야 하는 종목에서처럼 마른 선수가 좋은 체형이라고 말할 수 없다. 미국의 트레이닝 전문가들은 메이저리그 선수들의 적정한 체지방 비율에 대해 광범하게 동의하는 권고 수치를 갖고 있다. 투수의 체지방률은 12.3%, 포수는 11.5%, 내야수는 9.4%, 외야수는 8.4% 정도를 이상적으로 본다. 일반적으로는 가능하면 12%를 넘기지 말고 8~10%를 유지하는 것이 좋다고 여긴다. 프로야구팀에서 근무할 때 선수들의 체지방량을 주기적으로 검사했다. 미국 선수들에 비해 한국 선수들이 체지방량은 조금 많고 근육양은 조금 적게 가지고 있었던 것으로 기억한다.

적정량의 체지방을 가지고 있다는 것은 선수가 몸에 쌓이는 피로 및 부상의 위험을 줄이는 매우 중요한 요소가 되기 때문에 가능하면 적정 체지방률을 유지하는 것이 좋다. 가끔 할리우드의 액션 배우가 '체지방률 0%에 수렴하는 근육질의 몸을 만들었다'는 뉴스가 나오기도 하지만, 체지방률 0%는 야구선수에게 (사실은 일반인들에게도) 전혀 바람직하지 않은 위험한 수치다. 체지방이 너무 적으면 부상의 위험이 증가하고 질병에 쉽게 노출된다. 특히 호르몬 건강에 문제가 발생할 가능성이 높아진다. 반대로 체지방이 너무 많으면 기동력이 떨어지고 운동의 효율에 감점 요인이 생긴다. 자동차에 짐을 많이 실으면 운전자만 타고 있을 때보다 차체에 더 많은 부담을 지우게 되는 이치와 비슷하다.

선수들의 평균 체지방량은 포지션에 따라 뚜렷한 차이가 있다. 홈에서 가까울수록 또는 움직임의 범위가 좁을수록 평균 체지방량이 많다. 움직임이 적다는 것은 경기 중 달리는 거리가 적다는 의미로 체지방의 양이 상대적으로 많다고 해도 기술 수행에 있어 방해 요소가 크지 않다고 생각할 수 있다. 그래서 선수의 포지션별 평균 체지방량은 투수→포수→내야수→외야수의 순서대로 줄어드는 경향이 있다.

트레이너로 근무할 때 지켜본 바로는 선수들 중에는 여름에 체지방이 증가하는 케이스가 꽤 많다. 무더위 속에서 자꾸 체력이 떨어지는 것을 느끼는 선수들이 음식으로 체력을 끌어올리려고 식사량을 늘리면서 오히려 체중이 증가하는 경우들이다. 반면 일부 마른 선수들은 여름에 체력이 떨어지면서 식욕이 감퇴해 잘 먹지 못하는 끼니가 늘어나면서 체중이 감소하는 경우도 생기곤 한다.

그래서 '여름 보양식'에 관한 한 선수들에게 차별적인 조언을 했다. 식욕이 좋은 선수들에게는 체력을 유지하기 위해 먹는 것에 신경 쓰는 것은 좋지만, 체중이 증가하면 오히려 컨디션이 떨어지는 경우도 생기니 늘 체중 변화에 주의하는 식사를 권했다. 반면 마른 선수들에게는 식사를 보약이라 생각하고 적정 체중과 체지방을 유지할 수 있는 충분한 식사량을 권했다.

선수들의 체형에 따른 운동 프로그램을 줄 때는 체중과 체지방량, 근육량 등을 살펴서 비율 관리를 하는 것이 필요하다. 어떤 선수는 억지로 먹는 것이, 반대로 어떤 선수는 먹는 것을 자제하는 것이 스스로의 컨디션 유지에 중요한 요소가 된다는 것을 기억해야 한 시즌이라는 마라톤의 건강한 완주 목표에 가까워질 수 있겠다.

http://mksports.co.kr/view/2016/239509/

3부

ITP, IBP, 운동재활 프로그램

1장

(ITP)단계별 던지기 프로그램

부상 후에는 장시간 투구를 하지 않았기 때문에 강한 투구에 대한 적응을 하는 기간이 필요하다. 만약 재활의 기간이 짧았다면 짧은 기간, 길게 재활을 하였다면 긴 시간의 단계별 던지기 프로그램이 필요하다. 일반적으로 동계 4~6주의 휴식 후 투수의 단계별 던지기 프로그램은 약 6주, 수술 후 복귀까지의 던지기 프로그램은 4~6개월이 필요하다. 따라서 선수의 상태에 따라 적절한 던지기 프로그램을 선택하여야 성공적인 재활이 가능하다. 프로야구팀에서 단계별 던지기 프로그램을 진행하는 데는 두 가지 힘든 점이 있다. 첫 번째는 단계별 던지기를 시작하는 단계에서는 던지는 강도가 30% 전후이기 때문에 선수들이 던지는 강도가 약하다고 느낄 때가 많아 강하게 던지는 것을 억제시키는 것이 힘들다. 두 번째는 투구 강도가 85%를 넘어가면 수술과 부상의 무서움이 남아 있어 투구 강도를 증가시키지 못하는 경우가 많다. 이럴 때는 “어깨 또는 팔꿈치가 끊어져도 좋다는 생각을 가지고 던지자"라고 주문을 한다. 선수들이 느끼기에는 모질다고 생각할 수 있겠지만, 그렇지 않으면 두려움 때문에 공의 구위가 회복되지 않는 경우가 많다. 하지만 이런 말을 할 때는 선수의 재활 과정을 잘 진행하여야만 가능한 일이다. 일반적으로 야구선수들에게 던지기 프로그램은 두 가지로 구분된다. 정상적인 시즌을 마치고 동계에 4~6주를 휴식한 후 기술 훈련을 하는 선수들이 사용하는 프로그램과 어깨나 팔꿈치 수술 후 재활 과정에서 사용하는 던지기 프로그램이 있다. 비시즌에 웨이트 트레이닝으로 몸을 만든 후 단계별 던지기를 하는 것은 기본적인 수준이며 매우 중요하다. 던지기를 하기 전에 어깨의 유연성과 근력의 기초를 만들어 놓아야 하며, 가벼운 던지기로 준비운동과 정리운동을 해야 한다. 낮은 강도의 던지기 프로그램은 던지는 개수를 세는 것이 아니고 7~10분의 시간으로 정하여 한다. 동계훈련 동안 어깨의 근력과 유연성을 만든 것을 사용하여 가벼운 던지기 프로그램을 진행한다. 던지기 프로그램을 할 때 항상 스태프는 선수들의 모습을 관찰하여야 한다.

| 어깨 과부하를 줄이기 위한 기술적 방법 |

1. 18m가 넘어가기 시작하면 짧은 도약(crow hop)을 사용하여 던지기를 한다.
2. 먼 거리 던지기를 할 때는 좋은 투구 자세를 유지하면서 던진다.
   - 어깨의 회전을 좋게 하여 던진다.
   - 팔을 앞쪽으로 내밀 때 길게 뻗어 주는 느낌으로 던진다.
   - 먼 거리 던지기를 할 때 공을 받는 사람은 타깃(글러브)을 계속적으로 주시한다.

이 프로그램은 2월을 위해 점진적으로 진행하는 프로그램이다. 따라서 선수의 경기 출장하는 날짜를 역순으로 계산을 해서 진행을 하는 것이 바람직하다.

1. 투수 동계 던지기 프로그램

투수가 동계 던지기 프로그램을 사용한다는 것은 몸에 부상이 없는 상태로 정상적인 동계 훈련에 참가하였다는 것이다. 만약 부상으로 인하여 재활을 하였다면 재활 프로그램을 사용하여야 한다. 다음의 프로그램은 전체적인 프로그램일 뿐이지 전체 선수들에게 그대로 적

12월(1주일에 3회 던지기, [예] 월, 수 금)		
1주차	12~23m	8~10분
1주차	18m	3분(준비운동 던지기, 짧은 도약)
	23m	3분(준비운동 던지기, 짧은 도약)
	27m	3분(준비운동 던지기, 짧은 도약)
3~4주차	18m	3분(준비운동 던지기, 짧은 도약)
	23m	3분(준비운동 던지기, 짧은 도약)
	27m	3분(준비운동 던지기, 짧은 도약)
	34m	3분(준비운동 던지기, 짧은 도약)
1월		
1~3주차	18m	3분(준비운동 던지기, 짧은 도약)
	23m	3분(준비운동 던지기, 짧은 도약)
	27m	3분(준비운동 던지기, 짧은 도약)
	34m	3분(준비운동 던지기, 짧은 도약)
	평지에서 균형 잡고 이동하면서 던지기 3~5분	
	37m	먼 거리 던지기 10분
4주차 월요일	18m	3분(준비운동 던지기, 짧은 도약)
	23m	3분(준비운동 던지기, 짧은 도약)
	27m	3분(준비운동 던지기, 짧은 도약)
	34m	3분(준비운동 던지기, 짧은 도약)
	16m	15개(전부 직구)
화요일	37m	먼 거리 던지기 10분
수요일	18m	3분(준비운동 던지기, 짧은 도약)
	23m	3분(준비운동 던지기, 짧은 도약)
	27m	3분(준비운동 던지기, 짧은 도약)
	34m	3분(준비운동 던지기, 짧은 도약)
	16m	20개(전부 직구)
목요일	37m	먼 거리 던지기 10분
금요일	18m	3분(준비운동 던지기, 짧은 도약)
	23m	3분(준비운동 던지기, 짧은 도약)
	27m	3분(준비운동 던지기, 짧은 도약)
	34m	3분(준비운동 던지기, 짧은 도약)
	마운드 20개(전부 직구)	

2월		
1주차 월요일	18m	3분(준비운동 던지기, 짧은 도약)
	23m	3분(준비운동 던지기, 짧은 도약)
	27m	3분(준비운동 던지기, 짧은 도약)
	34m	3분(준비운동 던지기, 짧은 도약)
	마운드 25개(전부 직구)	
화요일, 수요일	37m	먼 거리 던지기 10분
	18m	3분(준비운동 던지기, 짧은 도약)
	23m	3분(준비운동 던지기, 짧은 도약)
	27m	3분(준비운동 던지기, 짧은 도약)
	34m	3분(준비운동 던지기, 짧은 도약)
	마운드 30개(전부 직구)	
목요일	37m	먼 거리 던지기 10분
금요일	18m	3분(준비운동 던지기, 짧은 도약)
	23m	3분(준비운동 던지기, 짧은 도약)
	27m	3분(준비운동 던지기, 짧은 도약)
	34m	3분(준비운동 던지기, 짧은 도약)
	마운드 35개(전부 직구)	
2~4주차 월요일	18m	3분(준비운동 던지기, 짧은 도약)
	23m	3분(준비운동 던지기, 짧은 도약)
	27m	3분(준비운동 던지기, 짧은 도약)
	34m	3분(준비운동 던지기, 짧은 도약)
	마운드 40개(직구, 체인지업)	
화요일	37m	먼 거리 던지기 10분
수요일	18m	3분(준비운동 던지기, 짧은 도약)
	23m	3분(준비운동 던지기, 짧은 도약)
	27m	3분(준비운동 던지기, 짧은 도약)
	34m	3분(준비운동 던지기, 짧은 도약)
	마운드 45개(직구, 체인지업, 브레이킹볼)	
목요일	37m	먼 거리 던지기 10분
	18m	3분(준비운동 던지기, 짧은 도약)
	23m	3분(준비운동 던지기, 짧은 도약)
	27m	3분(준비운동 던지기, 짧은 도약)
	34m	3분(준비운동 던지기, 짧은 도약)
	마운드 50개(직구, 모든 구종)	

그림 3-1

용하게 되면 부상이 생길 수도 있다. 각 선수의 몸 상태에 따라서 프로그램의 변화가 필요하다.

2. 어깨, 팔꿈치 수술 후 던지기 프로그램

• 점진적 던지기 프로그램(ITP) – 1단계

점진적 던지기 프로그램은 부상이나 수술 후 캐치볼 거리를 점진적으로 늘리는 것을 통해 팔에 대한 동작, 힘, 자신감이 서서히 돌아오게끔 구성되어 있다. 이 프로그램은 주치의에 의해 공을 던져도 된다는 허락을 받으면 시작하며, 트레이너의 관리하에 운영된다. 프로그램은 재발 요소를 최소화하고 던지기 전 준비운동 및 스트레칭을 강조한다. ITP 과정에서는 다음 요소들이 가장 중요하다.

- 야구에서 던지는 행동은 발에서 다리, 골반, 몸통, 바깥쪽 어깨를 통해 팔꿈치와 손으로 에너지를 이동시킨다. 그러므로 부상에서 복귀하여 던질 때에는 항상 몸 전체를 이용해서 던져야 한다.
- 던지는 거리의 점진적인 향상을 통해 재발 가능성을 줄인다.
- 적당한 준비운동은 필수다.
- 대부분의 부상은 피로의 결과물이다.
- 올바른 투구 동작은 재발의 발생 정도를 줄인다.
- 던지기 위한 필요조건: 정상적인 관절 가동 범위, 충분한 근육 파워, 피로에 저항할 수 있는 충분한 근육

야구선수의 몸은 각자가 다르기 때문에 프로그램에서 완벽하게 짜인 시간표는 전혀 없다. 대부분의 운동선수들은 경쟁심이 높아서

시합 복귀를 가능한 한 빨리 하기를 바란다. 그러다 보니 ITP의 강도를 증가시키기를 바라는 경향이 있다. 그러나 이것은 재발의 발생 정도를 증가시키고 재활 과정을 매우 지체하게 만든다. 따라서 던지는 프로그램을 엄격하게 조절함으로써 선수들의 힘을 알맞게 바꿔 재활 기간 동안 재발의 가능성을 줄여주어야 한다. ITP는 재활에서 회복되기 위한 안전한 경로다. 그렇기 때문에 프로그램을 엄격하게 따라야만 한다. 재활을 하는 선수들은 회복하는 과정 속에서 아마도 근육과 건(힘줄)이 아프고, 둔하게 느껴지고, 쑤시는 느낌이 드는 것을 경험할 것이다. 만약 관절에서 날카로운 통증을 느낀다면, 이 통증이 멈출 때까지 모든 던지기 행동을 멈춰야 한다. 만약 통증이 계속된다면 주치의를 만나야 한다.

• 점진적 던지기 프로그램 – 2단계

마운드 던지기 ITP의 1단계를 완수한 운동선수가 정해진 거리에서 통증 없이 던질 수 있다면, 운동선수는 마운드에서 공을 던지거나 각자의 포지션으로 돌아갈 준비가 된 것이다. 이것은 강한 힘과 자신감을 운동선수의 팔에 갖게 해 줄 것이다. 투수는 처음 던질 때 오직 50%의 속도로만 던지고 점점 75%, 100%로 늘려서 던진다. 이때 선수는 변화구에 대한 부담을 느끼기 시작할 것이다. 포지션 선수들은 다시 50-75-100%로 향상하는 모의 훈련을 해야 한다. 다시 한번 말하지만, 만약 운동선수가 특히 관절에 통증이 많이 느껴진다면, 던지기 프로그램은 재활팀의 감독 아래 때에 따라 약하게 또 그러다 다시 강하게 진행되기도 해야 한다.

15m	20m	25m
Step 1	Step 3	Step 5
① 던지기 준비운동	① 던지기 준비운동	① 던지기 준비운동
② 15m(25구 던지기)	② 20m(25구 던지기)	② 25m(25구 던지기)
③ 5~10분 쉬는 시간	③ 5~10분 쉬는 시간	③ 5~10분 쉬는 시간
④ 던지기 준비운동	④ 던지기 준비운동	④ 던지기 준비운동
⑤ 15m(25구 던지기)	⑤ 20m(25구 던지기)	⑤ 25m(25구 던지기)
Step 2	Step 4	Step 6
① 던지기 준비운동	① 던지기 준비운동	① 던지기 준비운동
② 15m(25구 던지기)	② 20m(25구 던지기)	② 25m(25구 던지기)
③ 5~10분 쉬는 시간	③ 5~10분 쉬는 시간	③ 5~10분 쉬는 시간
④ 던지기 준비운동	④ 던지기 준비운동	④ 던지기 준비운동
⑤ 15m(25구 던지기)	⑤ 20m(25구 던지기)	⑤ 25m(25구 던지기)
⑥ 5~10분 쉬는 시간	⑥ 5~10분 쉬는 시간	⑥ 5~10분 쉬는 시간
⑦ 던지기 준비운동	⑦ 던지기 준비운동	⑦ 던지기 준비운동
⑧ 15m(25구 던지기)	⑧ 20m(25구 던지기)	⑧ 25m(25구 던지기)

30m	35m	40m
Step 7	Step 9	Step 11
① 던지기 준비운동	① 던지기 준비운동	① 던지기 준비운동
② 30m(25구 던지기)	② 35m(25구 던지기)	② 40m(25구 던지기)
③ 5~10분 쉬는 시간	③ 5~10분 쉬는 시간	③ 5~10분 쉬는 시간
④ 던지기 준비운동	④ 던지기 준비운동	④ 던지기 준비운동
⑤ 30m(25구 던지기)	⑤ 35m(25구 던지기)	⑤ 40m(25구 던지기)

Step 8	Step 10	Step 12
① 던지기 준비운동	① 던지기 준비운동	① 던지기 준비운동
② 30m(25구 던지기)	② 35m(25구 던지기)	② 18.44m(평지에서 피칭 25구 던지기)
③ 5~10분 쉬는 시간	③ 5~10분 쉬는 시간	
④ 던지기 준비운동	④ 던지기 준비운동	③ 18.44m(10~15구 던지기)
⑤ 30m(25구 던지기)	⑤ 35m(25구 던지기)	
⑥ 5~10분 쉬는 시간	⑥ 5~10분 쉬는 시간	④ 18.44m(평지에서 20구 던지기)
⑦ 던지기 준비운동	⑦ 던지기 준비운동	
⑧ 30m(25구 던지기)	⑧ 35m(25구 던지기)	
Step 14	Step 15	Step 16
① 던지기 준비운동	① 던지기 준비운동	① 던지기 준비운동
② 45m(25구 던지기)	② 50m(25구 던지기)	② 40m(25구 던지기)
③ 5~10분 쉬는 시간	③ 5~10분 쉬는 시간	③ 5~10분 쉬는 시간
④ 던지기 준비운동	④ 던지기 준비운동	④ 던지기 준비운동
⑤ 45m(25구 던지기)	⑤ 50m(25구 던지기)	⑤ 40m(25구 던지기)
⑥ 5~10분 쉬는 시간	⑥ 5~10분 쉬는 시간	⑥ 5~10분 쉬는 시간
⑦ 던지기 준비운동	⑦ 던지기 준비운동	⑦ 던지기 준비운동
⑧ 45m(25구 던지기)	⑧ 50m(25구 던지기)	⑧ 40m(25구 던지기)

항상 선수의 50% 강도로 ITP를 진행하되, 선수들의 몸 상태에 따라 2~3일에 한 번씩 던지는 스케줄을 진행할 수도 있다.

45m	50m	Flat throwing
Step 13	Step 15	Step 17
① 던지기 준비운동	① 던지기 준비운동	① 던지기 준비운동
② 45m(25구 던지기)	② 50m(25구 던지기)	② 18.44m(평지에서 피칭 25구 던지기)
③ 5~10분 쉬는 시간	③ 5~10분 쉬는 시간	
④ 던지기 준비운동	④ 던지기 준비운동	
⑤ 45m(25구 던지기)	⑤ 50m(25구 던지기)	

그림 3-2

STAGE 1 직구만 던지기

1단계	준비운동 던지기(준비운동 던지기는 30~50m까지 선수 몸 상태에 따라 진행함) 마운드에서 50% 속도로 15구
2단계	준비운동 던지기 마운드에서 50% 속도로 30구
3단계	준비운동 던지기 마운드에서 50% 속도로 45구
4단계	준비운동 던지기 마운드에서 50% 속도로 60구
5단계	준비운동 던지기 마운드에서 50% 속도로 70구
6단계	준비운동 던지기 마운드에서 50% 속도로 45구 마운드에서 75% 속도로 30구
7단계	준비운동 던지기 마운드에서 50% 속도로 30구 마운드에서 75% 속도로 45구
8단계	준비운동 던지기 마운드에서 50% 속도로 30구 마운드에서 75% 속도로 65구

* 1일 투구, 2일 휴식을 기본으로 한다.

STAGE 2 직구만 던지기

9단계	준비운동 던지기 마운드에서 75% 속도로 60구 배팅 연습 시 15구
10단계	준비운동 던지기 마운드에서 75% 속도로 50구 배팅 연습 시 30구
11단계	준비운동 던지기 마운드에서 75% 속도로 45구 배팅 연습 시 45구

* 1일 투구, 2일 휴식을 기본으로 한다.

STAGE 3 변화구 던지기

12단계	준비운동 던지기 마운드에서 75% 속도로 30구 마운드에서 50% 속도로 변화구 15구 배팅 연습 시 45~60구(직구로만 실시)
10단계	준비운동 던지기 마운드에서 75% 속도로 30구 마운드에서 75% 속도로 변화구 30구 배팅 연습 시 30구(직구+변화구)
11단계	준비운동 던지기 마운드에서 75% 속도로 30구 배팅 연습 시 60~90구(변화구 수 점진적으로 증가)
	연습 시합(15구씩 투구 수 점진적으로 늘려야 됨)

* 1일 투구, 2일 휴식을 기본으로 한다.
* 연투를 하지 않는다(격일제 던지기가 기본이며, 선수가 회복되지 않을 경우 더 많은 휴식을 한다).
* 피칭 후 선수 상태에 따라 다음 피칭 일을 결정한다(계속적인 피칭은 피로를 누적시켜 부상을 발생시킬 수 있다).

그림 3-3

2장

(IBP)단계별 배팅 프로그램

타격으로 인한 야구 부상은 일반적으로 야구 고유의 반복적이고 높은 에너지 운동의 결과로 발생한다. 인터벌 타격 프로그램은 점진적으로 스포츠 관련 운동을 통해 선수를 경쟁으로 복귀시키도록 설계되었다. 적절한 워밍업과 프로그램을 엄격히 준수하면 선수가 최대한 빠르고 안전하게 돌아올 수 있다. 이 타격 프로그램으로의 복귀는 야구 타격 사이클의 단계를 상세히 설명한다. 임상의가 부상 예방에 도움을 줄 수 있는 각 단계마다 적절한 생체 역학 정보가 제공한다. 이 타격 진행의 목적은 고정된 위치에서 부드러운 토스로 이동하고 마지막으로 피치 속도를 증가시킴으로써 타격 강도의 안전하고 점진적인 증가를 제공하는 것이다.

특별히 허리, 손목, 팔꿈치, 어깨, 무릎, 발목 등의 부상으로 정상적으로 타격을 할 수 없다면 배팅 프로그램을 통해 점진적으로 회복해야 재부상이 없으며, 경기력을 빠르게 회복할 수 있다이 프로그램은 연속적으로 수행되어야 한다.

- 하루에 1단계씩 진행하는 방식으로 한다.
- 일일 타격 훈련 일일 휴식을 기본으로 지켜야 한다.
- 타격 훈련 후 부상 부위에 회복이 안되었다면 휴식 일을 추가적으로 더 가진다.
- 다른 일반적인 트레이닝도 함께 진행한다. 준비운동을 충분히 한 후 배팅 프로그램을 진행한다.

1단계	
1일차	티배팅 50% 강도
	티 셋업: 홈 플레이트 중앙코스 및 허리 높이
	최대 힘의 50%에서 25회 스윙 수행
	야구 스윙의 역학을 다루는 데 집중해야 한다
2일차	티배팅 75% 강도
	티 셋업: 홈 플레이트 중앙코스 및 허리 높이
	최대 힘의 50%에서 15회 스윙 수행(홈 플레이트 중간 코스 셋업)
	최대 힘의 50%에서 15회 스윙 수행(홈 플레이트 인 코스 셋업)
	최대 힘의 50%에서 15회 스윙 수행(홈 플레이트 아웃 코스 셋업)
3일차	티배팅 75% 강도
	티 셋업: 홈 플레이트 중앙코스 및 허리 높이
	최대 힘의 75%에서 15회 스윙 수행(홈 플레이트 중간 코스 셋업)
	최대 힘의 75%에서 15회 스윙 수행(홈 플레이트 인 코스 셋업)
	최대 힘의 75%에서 15회 스윙 수행(홈 플레이트 아웃 코스 셋업)
4일차	티배팅 75% 강도
	티 셋업: 홈 플레이트 중앙코스 및 가슴 높이
	최대 힘의 75%에서 20회 스윙 수행(홈 플레이트 중간 코스 셋업) • 가슴 높이 5회, 허리 높이 10회, 무릎 높이 5회 스윙 수행

(계속)

4일차	최대 힘의 75%에서 20회 스윙 수행(홈 플레이트 인사이드 셋업) • 가슴 높이 5회, 허리 높이 10회, 무릎 높이 5회 스윙 수행
	최대 힘의 75 %에서 15회 스윙 수행(홈 플레이트 아웃 코스 셋업) • 가슴 높이 5회, 허리 높이 10, 무릎 높이 5회 스윙 수행
5일차	티배팅 75% 강도–4일차 프로그램을 한번 더 진행.
	티 셋업: 홈 플레이트 중앙코스 및 가슴 높이
	최대 힘의 75%에서 20회 스윙 수행(홈 플레이트 중간 코스 셋업) • 가슴 높이 5회, 허리 높이 10, 무릎 높이 5회 스윙 수행
	최대 힘의 75%에서 20회 스윙 수행(홈 플레이트 인사이드 셋업) • 가슴 높이 5회, 허리 높이 10, 무릎 높이 5회 스윙 수행
	최대 힘의 75%에서 15회 스윙 수행(홈 플레이트 아웃 코스 셋업) • 가슴 높이 5회, 허리 높이 10, 무릎 높이 5회 스윙 수행

2단계	
6일차	소프트 언더 토스 50% 강도 25개 배팅
	케이지에서 안정하게 셋업하여 파트너는 45도 각도에서 토스한다.
	토스를 해주는 파트너는 허리높이의 홈 플레이트 중간코스 부분에 던져준다.
	야구 스윙의 역학을 다루는 데 집중해야 한다.
	2단계의 각 단계를 수행하기 전에 워밍업으로 티에서 10~15 스윙을 수행하십시오.
7일차	소프트 언더 토스 50% 강도
	최대 힘의 50%에서 10회 스윙 수행, 허리 높이의 홈플레이트 중간코스에 토스
	최대 힘의 50%에서 10회 스윙 수행, 허리 높이보다 조금 높게 홈플레이트 중간코스에 토스
	최대 힘의 50%에서 10회 스윙 수행, 무릎 높이보다 조금 높게 홈플레이트 중간코스에 토스
8일차	소프트 언더 토스 75% 강도
	최대 힘의 50%에서 10회 스윙 수행, 허리 높이의 홈플레이트 중간코스에 토스

(계속)

8일차	최대 힘의 50%에서 10회 스윙 수행, 허리 높이보다 조금 높게 홈플레이트 중간코스에 토스 최대 힘의 50%에서 10회 스윙 수행, 무릎 높이보다 조금 높게 홈플레이트 중간코스에 토스
9일차	소프트 언더 토스 75% 강도 최대 힘의 75%에서 10회 스윙 수행, 허리 높이의 홈플레이트 중간코스에 토스 최대 힘의 75%에서 10회 스윙 수행, 가슴 높이 홈플레이트 중간에 토스 최대 힘의 75%에서 10회 스윙 수행, 무릎 높이 홈플레이트 중간에 토스 10회 스윙 수행, 무릎 높이 홈플레이트 아웃코스에 토스 10회 스윙 수행, 무릎 높이 홈플레이트 인 코스에 토스
10일차	소프트 언더 토스 90~95% 강도 최대 힘의 75%에서 10회 스윙 수행, 허리 높이의 홈플레이트 중간에 토스 최대 힘의 75%에서 10회 스윙 수행, 가슴 높이 홈플레이트 중간에 토스 최대 힘의 75%에서 15회 스윙 수행, 무릎 높이 홈플레이트 중간에 토스 15회 스윙 수행, 무릎 높이 홈플레이트 아웃코스에 토스 15회 스윙 수행, 무릎 높이 홈플레이트 인 코스에 토스

3단계	
11일차	시뮬레이션 배팅 50% 강도 케이지 또는 야구장에서 진행한다. 직구로 30개를 배팅한다: 중간코스 10, 아웃 코스 10, 인코스 10회. 타격 높이는 시뮬레이션대로 한다. 3단계의 각 단계를 수행하기 전에 10~15회의 소프트 토스 스윙을 수행하십시오. 파트너를 보호하기 위해서 L자 그무랑을 사용하시오.
12일차	시뮬레이션 배팅 75% 강도 케이지 또는 야구장 직구를 25개 타격 체인지 업 15개 타격

(계속)

13일차	시뮬레이션 배팅 75% 강도
	케이지 또는 야구장
	직구를 25개 타격
	체인지 업 15개 타격 커브볼 15개 타격
14일차	시뮬레이션 배팅 90~100% 강도
	케이지 또는 야구장
	직구를 25개 타격
	체인지 업 15개 타격 커브볼 15개 타격
15일차	경기 출장(연습경기 또는 정식 경기)
	1타석
	2타석
	3타석~4타석

[통증규칙]	
1. 진행에 대한 통증 규칙 확인 • 통증이 없으면 진행 • 워밍업 15번의 스윙에서 불편감이 사라지면 진행 • 워밍업 중 통증이 발생되고,처음 15번의 스윙에서 통증이 있을 경우 • 배팅 후 1시간 이상 아플 경우	2. 인터벌 타격 프로그램 진행 • 다음날 단계 이동 전 교육 • 이전 단계를 반복 • 진행 중지, 2일 휴일 후 시작 시 1단계로 • 하루 더 휴식하고 최근 단계 반복

* 1번 진행에 대한 통증 규칙 확인 후 해당되는 항목의 2번 인터벌 타격 프로그램 진행한다.

부록

운동재활 프로그램 프로토콜

견관절 운동재활 프로그램

Stage 1	수술 후 초기 재활 단계(Immediate phase, week 1–6)

목표(goal): 수술 부위 보호
: 수술 부위 고정으로 인해 부작용 방지
: 동적 안정성 향상
: 통증 및 염증 감소

재활 1–2주차(week 1–2)

관절가동범위: 어깨 슬링 보조기 착용(1~4주차)
: 취침 시 어깨 고정장치 사용(1~4주차)
: 주관절/손목관절 가동범위 운동 실시
: 부드럽게 수동적 가동성 운동 실시
– 굴곡–60도(2주차: 굴곡 75도)
– 견갑면 팔 들어올리기–60도
– 견갑면에서 외회전(10~15도)/내회전(45도)
* 능동적 외회전, 신전, 외전 금지

근력운동: 최대하 등척성 근력 운동 실시
: 고립된 상완 이두근 수축 금지

통증/염증 감소: 냉치료 등 통증 및 염증 감소 처치 실시

재활 3~4주차(week 3–4)

관절가동범위: 어깨 슬링 보조기 착용(1~4주차)
: 취침 시 어깨 고정장치 사용(1~4주차)
: 지속적인 가벼운 가동성 운동 실시(능동적 & 수동적)
– 굴곡(90도)

– 외전(75~85도)

– 견갑면 & 외전 35도에서 외회전(25~30도)

– 견갑면 & 외전 35도에서 내회전(55~60도)

* Note: 환자 평가 결과에 따라 진행 속도 조절

: 능동적 외회전, 신전, 거상 금지

근력운동: 율동적 안정화 운동(rhythmic stabilization) 시작

: 고유수용성 감각 훈련 시작

: 외전 0도에서 외회전/내회전 튜빙 훈련 실시

: 등척성 수축 훈련 지속

통증/염증 감소: 지속적인 냉치료 실시

재활 5~6주차(week 5–6)

관절가동범위: 점진적 가동범위 향상

– 굴곡(145도)

– 외전(75~85도)

– 외전45도에서 외회전(45~50도)

– 외전 45도에서 내회전(55~60도)

: 6주차 외전 90도에서 점진적으로 외회전 실시(30~40도)

근력운동: 스트레칭 운동 시작

: 외전 90도에서 가벼운 가동성 운동 시작

: 외전 0도에서 외회전/내회전 튜빙 훈련 실시

: PNF 도수운동 실시

: 저항없이 능동적 견관절 외전 시작

: "Full can" 운동 시작

: 엎드린 자세에서 로윙(rowing), 수평 내전(horizontal abduction)

: 상완이두근 운동 금지

Stage 2	중간 강화 단계(Intermediate phase, week 7–14)

목표(goal): 점진적 정상 가동범위 회복(10주)
: 수술 부위 보호
: 근력 및 근기능 균형 회복
: 근신경 조절능력 향상

재활 7~9주차(week 7–9)

관절가동범위: 점진적 가동범위 회복
– 견관절 굴곡: 180도
– 견관절 외전 90도에서 외회전: 70~80도(7주차)
– 견관절 외전 90도에서 외회전: 90도(8~9주차)
– 견관절 외전 90도에서 내회전: 60~65도

운동: 점진적 등장성 근력 운동 프로그램 지속(Thrower Ten Program)
: PNF 강화 운동 지속

재활 10~14주차(week 10–14)

관절가동범위: 견관절 외전 90도에서 외회전: 105도(10주차)
: 견관절 외전 90도에서 외회전: 115도(12주차)

운동: 적극적인 근력강화 운동 시작
: 점진적으로 근력강화 운동 강도 증가
: 점진적 등장성 수축 운동 실시
: 스트레칭 운동 지속
* 기능적 요구에 맞는 가동성 확보(예, 오버헤드 선수)
: 두 손 플라이오메트릭(10~12주차)
: 한 손 플라이오메트릭(14~15주차)
: 타격 프로그램 시작

Stage 3	최소 보호 단계(Minimal protection phase, week 15–20)

목표(goal): 정상 가동범위 회복 및 유지
: 근력/파워/지구력 향상
: 점진적 기능적 활동 시작
: 인터벌 스로윙 프로그램 시작

최소 보호 단계(minimal protection phase) 진행 기준

1. 통증 없는 정상 가동범위 회복
2. 안정성 확보
3. 정상 수준의 근력
4. 통증 및 압통이 없는 상태

재활 15~18주차(week 15–18)

관절가동범위: 지속적인 스트레칭 프로그램 진행(관절낭 스트레칭)
운동: 지속적 근력 운동 실시
- Thrower Ten Program(TTP) 실시
- PNF 강화 운동 시작
- 지구력 훈련
- 제한적 스포츠 활동(낮은 강도 수영, 하프 골프 스윙)
- 인터벌 스로윙 프로그램(long toss program) 시작(16~18주차)

재활 18~20주차(week 18–20)

관절가동범위: 지속적인 스트레칭 프로그램 진행
운동: 전 단계의 근력 운동 프로그램들 지속
: 단계적 스포츠 활동 시작(*인터벌 스로윙 프로그램)

Stage 4	적극적 근력강화 단계(Advanced strengthening phase, week 21–24)

목표(goal): 근력, 근파워, 지구력 향상
: 점진적 기능적 활동 증가
: 견관절 가동성 유지

적극적 근력강화 단계(Advanced strengthening phase) 진행 기준

1. 통증 없는 정상 가동범위 회복
2. 안정성 확보
3. 근력(건측 대비 근력 75~80%)
4. 통증 및 압통 없는 상태

재활 21~46주차(week 21–24)

관절가동범위: 지속적인 유연성 운동 진행

운동: 지속적인 등장성 근력운동 프로그램 실시
: 근신경계 조절 훈련 실시
: 플라이오메트릭 훈련 지속
: 단계적 스포츠 활동 시작(*인터벌 스로윙 프로그램)
: 점진적으로 평지 스로윙 실시(22~24주차)

Stage 5	경기 복귀 단계(Return to sports, Month 7–9)

목표(goal): 점진적 경기 복귀 준비
: 근력, 가동성, 안정성 유지

경기 복귀 단계(Return to sports) 진행 기준

1. 정상적인 기능적 가동범위
2. 통증 및 압통 없는 상태
3. 정상적 근기능(등속성 근력 기준 충족)
4. 견관절 안정성 확보

운동: 점진적 스포츠 활동에서 자유로운 경기 참여로 진행
: 지속적인 스트레칭 및 근력 운동 프로그램 실시

팔꿈치 충돌 운동재활 프로그램

Stage 1	초기 재활 단계(Initial phase, week 1)

목표(goal): 정상 주관절, 손목관절 가동범위
: 부종(swelling) 감소
: 통증 감소
: 근감소 방지

수술 당일(Day of surgery)

Bulky dressing 상태에서 가벼움 주관절 움직임 시작

재활 1~2일차(Day 1–2)

Bulky dressing 제거 / 탄력 밴드(bandage)로 대체

운동: 수술 후 손, 손목관절, 주관절 운동 시작

- 그립(grip) 운동
- 손목 굴곡/신전근 스트레칭
- 손목 당기기(curl)/손등 방향 밀기(reverse curl) 운동 실시
- 중립(neutral) 그립 손목 당기기
- 회내/회외 운동
- 능동적 보조(assisted) 가동성 운동(주관절 신전/굴곡)

재활 3~7일차(Day 3–7)

참을 수 있는 범위 내 수동적 주관절 신전/굴곡 가동성 운동

운동: 저항을 이용한 손목관절 운동 시작(0.5kg)

- 손목 당기기(curl)/손등 방향 밀기(reverse curl) 운동 실시
- 중립(neutral) 그립 손목 당기기
- 회내/회외 운동
- 막대 말아 올리기 운동(broomstick roll–up)

Stage 2	중간 단계(Intermediate phase, week 2-3)

목표(goal): 근력 및 근지구력 향상

: 관절 운동기능(arthrokinematics) 정상화

재활 2주차(week 2)

운동: 관절가동범위 운동 실시(주관절 신전 상태에서 압박)

: 상완 이두근 컬(curl) / 상완 삼두근(extension) 운동 추가

: 참을 수 있는 범위에서 지속적인 무개부하(weight)와 반복수 증가

재활 3주차(week 3)

운동: 상완 이두근 운동 / 상완 이두근 신장성 운동 프로그램 시작

: 견관절 회전근개(rotator cuff) 운동 프로그램 시작

- 외회전/내회전근
- 삼각근(deltoid)
- 극상근(supuraspinatus)
- 견흉관절면(scapulothoracic) 운동

Stage 3	강화 단계(Advanced phase, week 4-8)

목표(goal): 경기 복귀를 위한 기능적 움직임 준비

강화 단계 진행 기준

1. 통증없는 정상 가동범위
2. 통증 및 압통이 없는 상태
3. 정상 등속성 근력 평가 결과
4. 이학적 검사 양호

재활 5~7주차(week 5-7)

운동: 지속적 컨디션 유지 프로그램 실시

: 근력, 지구력, 유연성 향상

: 인터벌 스로윙 프로그램(ITP) 시작

***** 재활 8~12주 후 스로윙 시작 *****

팔꿈치 UCL 수술 후 운동재활 프로그램

| 주의사항 |

- 3주간 주관절 움직임 제한
- 주관절 굴곡 90도, 회내 상태로 보조기 사용(21일)
- 수술 부위 보호를 위해 회외, 신전, 굴곡동작을 매우 천천히 점진적으로 진행
- 8~12주간 체중 부하가 발생되는 닫힌 사슬(CKC) 운동 제한

Stage 1	수술 직후 단계(Immediate postoperative phase, week 0–3)

목표(goal): 수술 조직 보호
: 통증 및 염증 감소
: 근 감소(atrophy) 방지
: 수술부위 보호

A. 수술 후 1주차(week 1)

보조기: 주관절 90도 굴곡 상태 착용
: 손목회전을 방지하기 위해 손목 회내자세 유지(3–4weeks)

가동범위: 점진적으로 손목관절의 가동범위운동 실시
: 견관절 가동범위운동 실시
: 주관절 가동범위운동은 제한

수술 부위 압박 드레싱(compression dressing) 실시(14일)

필요할 경우, 수술 부위 손목 압박 드레싱 실시(14일)

운동: 움켜쥐기(gripping) 운동 실시

: 손목관절 가동성운동 실시

: 견관절 등척성 운동(isometrics) 실시(견관절 외회전/내회전 금지)

냉치료(cryotherapy): 수술 팔꿈치와 graft 부위 냉치료 실시

B. 수술 후 2주차(week 2)

운동: 지속적으로 1주차 운동 실시

: 능동적 견관절 가동성 운동 실시

: 주관절 가동범위운동 제한

C. 수술 후 3주차(week 3)

보조기: 지속적인 보조기 사용

: 굴곡 마지막 30도는 3주간 제한

운동: 지속적으로 1주차 운동 실시

: 능동적 견관절 가동성 운동 실시 – 풀 캔(full can)

– 래터럴 레이즈(lateral raise)

– 외회전/내회전 튜빙 운동

* 회외(supination) 금지(3~6주)

: 저강도 견갑골 근력운동 실시

: 자전거 훈련 실시(하지 근력 및 지구력 훈련)

Stage 2	중간 단계(Intermediate phase, week 4–7)

목표(goal): 점진적인 가동범위 증가

: 손상 인대 및 조직의 회복 증가

: 근력 회복 및 증가

: 인대 이식부위 기능 회복

A. 수술 후 4주차(week 4)

보조기: 주관절 굴곡 30~100도에서 보조기 착용(점차적으로 굴곡범위 증가)

운동: 손목관절 중립 또는 회내 상태에서 수동적 가동범위 운동 시작

: 능동적 견관절 가동성 운동 실시 – 손목 컬, 신전, 회내, 회외

– 주관절 굴곡/신전

: 견관절 운동 프로그램 실시(회전근개와 견갑골 안정화에 초점)

: 견관절 근력운동 실시(가벼운 덤벨 사용)

B. 수술 후 5주차(week 5)

관절가동범위: 주관절 30~125도 유지

: 보조기 착용 유지

능동적/수동적 가동범위–보조기 착시 30~125도 유지

운동: 지속적 운동 프로그램 진행

: 점진적으로 견관절 및 상지 근력운동 실시(무게 0.5kg 증가)

C. 수술 후 6주차(week 6)

관절가동범위: 능동적/수동적 가동범위–보조기 착시 30~125도 유지

운동: Thrower's Ten program(TTP) 시작

: 주관절 근력운동 실시

: 견관절 외회전 근력운동 시작

: 점진적 견관절 프로그램(회전근개 & 견갑골) 실시

D. 수술 후 7주차(week 7)

보조기: 6주차 이후 보조기 사용 중단

관절가동범위: 점진적으로 정상 관절가동범위 회복

운동: 지속적인 운동프로그램 진행

: Thrower's Ten program(TTP) 실시(점진적으로 중량 증가)

Stage 3	근력강화 단계(Advance strengthening phase, week 8-14)

목표(goal): 근력, 파워, 지구력 향상
: 정상 관절가능범위 유지
: 점진적 스포츠 활동 시작

A. 수술 후 4주차(week 8-9)

운동: 신장성 주관절 굴곡/신전 시작
: 지속적인 전완 & 손목관절 근력 운동 프로그램 실시
: 지속적인 견관절 프로그램-TTP 실시
: 사선 패턴(D1, D2) 수기 운동 실시
: 플라이오메트릭 훈련 프로그램 실시
(두 손 동작만 실시-chest pass / side throw)
: 지속적인 종아리 및 햄스트링 스트레칭 실시

B. 수술 후 4주차(week 10-11)

운동: 지속적으로 전단계 운동 프로그램 실시
: 플라이오메트릭 훈련 실시
(두 손 동작만 사용-side to side throws/soccer throws/side throws)

C. 수술 후 4주차(week 12-14)

운동: 지속적으로 전 단계 운동 프로그램 실시
: 웨이트 장비를 이용한 근력강화 실시
- Bench press(seated), Lat pull down
: 골프, 수영 시작
: 인터벌 타격 훈련 실시
: 플라이오메트릭 훈련 프로그램 실시
(두 손 동작만 실시-chest pass / side throw)

Stage 4	경기 복귀 단계(Return to Activity, week 14-32)

목표(goal): 지속적인 상지 근력, 파워, 지구력 향상
: 점진적 스포츠 활동 복귀

A. 수술 후 14주차(week 14-15)

운동: 지속적으로 근력 강화 운동 프로그램 실시
: 집중적으로 주관절과 손목관절 근력 및 유연성 운동 실시
: 정상 주관절 가동범위 유지
: 손을 이용한 플라이오메트릭 훈련 시작(앉아서 던지기)
: 벽을 이용한 한 손 드리블 시작
: 벽에 한 손으로 볼 던지기 시작

B. 수술 후 16주차(week 16-21)

운동: 인터벌 스로윙 프로그램(phase I) 시작(long toss program)
: 지속적인 TTP와 플라이오메트릭 운동 실시
: 스로윙 프로그램 전/후 스트레칭 실시

C. 수술 후 22주차(week 22-24)

운동: 1단계 스로윙 프로그램 완료 시
인터벌 스로윙 프로그램(phase II) 시작

C. 수술 후 30주차(week 30-32)

운동: 점진적으로 실제 경기상황에 맞는 스로윙 프로그램 실시

견봉하 감압술 운동재활 프로그램

| 주의사항 |

- 무거운 물건을 머리 위로 들어 올리는 동작 금지
- 갑작스럽게 힘을 쓰는 동작
- 앉거나 일어날 때 손상된 어깨 사용 금지[초반 6주 동안 견봉의 골절/금(cracking) 방지]

Stage 1	수술 후 초기 재활 단계(Immediate phase, week 1–6)

I. 초기 움직임 단계(Immediate motion phase, week 1–2)

목표(goal): 통증없는 가동범위 회복

: 근 감소 방지

: 동적 안정성 회복

: 통증 및 염증 감소

재활 1주차(week 1)

관절가동범위: 진자운동(pendulums)

: 통증이 없는 범위에서 도르래 운동(rope and pulley) 실시

: L–바 운동(견갑골면에서 상승과 외전 30도에서 외회전/외회전 실시)

(점차적으로 외전 45도까지 가동범위 증가)

근력운동: 등척성(isometrics) 운동

– 굴곡, 신전, 외전, 내회전, 외회전, 상완 이두근

: 율동적 안정화(rhythmic stabilization) 운동

(내회전/외회전, 굴곡/신전)

통증/염증 감소: 냉치료, 비스테로이드 항염증제(NSAIDs)

재활 2주차(week 2)

관절가동범위: 지속적인 가동범위 운동

: 가동성 운동 전 열(heat) 치료 실시

: 외전 90도에서 L-바 견관절 외회전/내회전 실시

: 점진적으로 정상 가동범위까지 팔 들어 올리기(elevation)

근력운동: 점진적 등척성 운동 강도 증가

: 외전 0도에서 견관절 외회전/내회전 튜빙 실시

II. 초기 단계(Immediate phase, week 3–6)

목표(goal): 근력 회복 및 향상

: 관절운동(arthrokinematics) 정상화

: 견갑대 근신경 제어능력 향상

: 통증 및 염증 감소

중간 향상(Intermediate phase) 단계 진행 기준

1. 정상 가동범위 회복
2. 통증 및 압통 최소화
3. 정상적인 내회전, 외횐전, 굴곡 도수근력검사(MMT) 결과

재활 3–4주차(week 3–4)

관절가동범위: 지속적인 L–바 운동(외전 90도)

: 가동성 운동 전 열(heat) 치료 실시

관절가동술(joint immobilization)

: 전방(anterior), 후방(posterior), 하방(inferior) 활주

운동: 등장성(isotonic) 운동 시작(웨이트 사용하지 않음)

: 견관절 거상(elevation)

: 엎드린 자세에서 로윙(rowing)

: 엎드린 자세에서 견관절 수평 외전(horizontal abduction)

: 옆으로 누워 견관절 외회전

: 90도까지 견관절 외전

: 중립자세까지 견관절 신전

: 견갑대의 관절운동(arthrokinematics) 정상화

: 견갑면에서 상지 올리기

: 외전 90도에서 외회전/내회전 실시

: 점진적으로 정상 가동범위까지 팔 들어 올리기(elevation)

* 1주 후 통증이 없고 올바른 동작이 수행될 경우, 중량 추가(0.5kg)

통증/염증 감소: 필요 시 지속적인 냉치료, NSAIDs 등 처치

: 운동 전 열치료 실시

재활 5~6주차(week 5–6)

– 지속적으로 견관절 운동 프로그램 실시

Stage 2	중간 단계(Intermediate phase, week 7–12)

목표(goal): 점진적 정상 가동범위 회복(8~10주)

: 수술 부위 보호

: 근력 및 근기능 균형 회복

재활 7~9주차(week 7–9)

관절가동범위: 점진적 가동범위 회복

– 견관절 굴곡: 180도

– 견관절 외전 90도에서 외회전: 90~95도

– 견관절 외전 90도에서 내회전: 70~75도

관절 가동술: 하방(inferior) 활주 시작(견봉하 융터 보호)

운동: 점진적 등장성 근력 운동 프로그램 지속적으로 실시

: PNF 강화 운동 시작

: Thrower Ten Program(TTP) 실시

: 후방 회전근개 강화 운동 & 견갑골 강화 운동 실시

재활 10~12주차(week 10–12)

관절가동범위: 점진적으로 스로윙 동작에 맞게 외회전 범위 증가

– 견관절 외전 90도에서 외회전: 110~115도(10~12주차)

운동: 적극적인 근력강화 운동 시작

: 점진적 등장성 수축 운동 실시

: 지속적인 스트레칭 운동 실시

* 기능적 요구에 맞는 가동범위 회복(예, 오버헤드 종목)

: 지속적인 근력 운동 실시

Stage 3	근력 강화 단계(Strengthening phase, week 13–19)

목표(goal): 정상 가동범위 회복 및 유지
: 근력/파워/지구력 향상
: 점진적 기능적 활동 시작

근력 강화 단계(Strengthening phase) 진행 기준

1. 통증없는 정상 가동범위 회복
2. 안정성 확보
3. 정상 수준의 근력(건측 비교 70%)
4. 통증 및 압통 최소화

재활 13~15주차(week 13–15)

관절가동범위: 지속적인 스트레칭 프로그램 진행(관절낭 스트레칭)
: 스로윙 동작 유지(특히, 외회전)

운동: 지속적 근력 운동 실시
- PNF 강화 운동 시작
- Thrower Ten Program(TTP) 실시
- PNF 강화 운동 시작
- 지구력 훈련
- 낮은 강도 플라이오메트릭 훈련 시작
- 제한적 스포츠 활동(낮은 강도 수영, 하프 골프 스윙)

재활 16~19주차(week 16–19)

관절가동범위: 지속적인 스트레칭 프로그램 진행(관절낭 스트레칭)
: 스로윙 동작 유지(특히, 외회전)

운동: 전 단계의 근력 운동 프로그램 지속
: Thrower Ten Program(TTP) 지속
: 플라이오메트릭 훈련 지속
: 단계적 스포츠 활동 시작(* 인터벌 스로윙 프로그램)

Stage 4	적극적 근력강화 단계(Advanced strengthening phase, week 20–26)

목표(goal): 근력, 근파워, 지구력 향상
: 점진적 기능적 활동 증가
: 견관절 가동성 유지

적극적 근력강화 단계 진행 기준

1. 통증 없는 정상 가동범위 회복
2. 안정성 확보
3. 건측 대비 근력 75~80%
4. 통증 및 압통 없는 상태

재활 20~26주차(week 20–26)

관절가동범위: 지속적인 유연성 운동 진행

운동: 전 단계의 근력 운동 프로그램 지속
: Thrower Ten Program(TTP) 지속
: 플라이오메트릭 훈련 지속

Stage 5	경기 복귀 단계(Return to sports, Month 6–9)

목표(goal): 점진적 경기 복귀 준비
: 근력, 가동성, 안정성 유지

경기 복귀 단계 진행 기준

1. 정상적인 기능적 가동범위
2. 통증 및 압통 없는 상태
3. 이학적 검사 결과
4. 정상적 근기능(등속성 근력 기준 충족)
5. 견관절 안정성 확보

운동: 점진적 스포츠 활동에서 자유로운 경기 참여로 진행
: 지속적인 스트레칭 및 근력 운동 프로그램 실시

햄스트링 운동재활 프로그램

Grade 1: 경도, 몇 개의 근섬유 손상
: 근경련과 조이는 느낌, 근수축과 스트레칭 시 약한 통증
: 회복기간 1~3주

Grade 2: 중등도, 더 많은 근섬유 손상, 부분적으로 찢어졌으나 형태적 차이 없음
: 즉각적인 통증, 근수축과 스트레칭 시보다 심한 통증, 햄스트링 부위 통증
: 손상 2~3일 후 약간의 멍
: 회복기간 1~2개월

Grade 3: 중도, 근육 완전파열
: 즉각적인 작열통, 보행 불가, 찢어진 근육덩어리 만져짐
: 손상 2~3일 후 심한 멍
: 회복기간 3~6개월

Stage 1	급성 단계(Acute phase, week 1–6)

목표(goal): 손상 조직 보호
: 근 감소 및 근력 감소 최소화
: 움직임 감소 방지

보호(protection): 과도한 능동적/수동적 햄스트링 신장 방지
: 통증 유발 보행 금지

냉치료(ice): 하루 2~3회 실시
: 냉치료 + 전기감각자극(TENS)

치료적 운동(therapeutic exercises), 매일 실시
: 고정식 자전거
: 최대하 등척성 운동(슬관절 90도, 60도, 30도)
: 한발 균형 잡기(single leg balance)
: 밸런스 보드 운동
: 연부조직 가동술(mobilization)/근막이완
: 박동성 초음파(주기율 50%, 1MHz, 1.2W/cm^2)
: 점진적 고관절 근력운동
: 통증이 없는 범위 내 슬관절 등장성 굴곡운동
: 능동적 좌골신경 활주운동

다음 단계(재생 단계) 진행 기준
: 통증없는 정상 보복 보해
: 도수근력검사 – 엎드린 자세에서 슬관절 굴곡
– 최대하 저항(50~75%)에서 통증없는 등척성 수축

Stage 2	아급성/재생 단계(Subacute/Regenerating phase, week7–12)

목표(goal): 통증없는 정상 가동범위에서 햄스트링 근력 회복

: 기능적 움직임을 위한 움직임 속도 증가와 함께 체간/골반의 근신경 조절능력 향상

보호(protection): 통증이 있을 경우 과도한 능동적/수동적 햄스트링 신장 방지

냉치료(ice): 운동 후 냉치료 실시(10~15분)

치료적 운동(therapeutic exercises), 주당 5~7일 실시

: 고정식 자전거 운동

: 트레이드 밀 운동(중간강도에서 고강도로 점진적 증가, 통증없는 속도 및 보폭 사용)

: 신장되지 않은 상태에서 등척성 운동

: 한발 터치 균형 운동

: 외적 움직임을 이용한 한발 서기 운동[예, 볼 토스(ball toss), 손뻗기]

: 누운 자세에서 스위스 볼 햄스트링 컬

: 연부조직 가동술(mobilization)/근막이완

: 노르딕(Nordic) 햄스트링 운동

: 셔플 점프운동(shuffle jump)

: 엎드린 자세에서 다리 떨어뜨리기(drop)

: 측면 밴드워킹(bandwalks)

: 능동적 좌골신경 활주운동

다음 단계(기능적 단계) 진행 기준

: 통증없는 정상 보복 보행

: 도수근력검사-엎드린 자세에서 슬관절 굴곡 근력(5/5)

: 건측 비교 시 20% 이하의 근력 차이

: 통증없는 최대 신장성(eccentric) 수축 능력

Stage 3	기능적 단계(Functional phase, week 13–19)

목표(goal): 모든 신체활동에서 통증 및 근긴장 회복

: 정상 가동범위에서 최대 속도의 정상 구심성 & 신장성 햄스트링 근력

: 체간과 골반의 그신경 조절능력 향상

: 스포츠 특성 움직임 시 자세조절능력 회복

보호(protection): 통증이 없는 상태에서 트레이닝 실시

냉치료(ice) : 운동 후 냉치료 실시(10~15분)

치료적 운동(therapeutic exercises), 주당 4~5일 실시

: 트레이드 밀 운동(중간강도에서 고강도로 점진적 증가)

: 능동적 햄스트링 스트레칭

: 가동범위 끝지점(hyperflexion)에서 등척성 신장성 트레이닝 실시

: 연부조직 가동술(mobilization)/근막이완

: 플라이오메트릭 점프 훈련

: 5~10yard 가속/감속 훈련

: 불안정 면(unstable surface)에서 한발 터치 균형 운동

: 자세조절 및 스피드를 이용한 스포츠 특화 운동

경기 복귀(return to sports) 기준

: 통증없는 정상 근력

: 좌/우 최대 슬관절 굴곡 각속도 균형

: 통증없는 정상 관절가동범위

: 경기 스피드에 맞는 통증없는 스포츠 특화 움직임

종아리 좌상 운동재활 프로그램

- 약 60%: 최소 일주일(7일) 이상의 회복 시간 필요. 약13%: 28일 이상의 회복 시간 필요.
- 손상의 66%의 경우: 단독 손상 / 손상의 34%의 경우: 비복근 & 가자미근 동반 손상
- Grade 1: 근섬유의 늘어남(파열은 동반되지 않음)
  : 활동 시 or 후 찌를 듯한 통증, 활동은 지속가능(평균 10~12일 필요)
- Grade 2: 1/3 이하 파열,
  : 활동 지속이 불가능한 상태(평균 16~21일 필요)
- Grade 3: 1/3 이상 파열,
  : 근건접합부에 즉각적이고 극심한 통증(수술이 필요할 경우 약 6개월)

Stage 1	Acute phase(week 0–1)

목표(goal): 통증 및 부종 감소
: 이차적 손상 방지

- PRICE: 보호(protection)
  : 안정(rest)
  : 냉 찜질(ice)
  : 압박(compression)
  : 거상(elevation)
- 24~72시간 내 NSAIDs 사용자제(중증 손상 및 출혈이 있을 경우)
- 초기 관절 움직임 실시(early mobilization)

Stage 2	Improve ROM(week 2)

목표(goal): 가동성 회복 시작

: 근력 회복 시작

- 발목과 무릎의 능동적 가동성(active ROM) 운동 실시
- 비복근 스트레칭 실시(당기는 느낌이 감지되는 범위까지 실시)
  ; 근육조직의 탄성과 흉터 조직의 엉킴 방지를 위해
- 비체중 지지 등척성(isometric) 종아리 운동 실시

Stage 3	Power and Endurance(week 3)

목표(goal) : 통증 제거 (pain free)

: 근력 및 근기능 회복

- 저측굴곡근(plantar flexor)의 근력 향상
  ; 탄성밴드를 이용한 근력 향상
  [구심성 수축(concentric contraction), 한발 수축, 신장성(eccentric) 수축]
- 연부조직(soft tissue) 이완
  ; 근막 이완(myofascial tension)
  ; 허혈성 압박술 (ischemic pressure)

Stage 4	Coordination, agility, sports skills(week 4)

목표(goal): 근력 및 근기능 회복(좌우 차이 무)

- 하지 근력 운동 실시
- 고유수용성 감각(proprioception) 훈련 실시
- 근파워 운동 실시

Stage 5	Return to sports(week 5–)
목표(goal): 근파워 및 안정성 회복 : 스포츠 특성 운동기능 회복 • 경기 특성에 맞는 신체 움직임(스프린팅, 풋워크 등) 훈련 실시 • 코칭 스텝과 함께 경기 특화 훈련 실시 • 첫 복귀에서는 평소보다 적은 출장시간이 권장됨	

족관절 염좌 운동재활 프로그램

- Grade 1: 인대가 늘어났지만, 정상적으로 움직일 수는 있는 상태
  : 관절이완 없음, 체중지지 가능, 부종 거의 없음(1~2주 필요)
- Grade 2: 인대 부분 파열, 발목이 붓고 멍이 생기는 단계, 압통 동반
  : 기능부전, 관절이완 발생, 통증보행, 중등도 부종 발생(4~8주 필요)
- Grade 3: 인대가 완전 파열, 광범위 압통, 정확한 검사 필요(수술 여부 판단).
  : 중등도 기능부전/관절이완, 완전제충지지 불가, 중등도 부종 (12~16주 필요)

Stage 1	급성 단계(Acute phase, week 1)
목표(goal): 부종(swelling) 감소 : 통증 감소 : 재부상 방지 : 적절한 체중지지 유지 : 근억제(inhibition) 제한 치료: RICE(Rest–Ice–Compression–Elevation) : 전지자극치료, 초음파, 음파영동법, 이온영동치료법 : 테이핑/압박붕대/발목 보조기/목발 운동: 능동적 가동범위운동 실시 – 알파벳 그리기, 발목 돌리기, 발목 펌프 : 가벼운 등척성(isometric) 근력운동 : 비체중 지지 고유수용성 감각 운동 (BAPS 보드)	

Stage 2	아급성/재활 단계(Acute/Rehabilitative phase, week 2–3)

목표(goal): 통증없는 정상 가동범위
: 통증없는 근력운동
: 점진적 체중지지 운동
: 고유수용성 감각 훈련
: 정상 보행패턴 회복

치료: 지속적 1단계 운동 실시
: 비체중 지지 & 체중 지지 스트레칭 운동 실시
: 통증, 염증 감소 처치
: 냉처치 지속

운동: 4방향 발목 밴드운동 실시
: 타월 스트레칭 운동 실시
: 발 내재근(foot intrinsics) 운동 – 타월 당기기, 휴지 or 구슬 집어올리기
: 뒤꿈치 & 발가락 들어 올기기
: 트램폴린 운동(체중이동, 균형훈련)
: 1/4 스쿼트 운동
: 관절 가동술 – 배측굴곡, 저측굴곡
: 고유수용성 감각 훈련 – BAPS 보드, wobble 보드, rocker 보드, 한발 서기
: 고정식 자전거
: 수중 조깅 운동

Stage 3	기능적 재활 단계(Functional phase, week 4–5)

목표(goal): 점진적 근력 강화
: 점진적 고유수용성 감각 훈련
: 지구력 증가

운동: 일립티컬(elliptical) 운동 실시
: 트레이드 밀 운동(걷기 to 조깅) - 경사조절 가능
: 신장성 수축 운동 증가
: 레그 프레스
: 균형 훈련/고유수용성 감각 훈련 증가
– 한발 균형능력 훈련(안정 지면 to 불안정 지면)
– 스탠딩 BAPS 훈련(비체중지지/체중지지)
– wobble 보드/측면 셔플/발가락 걷기/뒤꿈치 걷기/밸런스 disc
– 한발 트램폴린 한발 서기 볼 캐치/바디 블래드(body blade)
– 한발 스쿼트(5 point star)
: 민첩성 훈련 - 측면 민첩성 운동 시작
: 탄력로프 운동 실시
: 카리오카(carioca) 실시

Stage 3	경기 복귀 단계(Return to sports, week 6–)

목표(goal): 정상 근력 회복
: 정상 관절가동범위 회복
: 정상 균형능력/고유수용성 감각
: 부상 재발 방지
: 경기 복귀

운동: 점진적 조깅 프로그램
: 균형 훈련/고유수용성 감각 훈련 증가
– 한발 균형능력 훈련(밸런스 disc/BOSU/밸런스 disc–5 point star)
: 민첩성 훈련 – 격자(grid) 점프/사선 점프
– 두발 점프(전방/후방/사이드–사이드)
– 한발 점프(전방/후방/측면)
: 플라이오메트릭 훈련 – 다방향 점프 훈련

외복사근 염좌 운동재활 프로그램

- Grade 1: 아주 적은 근섬유 파열, 가벼운 통증
  : 특정 동작에서 명확한 통증이 느껴지지는 않음. 제한되는 동작은 없음
- Grade 2: 약간의 근육섬유 파열, 중등도 통증
  : Sit-up 동작(구심성 수축 상황, concentric contraction)에서 체간 통증 발생
- Grade 3: 많은/대다수 근육섬유 파열, 심한 통증, 근경련 및 멍 발생
  : 호흡을 참는 동작(Valsalva manoeuver)이나 팔을 들어 올려도 통증 발생

Stage 1	급성 단계(Acute phase, week 1)

목표(goal): 통증 감소

: 가동범위 회복 및 증가

: 근력 유지

재활 1~2주차(week 1–2)

운동: 흉요추(thoraco–lumbar) 스트레칭 실시(3회/일)

– 신전/굴곡/측면 굴곡/회전

: 견뎌낼 수 있는 범위에서 코어 트레이닝(3회/주)

– 중립자세에서 등척성 회전과 측면 굴곡 운동

: 상/하지 근력 트레이닝

– 앉은 자세/지지 도움을 받은 상태로 실시

– 근지구력에 초점을 맞춰 실시

: 심폐지구력 훈련 실시(7회/주)

– 사이클 또는 암 에르코메터

: 달리기 자세 등 재교육(3회/주)

– 수중 걷기 및 달리기 훈련 실시

* 기술 훈련은 실시하지 않음

Stage 2	중간 단계(Intermediate phase, week 3)

목표(goal): 근지구력 증가

: 기능적 훈련 시작

중간 단계 참여 기준

1. 능동적 관절가동범위(통증없는 흉요추 부위 신장, 굴곡, 측면 굴곡, 회전 회복)
2. 근력(등척성 흉요추 회전근력 회복 – 건측의 70%)

재활 3주차(week 3)

운동: 흉요추(thoraco–lumbar) 스트레칭 실시(3회/일)

– 신전/굴곡/측면 굴곡/회전

– 정상 가동범위를 이용하여 실시

: 견뎌낼 수 있는 범위에서 코어 트레이닝(3회/주)

– 등장성 회전과 측면 굴곡 운동 실시

– 케이블, 웨이트 플레이트(plate), 로만 체어(roman chair) 사용

: 상/하지 근력 트레이닝

– 앉은 자세/지지 도움을 받은 상태로 실시

– 근비대 향상에 초점을 맞춰 실시

: 심폐지구력 훈련 실시(7회/주)

– 사이클 또는 암 에르코메터

: 달리기 자세 등 재교육(3회/주)

– 수중 달리기(깊은 수심), 기본 달리기 훈련(최대심박수 70% 이하) 실시

: 앉은 자세에서 가능한 간단한 기술 훈련 실시

Stage 3	근력 강화 단계(Strengthening phase, week 4)

목표(goal): 근력 증가

: 점진적 스포츠 특성 훈련 시작

근력 강화 단계 참여 기준

1. 정상적 코어 근력(통증없는 흉요추 부위 신장, 굴곡, 측면 굴곡, 회전 회복)
2. 근력(코어근력 트레이닝 – 건측의 80% 이상)
3. 통증없는 기본 스포츠 특성 운동 동작 가능(예, 오버헤드 동작 등)

재활 4주차(week 4)

운동: 흉요추(thoraco–lumbar) 스트레칭 실시(2회/일)

– 신전/굴곡/측면 굴곡/회전

– 정상 가동범위를 이용하여 실시

: 견뎌낼 수 있는 범위에서 코어 트레이닝(3회/주)

– 등장성 회전과 측면 굴곡, 신전 운동 실시

– 케이블, 웨이트 플레이트(plate), 로만 체어(roman chair) 사용

– 근비대/근력 증가에 초점

: 상/하지 근력 트레이닝(3회/주)

– 정상적인 자세에서 훈련 실시

– 근비대 및 근력 증가에 초점

: 심폐지구력 훈련 실시(7회/주)

– 사이클 또는 암 에르코메터

: 달리기 자세 등 재교육(3회/주)

– 스포츠 특성 달리기 훈련(최대심박수 90%이하) 실시

: 제자리 서서 가능한 기술 훈련 실시

Stage 4	적극적 근력강화 단계(Advanced strengthening phase, week 5)

목표(goal): 근력, 근파워, 지구력 향상
: 정상 팀 훈련 복귀

운동: 흉요추(thoraco-lumbar) 스트레칭 실시(1회/일)
- 신전/굴곡/측면 굴곡/회전
- 정상 가동범위를 이용하여 실시

: 견뎌낼 수 있는 범위에서 코어 트레이닝(3회/주)
- 회전, 측면 굴곡, 신장 운동 실시
- 근파워 향상에 초점

: 상/하지 근력 트레이닝(3회/주)
- 정상적인 자세에서 훈련 실시
- 근파워 증가에 초점

: 심폐지구력 훈련 실시(7회/주)
- 사이클 또는 암 에르코메터

: 달리기 훈련 프로그램(3회/주)
- 스포츠 특성에 맞는 훈련 실시

: 제한없는 팀 훈련 참여

경기 참여(return to play) 기준(재활 5주차 이후)

1. 근력(흉요추 근력 회복 - 건측의 90% 이상)
2. 제한없는 트레이닝 참여 가능

전방십자인대 운동재활 프로그램

- 총 5단계(phase)로 구분될 수 있음
  ; 수술 전 단계(pre-operative phase)
  ; 수술 직후 단계(immediate post-operative phase)
  ; 중간 단계(intermediate phase)
  ; 강화 단계(advanced strengthening phase)
  ; 경기 복귀 단계(return to activity phase)

Stage 1	수술 전 단계(Pre-operative phase)

목표(goal): 염증, 부종, 통증 감소
: 정상 관절가동범위 회복(특히, 무릎 신전동작)
: 자의적인 근활성 회복
: 수술에 관련된 정보제공 및 사전교육 실시

보조기 사용(brace): 부종(swelling)감소를 위해 탄력 붕대나 무릎 보호대 착용

체중지지(weight bearing): 견딜수 있는 통증범위 내 실시(목발 사용 가능)

운동(exercises): 발목 운동(ankle pump)
: 수동적 무릎 신전(0도까지 실시)
: 수동적 무릎 굴곡(참을 수 있는 범위까지 실시)
: 다리 들어 올리기(SLR, 세방향– 굴곡, 외전, 내전)
: 대퇴사두근 힘주기(Quadriceps Setting)
: 닫힌 사슬 운동 실시(미니 스쿼트, 런지, 스텝업 등)

근육 자극(muscle stimulation): 대퇴사두근 운동 시 전기자극처치 실시(하루 4~6시간)

근신경/고유수용성 감각 훈련(neuromuscular/proprioception training)

: 대퇴사두근 회피 보행 방지(quad avoidance gait)

: 후방 걷기 운동(retro stepping drills)

: 관절위치감각 훈련(joint repositioning)

: 능동/수동적 관절위치감각 훈련 at 90, 60, 30도

: 닫힌 사슬 스쿼트/런지 위치감각 훈련

냉치료/거상(cryotherapy/elevation): 한 시간마다 냉찜질 실시(20분)

: 다리를 편 상태로 심장보다 높게 올리기

환자 교육실시(patient education): 수술 후 재활 과정 설명

: 시청각 교육자료 사용 가능

: 적합한 수술 일정 결정

Stage 2	수술 직후 단계(Immediate post-operative phase, day 1 to day 7)

목표(goal): 완전한 수동적 무릎 신전 회복
: 부종 및 통증 감소
: 슬개골 가동성 회복
: 점진적으로 무릎 굴곡 향사
: 대퇴사두근 조절능력 회복 및 향사
: 독립적 보행능력 회복

수술 후 1일차(Postoperative Day 1)

보조기 사용(brace): 보조기 착용 보행 시 이지랩(EZ Wrap)을 이용하여 신전상태로 무릎 고정

체중지지(weight bearing): 좌우 양쪽에 목발을 사용하여 견딜 수 있는 범위에서 체중지지 실시

운동(exercises): 발목 운동(ankle pump)
: 수동적 완전한 신전상태에서 무릎 압박하기
: 능동적/수동적 무릎 굴곡(5일차까지 90도 도달)
: 다리 펴고 들어 올리기 운동(굴곡, 외전, 내전)
: 대퇴사두근 등척성 수축
: 햄스트링 스트레칭
: 닫힌 사슬 운동 실시(미니 스쿼트, 체중이동)

근육 자극(muscle stimulation): 근력운동 시 전기자극 처치 실시(하루 4~6시간)

지속적인 수동적 관절운동(continuous passive motion, CPM)
: 필요할 경우, 0 + 45/50도까지 참을 수 있는 범위 내에서 실시

냉치료/거상(cryotherapy/elevation): 한 시간마다 냉찜질 실시(20분)
: 다리를 편 상태로 심장보다 높게 올리기

수술 후 2~3일차(Postoperative Day 2 to 3)

보조기 사용(brace): 보행 시 이지랩(EZ Wrap)을 이용하여 신전 상태(0도)로 무릎 고정
: 앉아 있을 경우 고정시키지 않음

체중지지(weight bearing): 좌우 양쪽 목발을 사용하여 견딜 수 있는 범위 내 체중지지 실시

관절가동범위(range of motion, ROM): 가동범위 운동을 할 경우 보조기 제거(하루 4~6회)

운동(exercises): 다양한 각도에서 등척성 수축 운동 실시(90~60도)
: 무릎 신전운동 실시(90~40도)
: 수동적 완전한 신전 상태(약간 과신전)에서 무릎 압박하기
: 슬개골 가동운동(Patellar mobilization)
: 발목 운동
: 다리 펴고 들어 올리기 운동(굴곡, 외전, 내전)
: 미니 스쿼트, 체중이동
: 대퇴사두근 등척성 수축

근육 자극(muscle stimulation): 근력운동 시 전기자극 처치 실시(하루 6시간)

지속적인 수동적 관절운동(continuous passive motion, CPM)
: 필요할 경우, 0~90도까지 참을 수 있는 범위 내에서 실시

냉치료/거상(cryotherapy/elevation): 한 시간마다 냉찜질 실시(20분)
: 다리를 편 상태로 심장보다 높게 올리기

수술 후 4~7일차(Postoperative Day 4 to 7)

보조기 사용(brace): 보행 시 이지랩(EZ Wrap)을 이용하여 신전 상태(0도)로 무릎 고정

: 앉아 일을 경우 고정시키지 않음

체중지지(weight bearing): 좌우 양쪽 목발을 사용하여 견딜 수 있는 범위 내 체중지지 실시

관절가동범위(range of motion, ROM): 가동범위 운동을 할 경우 보조기 제거(하루 4~6회)
: 무릎 굴곡 90도(5일차), 굴곡 100도(7일차)

운동(exercises): 다양한 각도에서 등척성 수축 운동 실시(90~60도)
: 무릎 신전운동 실시(90~40도)
: 무릎 압박하기(신전 0도-과신전 5~7도)
: 발목 운동(ankle pump)
: 다리 펴고 들어올리기 운동(굴곡, 외전, 내전)
: 미니 스쿼트, 체중이동
: 선 자세에서 햄스트링 굴곡운동
: 대퇴사두근 등척성 수축
: 고유수용성 감각 및 균형능력 운동

근신경/고유수용성 감각 훈련(neuromuscular/proprioception training)
: 수동적/능동적 열린사슬 관절위치감각 운동(90도, 60도에서)
: 닫힌사슬 관절위치감각 스쿼트/체중이동 운동

근육 자극(muscle stimulation): 근력운동 시 전기자극처치 실시(하루 6시간)

지속적인 수동적 관절운동(continuous passive motion, CPM)
: 필요할 경우, 0~90도까지 참을 수 있는 범위 내에서 실시

냉치료/거상(cryotherapy/elevation): 한 시간마다 냉찜질 실시(20분)
: 다리를 편 상태로 심장보다 높게 올리기

Stage 3	중간 단계(Intermediate Phase, week 2 to 4)

II. 초기 재활 단계(EARLY REHABILIATION PHASE, Week 2–4)

초기 재활 단계 진행 기준(Phase II)

1) 대퇴사두근 조절능력(양호한 대퇴사두근 힘주기 & 무릎 펴고 다리 올리기)
2) 완전한 수동적 무릎 신전
3) 충분한 수동적 관절가동범위(0~90도)
4) 양호한 슬개골(patellar) 가동능력
5) 관절 삼출물(joint effusion) 제거
6) 독립적 보행(independent ambulation) 가능

목표(goal): 완전한 수동적 무릎 신전 동작 유지(0도에서 5~7도 과신전)
: 점진적인 무릎 굴곡 향상
: 부종 및 통증 감소
: 근육 제어 및 근활성
: 고유수용성 감각/근신경조절능력 회복
: 슬개골 가동성 정상화

재활 2주차(Week Two)

보조기 사용(brace): 지속적으로 보행 시 무릎 고정

체중지지(weight bearing): 견딜 수 있는 범위 내 체중지지 실시
: 목표(goal)–수술 후 10~14일 내 목발 제거

수동적 관절가동범위(range of motion, ROM)
: 자가 가동범위 향상 스트레칭(하루 4~5회), 완전한 무릎 신전 유지

KT 2000 검사: 전–후 방향만 검사(약 6.8kg, 15lb)

운동(exercises): 대퇴사두근 운동 시 근육 자극
: 대퇴사두근 등척성 수축
: 다리 펴고 들어 올리기 운동(굴곡, 신전, 외전, 내전)
: 레그 프레스(0~60도)
: 무릎 신전운동 실시(90~40도)
: 하프(half) 스쿼트(0~40도)
: 체중이동
: 전방/측면(front and side) 런지
: 자전거(가동범위가 회복되었을 경우)
: 고유수용성 감각 운동
: 무릎 압박하기(신전 0도-과신전 5~7도)
: 수동적 관절가동범위 운동(0~100도)
: 슬개골 가동성 운동
: 벽을 이용한 하지 운동
: 점진적 저항성 신전 운동(0.5kg에서 시작, 주당 0.5kg 증가)

근신경/고유수용성 감각 훈련(neuromuscular/proprioception training)
: 수동적/능동적 열린사슬 관절위치감각 운동(90도, 60도, 30도에서)
: 닫힌사슬 관절위치감각 스쿼트/런지 운동
: 경사보드에서 관절위치감각 스쿼트 운동 시작

부종 조절(swelling control): 냉치료, 압박, 거상

재활 3주차(Week Three)

보조기 사용(brace): 지속적으로 보행 시 무릎 고정(4주차까지)

수동적 관절가동범위(range of motion, ROM)
: 자가 가동범위 향상 스트레칭과 무릎 압박하기(신전 0~100/105도)

운동(exercises): 2주차 재활 프로그램 지속
: 수동적 관절가동범위 운동(0~105도)
: 자전거(가동범위 및 지구력 향상)
: 수중 걷기 운동(수술 부위 봉합 시)
: 대퇴 신장성 수축 운동(only 등장성 수축형태)
: 사이드 런지
: 프론트 스텝-다운(step-down)
: 사이드 콘 넘기(step-overs)
: 계단 오르기 운동(stair stepper)
: 점진적인 고유수용성 감각 및 근신경계 조절 훈련
: 지속적인 수동적/능동적 관절위치감각 훈련(CKC, OKC)

Stage 4	강화 단계(Advanced strengthening phase, week 4 to 10)

II. 점진적 근력강화/근신경 조절 단계 (PROGRESSIVE STRENGTHENING/NEUROMUSCULAR CONTROL PHASE, Week 4–10)

3단계 재활 단계 진행 기준(Phase III)

1) 능동적 가동범위(0~115도)
2) 대퇴사두근 등척성 근력(건측 대비 60% 이상, 무릎 굴곡 60도에서)
3) 지속적인 KT Test 수치(+1 or less)
4) 관절 삼출물(joint effusion) 유무
5) 관절 라인 or 슬개대퇴 통증 유무

목표(goals): 완전한 무릎 가동범위 회복(0–125도)
: 하지근력 향상
: 부종 및 통증 감소
: 고유수용성 감각, 균형능력, 근신경조절능력 향상
: 근지구력 향상
: 하지 움직임 자신감 및 기능 회복

보조기 사용(brace): 고정 및 보조기 제거
: 무릎 슬리브 사용 (부종 및 지지 목적)

관절가동범위(range of motion, ROM): 자가 가동범위 향상 운동(하루 4~5회)
: 수동적 관절가동범위 0~125도(4주차)

KT 2000 검사: 전–후 방향 검사(4주차, 약 9.1kg, 20lb)

재활 4주차(Week 4)

보조기 사용(brace): 고정된(locked) 보조기 사용(4주차 마지막 단계)
: 비고정(unlocked) 보조기 사용(5~6주차)

운동(exercises): 점진적인 등척성 근력운동 실시

: 레그 프레스(0~100도)

: 무릎 신전(90~40도)

: 고관절 외전–내전

: 고관절 굴곡–신전

: 사이드 콘 넘기(step–overs)

: 사이드 런지(직선 운동면 & 다방향 훈련)

: 사이드 스텝–업

: 프론트 스텝–다운(step–down)

: 벽에 기댄 자세에서 스쿼트(wall squats)

: 스쿼트(0~60도)

: 스탠딩 토우 카프 레이즈(standing toe calf raises)

: 시티드 토우 카프 레이즈(seated toe calf raises)

: Biodex stability system(균형훈련, 스쿼트 등)

: 고유수용성 감각 훈련

: 자전거

: 계단 오르기 운동(stair stepper)

: 수중 운동(뒤로 달리기, 엉덩이 & 무릎 운동)

근신경/고유수용성 감각 훈련(neuromuscular/proprioception training)

: 경사보드 스쿼트 운동(움직임 흔들림 이용)

: 수동적/능동적 열린사슬 관절위치감각 운동

: 경사보드 닫힌사슬 관절위치감각 운동

: 닫힌사슬 런지

재활 6주차(Week 6)

KT 2000 검사: 전–후 방향 검사(약 9.1 & 13.6kg, 20 & 30lb)

운동(exercises): 모든 운동 프로그램 지속

: 수중 런닝(전방) 및 민첩성 훈련

: 경사보드에서 균형훈련
: 점진적인 균형훈련 및 볼 던지기
: 월 슬라이드 스쿼트(wall slides squats)

재활 7주차(Week 8)

KT 2000 검사: 전–후 방향 검사(약 9.1 & 13.6kg, 20 & 30lb)

운동(exercises): 4~6주차 모든 운동 프로그램 지속
: 한발 레그 프레스(0~100도 & 40~100도)
: 플라이오메트릭 레그 프레스
: 흔들림(perturbation)을 이용한 균형능력 훈련
: 등척성 운동(90~40deg./sec) (120~240deg./sec)
: 걷기 훈련
: 자전거(지구력 향상)
: Biodex stability system
: 가벼운 저항을 이용한 능동적 무릎 굴곡 훈련 실시

재활 10주차(Week 10)

KT 2000 검사: 약 9.1 & 13.6kg(20 & 30lb) & 최대강도 이학적 검사 실시

등속성 근력 검사(isokinetic test): 무릎 신전/굴곡 구심성 근력검사 at 180 & 300 deg/sec

운동(exercises): 4, 8, 10주차 모든 운동 프로그램 지속
: 플라이오메트릭 훈련
: 스트레칭 훈련
: 점진적 근력운동 및 근신경계 향상 훈련

Stage 5	경기 복귀 단계(return to activity phase, week 10 to 16)

II. 신체활동 단계(ADVANCED ACTIVITY PHASE, Week 10–16)

4단계 재활 단계 진행 기준(Phase IV)

1) 능동적 관절가동범위(0~125도 이상)
2) 대퇴사두근 근력(건측 대비 75% 이상, 신전근–굴곡근 비율 70~75%)
3) KT 검사 결과(건측관 비교 시 2mm 이내)
4) 통증 또는 부종 유무
5) 이학적 검사 양호
6) 등속성 근력 테스트 양호(각속도 180)
   - 건측–환측 대퇴사두근 비율 75% 이상
   - 건측–환측 햄스트링 비율 동일
   - 체중당 최대 대퇴사두근 근력–남자: 65% & 여자: 55% at 180o/s
   - 햄스트링/대퇴사두근 비율(H/Q ratio)– 66~75%
7) 홉핑(hopping) 검사(건측 대비 80%)
8) 주관적 무릎기능 점수(modified Noyes System)– 80점 이상

목표(goals): 하지근력 정상화
: 근파워 및 근지구력 향상
: 근신경계 조절능력 향상
: 스포츠 특성 훈련 실시

운동(exercises): 런닝 프로그램 시작(10~12주차)
: 가벼운 강도의 스포츠 시작(골프)
: 모든 근력운동 지속
– 레그 프레스
– 월 스쿼트(wall squat)
– 고관절 외전/내전
– 고관절 굴곡/신전

– 무릎 신전 90~40도
– 햄스트링 컬
– 스탠딩 토우 카프 레이즈(standing toe calf)
– 시티드 토우 카프 레이즈(seated toe calf.)
– 스텝–다운(step–down)
– 사이드 스텝–업(step–up)
– 사이드 런지

: 근신경계 향상 훈련
– 사이드 콘 넘기(step–overs)
– 사이드 런지
– 경사보드 운동
– 경사보드 관절위치감각 운동

재활 14~16주차(Week 14–16)

– 점진적 기능 향상 프로그램
– 기존 운동 프로그램 지속
– 측면 민첩성 훈련 시작
– 후방 달리기 시작

III. 신체활동 복귀 단계(RETURN TO ACTIVITY PHASE, week 16–22)

5단계 재활 단계 진행 기준(Phase V)

1) 정상 관절가동범위(full range of motion)
2) 정상 KT 2000 검사 결과(건측 대비 0.5 mm 이내)
3) 정상 범위의 등속성 근기능 결과
4) 대퇴사두근 근력(건측 대비 80% 이상)
5) 햄스트링 근력(건측 대비 110% 이상)
6) 체중당 대퇴사두근 근력(건측 대비 55% 이상)
7) 햄스트링–대퇴사두근 비율(H/Q ratio) (건측 대비 70% 이상)

8) 고유수용성 감각 검사(건측 대비 100%)

9) 기능성 검사(건측 대비 85% 이상)

10) 이학적 검사 양호

11) 주관절 무릎 기능 점수(90점 이상)

목표(goals): 점차적으로 제한되지 않은 스포츠 복귀
: 최대 근력 및 근지구력
: 정상 근신경계 조절능력
: 점진적 스포츠 특성 훈련 실시

검사 : 경기 복귀 전 KT 2000, 등속성 장비, 기능적 검사 실시

운동(Exercises) : 근력강화 운동 지속
: 근신경계 조절 운동 지속
: 플라이오메트릭 훈련 지속
: 점진적 런닝 & 민첩성 훈련
: 점진적 스포츠 특화 훈련 – 런닝/커팅/민첩성 훈련
– 점차적 스포츠 현장 복귀

6개월 후 검사	12개월 후 검사
Isokinetic test	Isokinetic test
KT 2000 test	KT 2000 test
Functional test	Functional test

찾아보기